(反恐防暴和海外安全行动必读)

NEW THINKING ABOUT ANTI-TERRORISM:

STUDY ON THE APPLICATION AND SYSTEM CONSTRUCTION OF US NON-LETHAL WEAPONS

反恐处突新思维:

美军非致命性武器运用和体系建设研究

汪川 编著

航空工业出版社

北京

内 容 提 要

本书围绕美国所面临的全新复杂安全形势和作战环境，针对全谱作战的军队建设目标，全面梳理了美军开发和运用非致命性武器的军事活动和由此引发的军事思想变革。美军的最新研究表明，非致命性武器为警告与开火之间的困境提供了数层武力缓冲带，在实战中得到了良好的检验，能够有效应对混杂于平民中的作战对手，是应对非传统威胁和非对称作战的利器。全书共分六个部分，分别是非致命性武器运用的历史背景与定位，非致命性武器的技术基础与发展，非致命性武器的优点、风险及评估，非致命性武器的运用领域，非致命性武器战术要旨与训练事务，非致命性武器项目管理框架和装备的发展现状与未来趋势等。书中列举了大量美军运用非致命性武器的经典案例，分析了非致命性武器的各类优点和风险，阐述了非致命性武器的军事事务革命特点。

图书在版编目（CIP）数据

反恐处突新思维：美军非致命性武器运用和体系建设研究/汪川编著．--北京：航空工业出版社，2014.11（2019.1重印）
ISBN 978-7-5165-0558-8

Ⅰ．①反… Ⅱ．①汪… Ⅲ．①武器装备—研究—美国 Ⅳ．①E92

中国版本图书馆CIP数据核字（2014）第189633号

反恐处突新思维：美军非致命性武器运用和体系建设研究
Fankong Chutu Xinsiwei：Meijun Feizhimingxing Wuqi Yunyong he Tixi Jianshe Yanjiu

航空工业出版社出版发行
（北京市朝阳区北苑2号院 100012）
发行部电话：010-84936597 010-84936343

三河市金轩印务有限公司印刷　　全国各地新华书店经售
2014年11月第1版　　2019年1月第2次印刷
开本：710×1000 1/16　　印张：15.5　　字数：220千字
印数：2001—2500　　定价：64.00元

（凡购买本社图书，如有印装质量问题，可与发行部联系调换）

前 言

冷战时期，美国面临的安全威胁主要是与苏联的大规模军事对抗和核战争，其部队能力建设是以能在与苏联的残酷竞争中胜出为指导。冷战结束后，美国面临的安全威胁变得多样化，部队需要在复杂的作战环境中遂行从大规模军事行动到非常规战争、非战争军事行动、低烈度冲突，执法行动等的全谱作战任务。在索马里“恢复希望”行动中的失败，让美军首次认识到强大的常规军事力量并不能应对与平民混杂在一起的索马里游击队，贸然开火造成平民伤亡并不能支持政治任务的实现，部队常常处于警告无效、开火更糟的尴尬境地。非致命性武器能够使人员或装备失能，而又将人员伤亡和永久性伤害最小化，同时减少对环境造成的附带损伤。受国内执法力量的启发，美军认为非致命性武器能够帮助部队在复杂作战环境中完成任务，尤其是应对平民与作战对手混杂在一起的情况。

军事和研究人员认为，非致命性武器并非仅仅只是一种新式武器，而是一种新型的反应方式，甚至有着军事事务革命的特点。常规军事能力“警告——开火”的反应方式转变为非致命性能力“警告——扰乱——迟滞——非致命性武器开火——致命武力开火”的反应方式，层层升级的武力缓冲带为军队重新赢得了主动。

因此，美国国防部成立了联合非致命性武器项目，推动非致命性武器系统在全军的发展。“联合盾牌”第二次索马里维和行动的成功首次证明了非致命性武器的能力。此后，美军的研究和实践推动着非致命性武器应用于更广泛的领域，例如城市作战、反叛乱、反恐镇暴、稳定行动、国际维和、人道主义援助等。非致命性武器在多种场合的成功运用让其在美军内部和知识界拥有诸多拥趸。近年来，美国国防部对非致命性武器的投资进一步增加。

当然，非致命性武器虽然有着诸多优点，但绝非包治百病的灵丹妙药。非致命性武器有着诸多的风险，一旦士兵对其认识不清或者教育训练没有跟上，将产生灾难性的后果。不过，历史上一些新兴的作战平台如航空母舰、新兴的作战方式如网络空间战等，都有其风险，关键在于能不能对其有清醒的认知，并充分发挥其优点、规避其风险。事实证明，非致命性武器的种种不足并没有阻碍美军形成更多、更全面的作战能力。

当前，许多国家也或多或少面临着与美军类似的复杂安全环境，美军的经验和教训，完全可以被其他国家的军队借鉴。非致命性武器系统的推广改变了美军的作战方式，催生了一系列革命性的新概念和新思维。了解这些理论成果，也可为我国的安全执法和反恐处突行动提供参考。

书成仓促，错漏之处在所难免，还请读者们不吝批评指正。

目 录

第一章

非致命性武器
运用的历史背景与定位

冷战结束后，世界格局不再是两极对抗，美国在安全领域所面对的不再是国家生存的威胁，而是复杂的安全形势和持续变化的作战环境。这促使美国政府、军队和执法部门关注、运用和发展非致命性武器。非致命性武器经过多年的理论探讨和实战检验，逐渐形成了其在美军装备和作战中的明确定位。

｜第一节｜冷战后的美国安全形势和美军作战环境

冷战时期，以美国为首的北约，其军队建构的目的，是在欧洲与苏联军队进行大规模军事作战。美国国家安全指令NSC-68所阐述的国家安全政策是围堵与拦阻，其目的旨在抵抗苏联。这种思想的核心基础是三位一体的战略核武器系统：远程隐身轰炸机、地下发射的精确制导洲际弹道导弹，以及生存性很高的弹道导弹核潜艇。按照“确保相互摧毁”的策略，这些武力被用于阻止苏联的扩张和确保美国的生存。所谓“确保相互摧毁”策略，是指一旦爆发核战争，双方将同归于尽，整个世界都难以幸免。同时，双方都草拟了多项计划，以期在不跨越“核门槛”的情况下进行大规模常规作战。因此，除了战略核武器之外，美国及北约盟国发展并拥有强大的常规部队，以对抗苏联为首的华约组织[a]。对于美国及其盟国而言，存在一个明显强敌对于军事规划的好处是，可以很精确地制订军事应变方案，并全面颁布条令：保障美国生存，准备恢复西欧地理边界，确保每条海上航线畅通等[b]。

苏联解体后，美国由于世界局势的不确定，任务的多样性，必须重新评估国家的军事战略目标。奥巴马在2010《美国国家安全战略》报告中提出，冷战结束后的20年，世界发生了许多好的变化；另一方面，因宗教、民族与身份认同引起的战争已经取代了因意识形态引起的战争，核威胁不断扩散，不平等与经济动荡不断加剧，对环境安全、食品安全、公众健康的威胁与日俱增，而捍卫个体权利的力量也能摧毁个体的权利[c]。这一段话，概述了从冷战结束后美国所遭遇的多样化安全威胁。

---

a [美]约翰・亚历山大（董铭译）：未来战争——21世纪战争中的非致命武器[M]. 北京：知识产权出版社，2004，P17

b [美]约翰・亚历山大（董铭译）：未来战争——21世纪战争中的非致命武器[M]. 北京：知识产权出版社，2004，P282

c [美]白宫（石绍湘译）：美国国家安全战略[R]. 2010，P6

一、国际方面

2010《美国国家安全战略》报告显示，从国际方面看，国家安全着眼点包括但不限于自“9·11”之后的反恐战争：伊拉克战争及其主要战役结束后在当地的重建、维稳以及政权交接工作；继续打击躲藏在阿富汗、巴基斯坦等地的基地组织及其奉行极端主义的仆从；脆弱地区的冲突预防与干预、防止屠杀和大规模暴行、国际维和、灾难救援等；防止大规模杀伤性武器特别是核武器的扩散；全球公共区域安全，例如打击国际海盗；保护地球生态环境等。

奥巴马指出，美国必须平衡和综合运用自身的各种力量，必须升级和更新国家安全战略。美国既要保持其传统的军事优势，又要增强粉碎非对称威胁的能力，保障其能充分胜任反对恐怖主义、平定叛乱、维护稳定、应对日益增长的复杂的安全威胁等使命，并保证其能够在任何时刻都能实施各种军事行动[a]。

如果说2010《美国国家安全战略》报告是战略层面的论述，那么《未来战争——21世纪战争中的非致命性武器》的作者、美国陆军特种部队退役上校约翰·亚历山大在更早的时候曾试图对部分抽象的安全威胁名词进行进一步的解析，即战役层面的论述。比如重建区域稳定；某一个时间段的安定无战乱；迫使敌人履行某种特定要求，如同意将其军队限制在指定范围内活动，给予境内少数民族人道主义待遇，或同意进行自由贸易；以武力制止敌人违反国际条约，又不能过度使用武力；在大规模区域冲突中，削弱或摧毁敌人基础设施的功能，实施战略瘫痪，同时力图减少平民伤亡；在中高强度战役中，减少敌军伤亡，易于促使敌国接受停战条件，并降低战后地区的消极抵抗与仇视[b]。

战略目标和战役组织形式改变之后，军事需求也应调整，除了能继续发展与运用传统军事力量以保持对敌人的优势地位外，美国将持续参与不同类型的军事行动，传统武力在这类行动中并非发挥主要作用。美国2006年《四年防务评论》报告指出未来可见的主要作战环境是非常规作战[c]，可以预计今后美军的作战环境将持续变得更加复杂。

a [美]白宫（石绍湘译）：美国国家安全战略[R]．2010，P11–13

b [美]约翰·亚历山大（董铭译）：未来战争——21世纪战争中的非致命武器[M]．北京：知识产权出版社，2004，P285–287

c Secretary of defense: Quadrennial DefenseReview Report[R]．2006, P9

二、国内方面

美国国内安全形势也面临着潜在和现实的威胁。根据2010《美国国家安全战略》，从国内方面看，安全威胁着眼点包括但不限于防止跨国犯罪组织对美国的威胁：增强国土安全，包括巩固民防、应对突发事件、执行法律、稽查海关、巡逻边境以及管理移民；遏制各种对国家和国民构成的威胁与危险（包括恐怖主义、自然灾害、大规模网络攻击、大规模流行病、生物危害等）；保障边境、海港、航空港等国内重要基础设施和关键资源的安全；保障海空安全、运输安全、太空安全以及网络安全；此外还有打击毒品和武器贸易等[a]。

此外，还有2010《国家安全战略》未重点提及的本土滋长的激进势力和暴力伊斯兰极端主义难以预防。在《2007国土安全报告》也提及了一些其他类型的安全威胁。

这些安全威胁，有的属于国内执法机构的管理范畴，有些则必须由国民警卫队或军队来应对。其中，在应对针对国内目标的犯罪和恐怖威胁时，特别容易牵涉到军事力量。

（一）恐怖威胁

美国长期以来面临恐怖威胁，其针对的目标包含国内和海外，在此一并论述。

1995年，位于俄克拉荷马市中心的木拉联邦大楼发生美国历史上最为惨烈的一次爆炸，官方报道死亡人数为158人。凶犯麦克维是美国土生土长的恐怖分子，其参加的组织有10万名成员。这些人满脑子阴谋论和新法西斯主义思想。美国境内有不少这种组织[b]。

1998年8月7日，美国驻东非坦桑尼亚首都达累斯萨拉姆和肯尼亚首都内罗毕的大使馆几乎同时遭遇汽车炸弹袭击。这两起事件共造成224人不幸遇难，超过4500人受伤。

1998年6月本·拉登接受美国ABC电视新闻网专访时声称将进行恐怖攻击，

a [美]白宫（石绍湘译）：美国国家安全战略[R]．2010，P22

b [美]约翰·亚历山大（董铭译）：未来战争——21世纪战争中的非致命武器[M]．北京：知识产权出版社，2004，P45

"我已正式宣布，未来数周内不论美国军人或平民都将成为攻击的目标[a]"。

1998年9月21日，克林顿总统在联合国发表演说时强调："恐怖分子利用民主社会开放的弱点进行攻击，对全体人类将是一大威胁，因此全球各国应携手合作，打击恐怖主义。[b]"

美国政府承认全国基础设施易遭到恐怖袭击。1996年，第62、第63号"总统行政命令"（PDD-62，PDD-63）发布。前者内容包括打击国际恐怖主义的重要方案，后者主要是关于防止全国重要基础设施的硬件与电脑网络遭受攻击，同时将防护重要基础设施列为国家安全的优先等级。

1998年5月28日，克林顿总统宣布成立打击恐怖主义与威胁全国基础设施的专门机构，任命主管全球事务的总统特别助理理查德·克拉克掌管这项工作。

退役上校约翰·亚历山大认为，应对恐怖分子可能在美国国内发动的攻击，大规模常规武力不仅不正常，也不明智，除非有其他手段。例如，如果出现执法人员与嫌犯在建筑物内对峙的情况，执法人员可利用非致命性武器，如瓦斯，闪光手榴弹、电击用具或者粘贴剂来保护建筑物内的平民，同时对付建筑物内的恐怖分子[c]。

（二）有组织犯罪

美国国内面临的威胁还包括金融犯罪，毒品走私等有组织犯罪。在毒品走私方面，美国无法展开手脚打击境外毒贩，而毒品分布重点及吸毒社团均在美国国内。然而，对美国公民使用武力是一件相当复杂的事情。美国政府规定不能在国内使用军事武力。在毒品出货的每一个环节，常规部队都难以派上用场，难以阻断毒品流向，执法人员或军人如果在人口稠密地区拦截毒品或者逮捕毒贩，则必须使用非致命性武器。

前中央情报局局长詹姆斯·伍尔西指出，有组织的犯罪威胁已非传统执法机

a His fatwa was clear: Americans must die, within the next few weeks, ABC News and Starwave cooperation, 10 June 1998.

b President William Clinton, Remarks of the President to the Opening Session of the 53rd United Nations Generai Assembly, United Nations Headquarters, New Work, 21 September 1998.

c [美]约翰·亚历山大（董铭译）：未来战争——21世纪战争中的非致命武器[M]. 北京：知识产权出版社，2004，P300.

构所能对付，并且危害到国家安全利益。这种组织控制着相当大的力量，以至于能危害到国家主权[a]。

总之，当前美国国内安全所受到的威胁从恐怖分子、国际组织罪犯、跨国组织和宗教激进组织，到流亡人口、穷人以及自认为在社会上受到迫害的人。由于种种原因，未来威胁美国国家利益的组织将越来越多。鉴于国防和司法机构任务的敏感性与复杂性，使用常规部队不能完全解决这些问题，非致命性武器将可扮演重要角色。同时，非致命性武器也被列入国内安全整体规划的一环[b]。

陆军少校理查德·L. 斯科特认为美军正确使用部队的能力关键在于迎接在非传统环境作战的调整。不正确地使用部队可能会造成灾难性的战略影响。非致命性武器能够让军队在实施反叛乱行动、维和行动和维稳行动中减少甚至消除暴乱冲突[c]。这几类任务的共同特点是非对称威胁、复杂或拥挤的地域、混杂在平民中的交战对象。事实上，不仅仅这三类任务，许多其他非传统作战的任务都具有这些特点。

总之，美国作战环境的复杂性体现在受到国际法，人权观念，平民和民用设施处于交战地带，城市化，全球化，媒体信息化，技术革命，非传统、非对称作战以及战争伦理层面的等影响而产生的作战革命条件下要实现不同性质的、多样化的作战和行动效果，要实现这类效果，就必须依靠或部分依靠装备非致命性武器的军队。

---

a James Woolsey. Global Organizd Crime: Threats to US and International Security, Global Organized Crime: The New Evil Empire, Center for Strategic and International Security, Report 1994.

b [美]约翰·亚历山大（董铭译）：未来战争——21世纪战争中的非致命武器[M]. 北京：知识产权出版社，2004，P57

c Richard L. Scott. Conflict Without Casualties: Nonlethal Weapons In Irregular Warfare[D], Monterey, California, Naval Postgraduate School, 2007

第二节 从历史上的相关军事/执法行动看非致命性武器的作用

下列相关的军事/执法行动都以在1996年美国联合非致命性武器局成立之前发生的，其经验教训为美国发展、运用非致命性武器的作战概念和建理非致命性武器力量体系提供了宝贵的参考，并为之后的科索沃战争、阿富汗战争和伊拉克战争中非致命性武器更多发挥作用奠定了基础。

一、索马里“恢复希望”行动

1993年，美国海军与陆军第10山地师一起进驻索马里，其目的是向数万名饥饿的民众分发粮食。这次任务被称为，“恢复希望”行动，是一项和平支援任务。然而，提供粮食只解决了问题的一小部分。索马里几乎处在无政府的状态之下。14个军阀割据地区不断发生权力争斗，他们不惜控制食物来源，使民众处于饥饿之中。美军事先估计到需要控制骚乱人群，但可用的非致命性武器只有警棍和辣椒喷剂，二者的作用都很有限[a]。

“恢复希望”任务的人道主义救援工作展开之后，美国陆军第10山地师开始面临地雷和狙击手的威胁。这个问题很快变得相当严重，一辆吉普车被地雷炸毁，车上的美国军人及一名陪同技术人员丧生。狙击手得到了当地民众的支持，他们混在群众之中，不易发现，而民众变成了实质上的“自愿人质”。美军可以选择的武器不多，只好使用步枪和机关枪来对付狙击手的攻击，偶尔也动用武装直升机，造成很多平民被打死。

在越战中，美军肆意向隐藏在森林或遥远的目标开枪，因此他们无法确定是

a Committee for an Assessment of Non-Lethal Weapons Science and Technology, Naval Studies Board Division on Engineering and Physical Sciences（防化研究院信息研究中心编译），非致命性武器科学技术评估[R]. 北京：国防工业出版社，2006，P57.

否是他们的武器杀死了敌人。而在索马里，美军在近距离攻击狙击手，许多人在弹雨中丧生，其中大多数是无辜平民。前者是战斗，后者则是人道主义任务。打死平民给士兵造成的心理负担和舆论压力，都给美军带来了很大的麻烦[a]。

2002年曾担任美国海军陆战队副司令的伯达特（E. R. Bedard）中将曾于1993年在索马里执行任务。一天晚上，他带领一个连的海军陆战队（大约175名士兵）面对8000~10000名索马里示威暴徒。暴徒投掷石块，空中飞舞着燃烧轮胎和汽车的灰烬。鉴于暴徒的数量及其公开的敌对行为，以及美军的弱点，还有可适用的交战规则，求诸致命武器不是最佳选项。几名士兵出现了从撕裂伤到下颚被打烂等重伤。伯达特想："如何能够更有效地应对此局面？[b]"

1993年6月5日，忠于艾迪德的士兵对巴基斯坦维和部队展开攻击，造成25名巴基斯坦军人死亡，美军突击队被派来增援。人道救援逐渐演变成压制军阀，而不是保护粮食发放点和补给线。根据并不准确的情报，美军将领指挥突击队贸然行动，突击失败后，派遣的支援部队火力也有限，最终导致军事行动失败。1993年10月3日晚，美军第75突击队奉命逮捕当地军阀艾迪德，执行任务的区域是摩加迪沙一处人口稠密的地区，任务最终失败，在突围过程中，被敌人盯住，最终造成18名突击队员丧生，300多名索马里平民与游击队员死亡。虽然突击队员与特种部队拥有先进的武器装备，但却被一群乌合之众围攻而导致行动失败。

美国公众看到克利夫兰中士的尸体被索马里游击队拖着游街的电视画面之后，群情激愤，促使美国在政策上发生转变。这种景象不符合人们对人道任务的看法，于是美军迅速撤离，由其他国家的军队取代。这等于宣告了政治任务的失败[c]。

综合来看，这次行动彻底失败，从军事上来看，高层在战略战役战术各个层面都有失误，他们没有认识到相关复杂局势使用致命武力并非最佳选择，在训练和装备方面上的准备也不足。战略上，任务的初始性质，及任务性质的改变，美

a [美]约翰·亚历山大（董铭译）：未来战争——21世纪战争中的非致命武器[M]. 北京：知识产权出版社，2004，P33.

b E. R. Bedard, Nonlethal Capabilities: Realizing the Opportunities[J], DefenseHorizons, 2002（9），P1-6.

c [美]约翰·亚历山大（董铭译）：未来战争——21世纪战争中的非致命武器[M]. 北京：知识产权出版社，2004，P28-31

国高层都没有做好充分的准备，没有从作战思想上认识到他们处于一种新的复杂的作战环境遂行一种新的作战任务。因此，造成在训练方面，从事“恢复希望”的部队仅接受过最简单的人道工作训练。在美军中，只有极少数的军人具有和平支援工作经验，面对复杂的安全形势，面对混杂在民众中的敌人，除了开火回击之外，没有其他应对手段，既造成平民死亡，也无法压制军阀势力，进而引发军事升级，突击队介入。在突击队陷入困境时，指挥官曾要求装甲部队和AC-130武装运输机等更为强大的支援火力，但是国防部长阿斯平拒绝了这些要求。可以估计，阿斯平无法承担使用强大火力造成更多平民死亡的后果，结果美国突击队员因为缺乏足够的援军而伤亡惨重。可以看出，美军当时的武器装备在应对上述复杂作战环境方面是一个空白。

当时美军虽然在冷战结束后对安全环境和部队建设进行了新的思考，但从“恢复希望”行动中的表现看出，美军的作战条令（在中国通常被定义为“军事思想”）、作战计划、训练、装备远没有无法跟上复杂安全形势的要求，不仅无法完成和平支援任务，还造成大量无辜平民伤亡。此次行动的失败，迫使美军加快开展了非致命性武器及其应用的相关研究。

二、“联合盾牌”第二次索马里维和行动

截止1994年底，已有130多名联合国维和人员在索马里丧生，原来的人道使命是提供食物，却演变成“维持和平”，甚至演变成“建国”任务。解除异己分子的武装十分棘手，行动基本失败。维和部队准备撤离，但是离开索马里并非易事。部队撤离时，可能受到索马里民兵的攻击，撤出越多，剩余人员就越容易受到攻击，最后一批撤出的人员将面临最大的危险[a]。

美国同意再次介入，实施“联合盾牌”行动，其目的是为维和部队提供掩护。地面部队由美国陆战队第13远征军部队组成，这支特种部队由安东尼·茨尼（Anthony Zinni）中将指挥，他曾在第一次任务中负责作战指挥。美军的传统做法是火力压制，或者驱散人群和武装分子。然而，此次任务计划周密，部队接受

a [美]约翰·亚历山大（董铭译）：未来战争——21世纪战争中的非致命武器[M]. 北京：知识产权出版社，2004，P32

了足够的训练，指挥官成功地在紧急情况下将国内执法和群体性骚乱控制技巧引入战区。在执法对抗情况下，警察通常人数多于敌方，但是通常存在许多看热闹的旁观者。在某些情况下，少量的警察必须能控制一个群体或者应对一场骚乱。对于这种任务，有一系列的应对工具：催泪弹、水枪、刺痛弹（例如橡胶弹）、标记墨水、障碍和闪光弹等。非致命性武器有助于为部队提供开火与不开火间的缓冲带。因此，他们可以制止群众或者武装分子集结成一股庞大的、愤怒的力量，过于接近美军[a]。

美军决定给这支部队配备新式的非致命性武器，包括骚乱控制剂、低动力霰弹枪、蒺藜、黏性液体泡沫、"军刀"203炫光弹、战场光学侦察系统（BOSS）[b]等。此外，军方还通知新闻媒体，采访部队使用非致命性武器训练的情况，目的就是让全世界知道，美军正在使用致命武器以外的武器，并且重申假如美军遭到攻击，他们仍会以常规武器还击。

"联合盾牌"行动顺利展开，海军陆战队登陆后即对撤出的维和部队加以掩护，虽然索马里游击队尾随在后，但双方保持安全距离。当游击队过于接近时，美军就使用战场光学侦察系统应付，其亮光会对狙击手造成威胁。黏性泡沫被当做障碍技术使用。美军与联合国维和部队未发射一枪一弹就安全撤出。后来茨尼中将宣称，虽然非致命性武器数量有限，但他认为这是执行和平支援任务所必备的武器，他将来无论到哪执行和平支援任务，都离不开这些非致命性武器。他同时呼吁美军需要更多地使用这种武器[c]。

三、支持民主：海地

自从1937年以来，海地动乱不断。1991年，军方推翻民选政府，海地经济不断恶化，反对党持续遭到屠杀。美国对海地制裁和威慑未能使军政府屈服，为了

a Graham T. Allison, Paul X. Kelley, Richard L. Garwin:Nonlethal Weapons and Capabilities[R]. Report of an Independent Task Force Sponsored by the Council on Foreign Relations, 2004

b Committee for an Assessment of Non-Lethal Weapons Science and Technology, Naval Studies Board Division on Engineering and Physical Sciences（防化研究院信息研究中心编译），非致命性武器科学技术评估[R]. 北京：国防工业出版社，2006，P57

c Chris Lawson, Words from a Rising Star, Defense News, April 1995.

恢复海地的民主。1994年9月，美国总统克林顿命令美国部队准备登陆，海地军政府领袖被迫逃亡。登陆后维持秩序的美军面临沉重压力，海地一片混乱，穷困、暴力困扰着这个国家。有时候，殴打致死的事件就在美军面前发生，而接管规定则要求美军不能以致命武器进行干预。当电视播报暴力事件时，军队不可干预。军队可以利用武力进行恫吓，但不可肆意动用武器，除非军人自己的生命受到威胁。此外，由于美军食物供应充分，饥饿的海地人会在美军倒垃圾时哄抢垃圾堆里的食品，乱象会威胁到美军的生命安全。为此，美军倾倒垃圾时，会把当地人隔离远一点。然后，当垃圾倾倒完毕，哨音一响，海地人就一拥而上。美军又不可能射击抢垃圾的海地人。在海地，如果美军不使用致命武器保护自己，就没有其他的选择了。

一些部队装备了包括OC（辣椒油脂喷剂）、塑料警棍、豆弹在内的非致命性武器[a]。美军在海地接受了训练。然而，有限的非致命性武器也时常遭到法律的困扰。由于非致命性武器并不属于标准武器的范围，美军在使用之前必须获得特别批准。海军陆战队获得了批准，但当陆军接替海军陆战队时，这些武器却不能移交，因为陆军没有接收或拥有非致命性武器的正式授权。[b]这属于管理上的失误。

海军陆战队前司令在被派驻部队到海地支持民主行动后，也成了非致命性武器的强烈支持者。在第二届非致命性防护会议上，他强调了把这些武器变成标准军事装备的必要性[c]。

四、波斯尼亚

美国曾加入联合国维和部队，进入前南斯拉夫的冲突地区，以支持联合国与北约。波黑当时的情况很糟糕，数以千计的人被屠杀，交战冲突双方都拥有重型

a Committee for an Assessment of Non-Lethal Weapons Science and Technology, Naval Studies Board Division on Engineering and Physical Sciences（防化研究院信息研究中心编译），非致命性武器科学技术评估[R]. 北京：国防工业出版社，2006，P64

b [美]约翰·亚历山大（董铭译）：未来战争——21世纪战争中的非致命武器[M]. 北京：知识产权出版社，2004，P37

c Committee for an Assessment of Non-Lethal Weapons Science and Technology, Naval Studies Board Division on Engineering and Physical Sciences（防化研究院信息研究中心编译），非致命性武器科学技术评估[R]. 北京：国防工业出版社，2006，P14

武器。这对支援和平的部队构成非常严重的威胁，因此，美军显然需要配备致命武器。

然而，重大暴力事件时有发生，联合国部队不足以保护这些地区，有关当局决定，联合国应撤出其军队。当联合国撤军时，那些即将陷入危险之中的人们试图加以阻止。他们知道有人遭到拷打和屠杀，知道集体坟场，于是紧紧黏住联合国部队。部队显然不能用致命武器向这些仅仅想保命的民众开火。联合国维和部队没有配备可以用来对付这些阻碍其撤退的平民的武器，因此不可避免地造成了保护者与被保护者之间相当令人为难的对峙局面。

另外一个难题是，根据《戴顿和平协议》，双方应该把某些重型武器部署在非居民区，可是敌人故意把武器部署在平民中心附近，把防空武器部署在医院附近，把坦克部署在百姓的谷仓里，把大炮部署在村庄里，因为他们知道联合国部队不敢攻击。北约部队面临两难选择，要么使用可能造成附带伤亡的致命武器，要么任凭和平协议遭到破坏。

美军不断介入和平支援工作，而且在将来仍会介入这种工作。事实证明，为了应付这种挑战，美军急需采用非致命性武器，以求在应付复杂情况时有更多的选择[a]。

五、英国在北爱尔兰的行动

1969年8月英国陆军到达北爱尔兰时，装备很差，难以应付暴乱和巷战。他们只装备了木棍和小型盾牌。英军迅速建立了一个具备应对暴乱和控制人群能力的军械库：库内备有催泪弹、各种攻击武器／命中武器（如橡皮弹和塑料子弹）和水炮。目前，北爱尔兰的英军和皇家阿尔斯特警察部队在使用一种口径为37毫米的多发步枪管发射器，这种发射器使用“低致命性”的旋转稳定射弹。英军引进了一种十分精确的圆柱形射弹。虽然曾发生过用非致命射弹造成的伤害，但并不常见。自1970年以来北爱尔兰报道的大约110000次中弹事件中，只有几百例这类伤害。导致死亡的伤害更少见。尤其值得注意的是，自1994年引进指挥棒和发

a [美]约翰·亚历山大（董铭译）：未来战争——21世纪战争中的非致命武器[M]. 北京：知识产权出版社，2004，P38

射器以来，再未发生过死亡事件。在北爱尔兰英国还使用过高频声音作为控暴手段，但舆论有褒有贬，人们对其是否会造成永久伤害十分担心[a]。

六、越南战争

在越南，美军使用了两类非致命性武器，除草剂和催泪弹。

（一）除草剂

245T这种化学品，最初是在20世纪40年代末50年代初英军在马来半岛对抗共产党起义时使用的，目的是反制敌人空中侦察和对所怀疑的游击队农场进行破坏。在越南，美军把这种方法作为广泛对抗越共的策略之一。1961年11月，利用专门改造的空中喷洒除草剂，每次能运输1000加仑（约4564升）的除草剂的美国空军运输机发起了“大牧场之手行动”。目标同英国在马来半岛时类似，都是反制空中侦察和破坏食品供应。从1961年到战争结束的1971年5月间，在大片丛林里喷洒了除草剂。据估计6400万吨除草剂被分洒在190万公顷的森林里，800万升被分洒在30万公顷的农田里。

总之，美军共使用了6种化学品：绿剂、粉红剂、紫剂、白剂、蓝剂和橙剂。含有少量高毒性的二噁英的橙剂最为声名狼藉。到战争结束时，约有240磅[b]（约108.86千克）二噁英沉积在越南；比较而言，几盎司（1盎司相当于28.3495克）的二噁英就会对健康造成严重危害，可能会造成数千人死亡。

（二）催泪弹（CS）

在越南，美军部署了催泪弹、亚当氏剂（DM）和苯氯乙酮用于战争目的。西埃斯被引进越南战争，作为阻挡敌军的屏障；当越共已渗透到平民区时，把敌军战士从深坑、地道和掩体中驱赶出来；还用于人质营救。很多时候，越共采取了简单的对策，或者似乎根本没有受到严重影响。

a Committee for an Assessment of Non-Lethal Weapons Science and Technology, Naval Studies Board Division on Engineering and Physical Sciences（防化研究院信息研究中心编译），非致命性武器科学技术评估[R]. 北京：国防工业出版社，2006，P61

b 1磅=0.45359千克

美国国防部对非致命性武器的政策是：为加强致命武器的效力，允许非致命性武器和致命武器一起使用。美国在越南使用西埃斯就证明了这一点。大量使用西埃斯，不是用于降低伤亡（更多情况是用于控暴），而是迫使敌人从隐蔽处出来对其使用致命武器。在一次使用中，从直升机上喷洒西埃斯，迫使越共从掩体中出来；然后，美国空军轰炸机在这个地区遍洒高性能炸药和集束炸弹；地面部队随后收拾残余幸存者。

七、巴拿巴/古巴镇暴行动

1994年，大量海地难民滞留在美国驻古巴关塔那摩湾的海军基地。海地人清楚地认识到他们的生存环境，于1994年12月开始暴动，威胁卫兵。捣乱者被认出后，被送到巴拿马更安全的地点，那里暴乱仍然在继续。当时美军手头有少量的非致命性武器——扬声器、棍棒和盾牌。需要近距离接触暴乱者才能使用这些系统，有少数暴乱分子受伤[a]。

八、“园地”事件（越战期间美国暴乱）

为控制20世纪70年代早期因反对美国参加越南战争而引起的暴乱，美军曾就控暴过程进行了大规模的部队训练。一般说来，部队依靠展示武力和催泪弹来驱散人群。他们保留了标准步枪，有时还装备了实弹。不过，展示武力有时能够奏效，有时却不管用，例如在肯特州立大学的致命射击就导致了全国危机。军队手头的武器不足以完成军队不情愿承担的任务[b]。

a Committee for an Assessment of Non-Lethal Weapons Science and Technology, Naval Studies Board Division on Engineering and Physical Sciences（防化研究院信息研究中心编译），非致命性武器科学技术评估[R]. 北京：国防工业出版社，2006，P64

b Committee for an Assessment of Non-Lethal Weapons Science and Technology, Naval Studies Board Division on Engineering and Physical Sciences（防化研究院信息研究中心编译），非致命性武器科学技术评估[R]. 北京：国防工业出版社，2006，P64

九、“正义之师”行动

美国在1989年12月对巴拿马发动代号为“正义之师作战”（Operation Just Cause）的军事行动，其名义是保护运河、维护人权、打击贩毒以及推翻独裁者诺列加。美国海军陆战队和陆军突击队突袭巴拿马，迅速赢得胜利，最后，诺列加已无处藏身，被逼无奈，躲进了梵蒂冈驻巴拿马大使馆。美军随即跟踪而至，并进行了围困和攻心战。美军特种部队心理战分队在梵蒂冈大使馆周围架起了大功率的高音喇叭，不停地播放震耳欲聋的摇滚乐，几个街区之外都能听到。心理战部队还组织几十辆坦克和装甲车打开引擎，架起机枪对着大使馆的每一扇窗户，造成“兵临城下”的态势。最终诺列加于1990年1月3日向美军投降[a]。

虽然事后美国参谋长联席会议主席办公室在报告中坚持表示，播放摇滚乐的目的主要是防止灵敏装置窃听谈判内容，并非是针对诺列加的心战武器，但这一表述显然可信度不高。特种作战中心发言人之后曾承认，播放摇滚乐是“对心战工具有想象力性的应用”[b]。

十、美国国内执法机构对非致命性武器的成功运用

美国司法机构总是被要求尽量不要使用武力。诸多案件表明，当执法人员逮捕嫌犯时，在武力使用上很容易过当，造成生命、财产及大众心理等各方面的惨重代价。前国家司法研究中心科技部主任大卫·博伊德曾多次指出，今天的警察在使用武力方面与过去荒野的西部时代相比，并没有太大的不同。现在的警察不管男女都配有警棍、警枪，可其他素质却没有太大变化。

美国是世界上最喜欢诉讼的国家。警察只要使用武力，就有可能遭到诉讼，即使完全合法时也会如此。然而，在面对罪犯时，许多形势又要求警察立刻使用武器，否则自己的生命就会遭到严重威胁。

执法人员对非致命性武器的关注已有一段历史。1986年，司法部长埃德温·米斯在联邦调查局局长威廉姆·韦伯斯特支持下，在联邦调查局研究中心召开了一

a http://en.wikipedia.org/wiki/United_States_invasion_of_Panama
b John T. Correll:A Small War in Panama [J], Air Force Magazine, 2009, Vol. 92, No. 12

次关于非致命性武器的重要会议。自此，警方对该领域的兴趣一直未中断。

在某些情况下，警察有时间考虑选用其他武器，如当对方持有刀具、棍棒或其他武器，非致命性武器在适当距离内是有效的武器。

有些警察机关允许警员使用辣椒喷雾剂或者梅西防身喷雾器、电击武器，前提是必须接受良好的训练。在追捕驾车逃窜的嫌犯时，警察也开始使用非致命性新科技进行阻挡，例如使用长钉刺入逃窜车辆的轮胎。[a]

此外在警察押送犯人、狱警威慑罪犯、平息大规模暴动时都需要用到非致命性武器装备。国内执法机构对军队引入非致命性武器提供了技术和作战概念的参考。

a [美]约翰·亚历山大（董铭译）：未来战争——21世纪战争中的非致命武器[M]. 北京：知识产权出版社，2004，P64–66

第三节 非致命性武器的定位

非致命性武器在美军的武器库中究竟处在什么位置，在作战中发挥什么样的功效，对作战方式有什么样的影响，这需要检视非致命性武器概念出现时的理论探讨，考察非致命性武器的定义、特点与其作战任务区域核心能力，有研究人员认为非致命性武器已经具备军事事务革命的某种特点。

一、非致命性武器的理论准备

（一）更有效地杀伤敌人

冷战结束前后，美国军方提出“非致命性”这一个概念，其中有一个主要动机就是为了更有效地杀伤敌人。1988年8月，退役特种部队上校约翰·亚历山大前往美国洛斯—阿拉莫斯国家实验室工作，那时苏联仍然是美国的首要敌人，实验室的一项工作是研发使敌人武器系统暂时失去作用的武器技术，其理论基础是使武器失去作用要比摧毁它来得容易。为了对付苏联庞大的重装部队，约翰·亚历山大第一次产生了发展非致命性武器的想法。最初的想法着眼于打乱敌人的进攻节奏。把苏联的援军迟滞在其领土之内，北约就有时间集结兵力与装备。这种对苏联援军的迟滞，不但不是“非致命性”的，最后的预期效果反而是增加前线作战地区的杀伤率[a]。

（二）顾忌欧洲战区稠密的人口

欧洲经济发达，大小城市遍布各地，人口众多。根据二次世界大战的经验，美国认知到城市作战的一些问题，挨家挨户的打仗是一种讨厌的战争方式。由于美国准备将轻装步兵调往战区，在与苏联强大的装甲力量作战中，只有在险峻的

a [美]约翰·亚历山大（董铭译）：未来战争——21世纪战争中的非致命武器[M]. 北京：知识产权出版社，2004，P19

地形或者城市里才可以存活，这必将给平民带来大量的伤亡。1970年，华盛顿科技部防务分析研究所（IDA）的约瑟夫·F. 科特斯（Joseph F. Coates）就提出一份报告《海外城市的非致命性和非摧毁性战斗》，该文件提出的很多意见和技术正是当前非致命性武器概念的核心，只是当时提出的技术不成熟，无法实际运用到武器方面[a]。

（三）战争结束后的重建

最近的历史显示，战胜国通常要担负沉重的财政重担，战败国的经济必须重建，以适应和平时期的需求。此外，战胜国时常被迫援助战败国，帮助其重建稳定的经济和政治体系。二战后，美国对日德两国的援助就是最好的例子。因此，减少战争中的财产附带损失是战胜国不得不考虑的一个重大问题[b]。

（四）控制仇恨

在战争中彻底消灭敌人尽管可以在短期内防止攻击事件发生，但却不能防止以后的报复。在当今世界，多年前的冲突造成的仇恨导致近日的冲突比比皆是。如巴尔干地区与苏联南部各国在冷战后的冲突显示，在苏联的武力压制松弛之后，潜在的冲突就会爆发。大多数冲突的本质是暴力的，冲突会恶性循环，几乎所有军队都有过极端暴力的不当行为，美军在越战中也不例外。在梅莱大屠杀事件中，美国一名新兵胡乱处决了347名越南平民。这是因为美军士兵在作战中有阵亡，战争激起情绪，而情绪容易失控。

情绪反应不仅发生在军事作战方面，司法人员追捕逃跑的重犯时，也会有情绪上的反应。这种情况极为普遍，以至于发展成警察高速追逐综合征。警官们在遇到紧急的、有时甚至威胁到生命的情况，容易行为过激。嫌犯被抓到后，警察若不能控制过激情绪，就会造成悲剧[c]。

a Joseph F. Coates, Nonlethal and Nondestructive Combat in Cities Overseas, Institute for Defense Analysys, Science and Technology Division, Washington, D.C., 1970.

b [美]约翰·亚历山大（董铭译）：未来战争——21世纪战争中的非致命武器[M]. 北京：知识产权出版社，2004，P21

c [美]约翰·亚历山大（董铭译）：未来战争——21世纪战争中的非致命武器[M]. 北京：知识产权出版社，2004，P21–23

（五）概念的争议

1. 反物体技术

美国退役特种部队上校约翰·亚历山大曾提出“反物体技术”的概念。其基本观念是，由于苏联的军事理论要求其军队按照事先决定的日程迅速向前推进，于是北约要集中兵力阻止敌人向前移动，而不一定要杀死敌军。由于武器的使用范围不断扩大，地缘政治现实和军事任务也发生了变化[a]，“反物体”这个名词显然无法涵盖观念的全部。

2. 软杀伤

“软杀伤”的意思是对敌人武器系统中较脆弱的环节进行一定的破坏性攻击，而不使其遭到惨重的损害。原则上讲，在紧急时刻对敌人武器造成适度损害，比彻底摧毁敌人武器容易做到。举例来说，可以对敏感性电子装备施加适度攻击，使其失去功能，而不必炸毁放置电子设备的坚固指挥所。同样，降低能见度可以阻止装甲车辆行动，干扰通信可以阻止敌人发动协调攻击。“软杀伤”的优点是，利用较少的力量使敌人武器系统失去功能，而非彻底摧毁敌人武器系统。

3. 任务杀伤

“任务杀伤”是指使敌人武器系统无法完成特定功能，从而丧失整体作战能力。从军事的角度看，武器系统要发挥效果并完成其所担负的任务必须具备三项主要功能：机动、火力和通信。1990年，国防先进研究计划局的欧蒂斯上将在《任务杀伤概念、需求和技术的评估》之最后报告中对“任务杀伤”定义为：“当敌人的行动使我方一项军事操作系统、一个人或一个单位无法在规定的事件与地点发挥其功能时，则该系统、人员或单位已遭到任务杀伤。[b]”例如，一辆不能行动的坦克，一门不能发射的大炮，或一部无法通信的电台，都属于已遭到任务杀伤。因此，“任务杀伤”是一种合乎成本效益的方法，用于阻止拥有高技术武器系统的敌军向前推进。

4. 低致命性

“低致命性”的意思是，某种程度的致命性行动会发生，但其所造成的伤亡

a Colonel John B. Alexander, “Anti-materiel technology”, Military Review, vol. LXIX, no. 10, October 1989.

b Glenn K. Otis et al., Assessment of Mission Kill Concept, Requirements, and Technologies, Final Report（Defense Research Projects Agency, Arlington, VA, September 1990）.

则可以减小至最低程度。不过，这一概念所涉及的限制程度不如非致命性武器那样大。

除了上述名词和概念外，还有其他一些名词相继出现，最终军方高层确定使用“非致命性”一词。

二、非致命性武器的定义

（一）非致命性武器的定义

非致命性武器是指：“明确设计用来，并主要应用于使目标人员或装备立刻失能的武器、装备和弹药，同时将人员伤亡和永久性伤害最小化，将在目标区域或者目标环境中的财产遭到的非预期损害最小化。非致命性武器的目的就是对人员或装备产生可逆效果。”非致命性武器更广泛的定义包括“武器、装备和弹药”。通常不被认为是“武器”的装备和弹药也被纳入，例如语音定向播报装置[a]。

（二）非致命性武器与传统武器的杀伤机理区别

与传统武器主要通过爆炸、穿刺和碎片摧毁其目标不同，非致命性武器使用非粗暴物理毁伤的手段来抑制目标的功能。

非致命性武器还将具有下列一个或者两个特点：

（1）对人员或装备有相对可逆的效果。

（2）在它们的作用范围内对目标施加各不相同的影响[b]。

（三）非致命性武器与传统武器的外观区别

曾有人提出，非致命武器应当在外观上与致命武器有明显区别，例如，标记非致命性武器为蓝色或者橙色以清楚地区别非致命性武器和致命武器。这种想法可能在某些条件下比较适用，比如在进行群体控制时，可避免误使用致命武器的情况发生。但美军认为，标记了明显的颜色或者标记的非致命性武器会也让敌军

a Non-Lethal Weapons（NLW）Reference Book[R], Joint Non-Lethal Weapons Directorate, 2011

b Policy for Non-Lethal Weapons, Department of DefenseDirective number 3000.3, 1996

得以容易地辨别和应对[a]。当前美国对非致命性武器的指导思想是，不寻求在外观上改变非致命性武器，而是寻求发展具备发射致命性和非致命性双重弹药/效果的武器系统，发射何种弹药根据情势要求而定。

（四）非致命性武器的内涵包括相应的技术和战术

美军内部有人认为非致命性武器的名词和定义其实不全面，在某种程度上用词不准。对于非致命性武器而言，更重要的不是完全不伤人或者永久无伤害，而是“不是武器”的技术和战术。理想的非致命性武器将是这样一种系统：具备持续可变的强度和影响，从警告带到震撼冲击到致命效果。当与致命武器配合时，非致命性武器的作用是心理上的：比如说民众离去，或者站在美军一边，而不是反对[b]。

（五）非致命性武器与精确武器的关系

有些反装备的非致命性武器，其目标效果可以借助拥有精确打击能力的致命武器来实现[c]。

（六）非致命性武器的作战运用与信息战、心理战和网络战

一些信息战、心理战和网络战的武器也属于非致命性武器的范畴，但前者着眼于作战域和作战方式，后者的着眼点是武器装备。目前美军将非致命性武器，信息战、心理战和网络战归入不同的概念。

三、非致命性武器的特点

美国国防部联合非致命性武器局界定非致命性武器的技术特征为：

■ 对目标的效果（显著而可重复的效果）

a Non-Lethal Weapons（NLW）Reference Book[R], Joint Non-Lethal Weapons Directorate, 2011

b Graham T. Allison, Paul X. Kelley, Richard L. Garwin:Nonlethal Weapons and Capabilities[R]. Report of an Independent Task Force Sponsored by the Council on Foreign Relations, 2004

c Graham T. Allison, Paul X. Kelley, Richard L. Garwin:Nonlethal Weapons and Capabilities[R]. Report of an Independent Task Force Sponsored by the Council on Foreign Relations, 2004

■ 阻止能力

■ 选择性瞄准

■ 便于人员或车辆携带

■ 易于清理

■ 发展成熟

■ 补充或增效作用

■ 采办和作战成本（训练、维护和再使用）

■ 应付对抗手段的灵活性

第一个特征——对目标的效果是非致命性武器最重要的标准。非致命性武器必须为军事指挥官提供增强的效果。这意味着可靠的、效费比合理的技术，或提供远程重要效果的技术足以在必要时完成增援部队的需求。关键在于效果必须是可重复出现的，并且是有重要意义的。如果因缺乏持续的效果而导致战士暴露在额外的风险下，指挥官是肯定不愿使用这样的非致命性武器的。从本质上说，与致命武器技术相比，非致命性武器技术通常展现更广泛但却不是更明晰的效果。一旦确立对目标可接受的效果，就要考虑上述的其他特点。非致命武器的其他技术特点与致命武器相似，但由于其使用往往是作为增强能力——而不非代替能力——因此必须更严格地考虑其他一些特点。例如，如果为保障非致命性武器的后勤需求而取消致命武器的能力，指挥官是不会使用非致命性武器的。实际上，最理想的非致命性武器应在必要时应具有“效应可控”（从非致命效果逐渐过渡到致命效果）的作用。**非致命性武器应在组织和训练方面天衣无缝地并入现有武力结构中。**目前使用的非致命性武器一般都是在离对手几十米远的距离使用。现在需要研制几百米远甚至几千米远的距离使用的非致命性武器。非致命性武器技术必须适应各种军事需求，并应在各种应用非致命性武器的场合发挥重要作用。从海外用兵的角度而言，“远征”意味着在严酷的环境中保持快速反应、机动、耐力和支撑力。对于远征军而言，空中和船上部署都受质量和体积的限制。远征环境一般要求任何武器系统都要保持高度机动和便于部队或车辆携带[a]。

a Committee for an Assessment of Non-Lethal Weapons Science and Technology, Naval Studies Board Division on Engineering and Physical Sciences（防化研究院信息研究中心编译），非致命性武器科学技术评估[R]. 北京:国防工业出版社，2006，P20-22

四、非致命性武器的作战任务区域核心能力

基于防护规划脚本、作战司令部司令和军种的作战需求、报告及经验教训，以及非致命性武器作战任务区域在《联合非致命性基于能力的评估》（Joint Non-Lethal CBA）确认。作战任务区域分为下列两个核心能力：反人员和反装备。（可能是2003版本：非致命性武器的核心能力在联合任务地域分析（2000年12月，由联合需求审查委员会批准）中体现为：反人员，反装备，反能力）

（一）反人员

（1）使人员失能。

（2）保护己方免受对方人员威胁。

（3）拒止人员进入某区域。

（4）设施/建筑和地区内人员的清除。

（二）反装备

（1）保护己方免遭车辆和船只的威胁。

（2）使车辆、船只、飞机和装备失效或者失能。

（3）拒止车辆进入某地域、楼房、设置和建筑物。

（4）拒止大规模杀伤性武器的使用。

（5）使设施或者系统失效或者失能[a]。

五、非致命性能力与军事事务革命

综合美欧研究人员的观点来看，非致命性能力是一种面对作战对手新的反应方式，其有着军事事务革命的特点。

非致命性技术产生的能力,即非致命性能力，对美军产生了重大的影响。如

a Multi-Service Tactics, Techniques And Procedures For The Tactical Employment Of Nonlethal Weapons FM 3-22.40MCWP 3-15.8NTTP 3-07.3.2AFTTP（I）3-2.45, Air Land Sea Application Center, 2007

以色列军事历史学家和理论家马丁·冯·克里韦尔德（Martin Van Creveld）在《技术与战争》中写道：“没有一个改变了战争的重要装备，从飞机到坦克，到电子计算机，是源自于条令性的需求。”军事转型经常源于操作者对不成熟技术的开发使用。这一代表牵引特性的准则——确保当我们认识到21世纪作战的新机遇时，技术、政策和作战实现无缝连接。（如联合非致命性武器局描述的）这是关于将军队转型来满足新形式和保持世界最好军队的优势[a]。

非致命性能力在多大程度上有着军事事务革命的特点呢？

当前大多数军事事务革命研究人员普遍认同两种主要的军事事务革命标准和通用定义。第一种是安德鲁·克雷皮内维奇（Andrew Krepinevich）在其奠基性文章《从骑士到计算机：军事革命的范式》中所说：“……当新技术大量应用于军事系统，结合革新性的作战概念和编制调整，三者以某种方式从根本上改变了战争的特点和实施方式，军事事务革命就发生了。[b]”

第二种是美国国防部净评估办公室主任安德鲁·马歇尔所说：“军事事务革命是战争性质的大规模变化，其由新技术的革命性应用，结合军事条令、作战和编制概念的巨大的变化，根本上改变了军事行动的特点和实施方式。[c]”

军事事务革命的理论框架包括三个基本维度：条令、编制和技术。因此，三个维度同时发生根本性的变化才被视为是军事事务革命。

英国研究人员奥弗·弗里德曼（Ofer Fridman）提出的军事事务革命准备条件概念框架如下：

军事事务一般性的准备条件包括：重塑社会和政治现实、技术，以及未能实现的军事挑战即应对对手核心军事能力。对于非致命性武器，也就是说，社会和政治现实形成的军事挑战是否需要非致命性能力来解决？对于这些军事挑战是否存在技术解决方案？军队是否认知到面对当前的敌人出现这类军事挑战？

---

a E. R. Bedard, Nonlethal Capabilities:Realizing the Opportunities[J], DefenseHorizons,2002（9）, P1–6

b Krepinevich A., “Cavalry to Computer: The Pattern of Military Revolutions” , National Interest, no.37, 1994

c Gongora T., von Riekhoff H., Introduction: Sizing up the Revolution in military Affairs in Toward aRevolution in Military Affairs? Defense and Security at the Dawn of the Twenty–First Century, editedby Gongora T., von Riekhoff H.,（Westport: Greenwood Press, 2000）

军事事务革命准备条件的概念模型

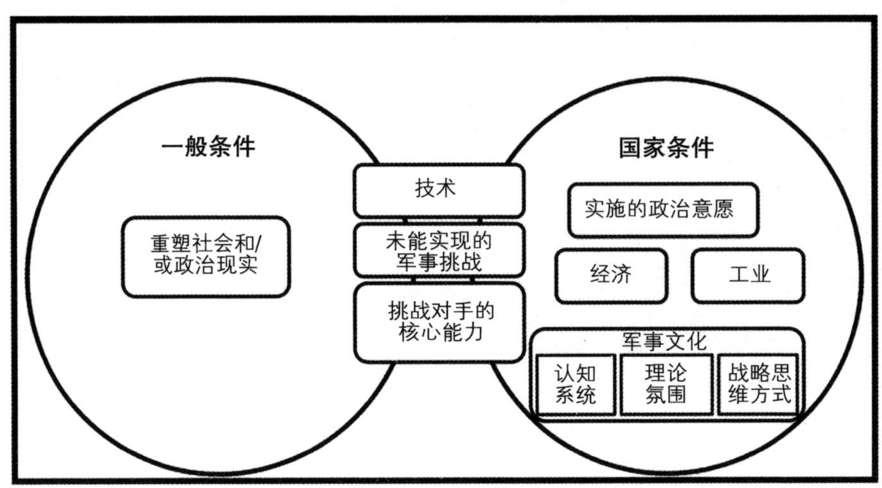

社会和政治现实决定军队需要非致命性武器。当前作战环境所处的社会和政治现实出现了三大变化。一是普遍对人生命的尊重，二是赢得当地民众的民心，三是大规模媒体覆盖[a]。事实上，还有一个重要的背景是城市化的进展。据统计，2008 年，有史以来第一次世界一半以上的人口即 33 亿人，生活在城市地区。到 2030 年，这一数字有望达到 50 亿。2000至2030年间，在亚洲，城市人口将从14亿增长到26亿；在非洲，将从2亿9400万，增长到7亿4200万；在拉丁美洲和加勒比地区，从3亿9400万，增长到6亿900万[b]。这意味着潜在的卷入冲突的地区、特别是城区的人口密度将急遽增大。

此外，作战类型也有两大改变：一是非战争军事行动（例如非对称战争、游击战、反恐战、小战争、维和行动等）增多，在这类战争条件下，区分战斗人员和平民相比以前变得更复杂。二是社会发生了大的变化，平民极易卷入冲突中去。Ofer Fridman认为，在这种作环境下，对手的核心能力是把民众作为工具卷入战争。非致命性武器是应对这一能力的有力武器。

关于非致命性武器在减少平民伤亡、限制动能作战中的负面后果、将安全带给有冲突倾向的环境的作用，前驻伊拉克美军总司令彼得雷乌斯将军在2007年9

a Ofer Fridmana: “Are We Ready for the Revolution of Nonlethal Weapons?” : Using a Comprehensive RMA Model to Examine the Current Strategic Situation [J], Comparative Strategy, 2013, Volume 32, Issue 3, P192–206

b 联合国《世界人口状况报告》[R], 联合国人口基金会, 2007, P1

月曾有如下声明："在巴格达，以及全伊拉克，我们试图给动能、军事作战补充同样积极的非动能重建行动。"非致命性武器不能仅仅被视为致命性更少的武器系统，更应该在非常规战争的背景下被视为另一种反应形式，其保护稀有的资源、降低作战风险的特点，仍然能够给军队提供反制敌意的坚实手段。

军事工业部门能够提供两大主要技术：非致命性效果和投送方式。最近的案例研究表明，相比于致命手段，非致命性武器能提供更多使用和效费比好的解决手段[a]。

从军事事务革命的角度来看，相比传统战争，美军涉入的、更多的战争性质已经发生了变化，非致命性技术的能力改变了战争实施的方式，形成很多的新的作战概念，其对军事条令和组织编制的改变现在还不十分明显，但从美军非致命性事务的实际来看，仍处在不断地发展和变化中。

a Ofer Fridmana: "Are We Ready for the Revolution of Nonlethal Weapons?": Using a Comprehensive RMA Model to Examine the Current Strategic Situation [J], Comparative Strategy, 2013, Volume 32, Issue 3, P192–206

第二章

非致命性武器的技术基础与发展

在2000年，联合非致命性武器局发起的联合任务范围分析（JMAA）会议中，全面回顾了潜在的非致命性武器和技术。分析100个任务范围内哪些有应用可能，以及针对不同的发射方式可以预见的可能性。研究表明，在考察的45个潜在的技术中，有12项技术可供推荐用于研制下列武器系统：a毫米波；b化学氧化碘激光（COIL）；c抗摩擦材料；d非致命性发射和部署装置；e恶臭物；f镇静剂；g高能微波；h刚性泡沫；i标记和追踪；j纳米微粒；k激光分散遮蔽；l氘氟／氢氟（DF／HF）激光。

许多非致命性武器为了达到既有效又安全的要求，需要一个十分精确的发射系统，同时，士兵们也希望发射系统便于使用和携带。同样，先进的传感器系统也可用于识别潜在的目标，确保发射系统的准确发射和评估非致命性武器的效果[a]。

为了便于了解非致命性武器的功能，有必要对每一种技术的基本原理、基本性能和使用情况作一些介绍，这也便于了解非致命性技术对战术产生的影响。

a Committee for an Assessment of Non-Lethal Weapons Science and Technology, Naval Studies Board Division on Engineering and Physical Sciences（防化研究院信息研究中心编译），非致命性武器科学技术评估[R]. 北京：国防工业出版社，2006，P23-24

第一节 非致命性技术的激发点与生物敏感性

在讨论非致命性技术的背景下，“敏感性”是指暴露在能量和化学物质下的人员的反应。敏感性是非常重要的，因为它构成了开发反人员非致命性武器的生物物理／生物化学的基础。敏感性是很少能预先知道的，只有通过对暴露在能量和化学物质中的生物系统进行系统的评估或是偶然发现才可以得到。比如，从基础的物理知识，可以知道无线电频率可以对人员的听力细胞造成损伤。一旦发现一个生物敏感性，暴露和反应的参数就可用于评估该种敏感性是否可以成为一种新型武器的基础。同样，一旦被发现，该敏感性就可用于确定使用该敏感性研制出的武器对于人员健康的影响。在理想状态，生物的敏感性可用于开发生产有效的，能产生低的、可逆的和可预测人员伤害的非致命性武器。

一、来自于动能源的影响

动能所引起的最基本的伤害是外伤，如汽车碰撞或是运动损伤，但这些与非致命性武器诸如豆包弹和橡皮弹所引起的损伤是不同的。最近进行的一些研究内容包括对人员替代品——动物、尸体或是物理模型的反应现象进行观察。目前，研制更有效而伤害性较小的武器的科学依据还不得而知。现在有一些研究机构建议利用一些已有的基础来进行研究：a利用现代计算技术来生成人员和动物的有限元模型；b利用动物进行疼痛参数评估和利用尸体进行容忍度参数评估从而进行详细的冲撞研究。

二、来自于定向能非致命性武器的影响

第一个利用无线电频率的非致命性武器车载主动拒止系统就是基于几十年前就知道的生物物理敏感性经验而开发出来的。其对健康的影响的更深层的研究是

在决定研制该种武器以后才进行的。无线电频率信号的加热作用已经为大家熟知，另外还有一些定向能武器也是以此原理为基础的。非致命性技术研究将更多地基于对于无线电频率的敏感性，人员处于无线电频率信号中的反应不只是感觉到热，还会伴随有诸如晕眩、抽搐、惊跳和自发性活动减少等现象。该种技术的最新研究中引入了超宽频带、非常高的峰值功率和超短波信号，使得相空间变得敏感，潜在的非热的生物物理敏感性效应十分巨大，需要花费很大的努力去识别有用的敏感性。同样，工业激光器的单频率对人眼的效应已为人所知。新的研究中引入了多频激光器和超短波脉冲系统，但还缺少这两方面的效应数据。对最佳非致命性视觉效应的识别还需要付出一些努力，不是现在就能完成的，还需要研究激光和非相干系统的相应的相空间的生物物理敏感性。

三、来自于化学非致命性武器

辣椒油脂和催泪气体这两种物质现在已被划分为控暴剂，尽管辣椒油脂并没有被陆军军医处处长批准使用。根据经验和作用机理，目前士兵对控暴剂的效应是比较了解的，安全界限也是明确的。镇静剂和恶臭剂的作用机理也是广为人知的，但联合非致命性武器局并没有为了履约而制订计划来优化非致命性武器的使用或是改进它们的施放方法。

四、来自于声音

除非在非常严格的条件下（如使用闪光脉冲弹），传统的声音方法不能成功地引起可靠的非致命性效应，尽管多年来有一些传闻描述低频率的微弱效应。现在没有更多的研究传统声音敏感性机理的计划。

两种声音技术可用于利用心理学的武器系统。一种技术是很容易获得的，就是使两种声道在受者的位置上交叉，产生听得到的声音。这些技术可以单独使用，或与其他非致命性武器技术一起使用，从而使人迷失方向或产生生理上的效应。

五、来自于电子非致命性武器

较少有公开文献讨论现在广泛使用的眩晕枪产生的生物物理机理。总起来说，眩晕枪的制造商发起了一项改进安全性和效能的研究。据估计大约有2000名志愿者参与了眩晕枪的测试试验以证明它的使用不会产生严重的后遗症。

六、生理和行为效应

非致命性武器的使用意在引起目标人员或是人群的行为改变。因此了解和描述非致命性武器使用时可能引起的各种行为是非常重要的，特别是在人群中使用或是反复使用的条件下。了解所用非致命性武器所产生的心理反应界限也是增强该种武器使用效能的一种方法。联合非致命性武器局很少直接支持非致命性武器的生理研究[a]。

a Committee for an Assessment of Non-Lethal Weapons Science and Technology, Naval Studies Board Division on Engineering and Physical Sciences（防化研究院信息研究中心编译），非致命性武器科学技术评估[R]. 北京：国防工业出版社，2006，P37-40

| 第二节 | 非致命性技术的开发

一、动能技术

司法机构有很多种非致命性武器。首先被使用的一种叫做警棍弹，是由硬质木材制成，在20世纪60年代，香港警察曾利用这种木制子弹，对付罢工的工人和反英暴动。这种子弹并非直接射向暴动者，而是从地面上跳起来，攻击暴民的腿，以免造成比较严重的伤害。这种射击技术被称作“敲击膝盖”。1971年，美国警方首先使用这种武器镇压加利福尼亚大学伯克利分校的学生暴动。

到了1970年，英国发展出橡胶和塑料子弹，用以对付北爱尔兰贝尔法斯特西区的暴民。由气压榴弹筒发射的子弹能够有效镇压暴动人群。1970—1974年之间，英军在爱尔兰共发射了55000多发橡胶子弹。

低动能子弹是执法人员和部队执行和平支援任务时的一种相当理想的武器，其射程较远，可以提供很好的安全距离，而不为暴民投掷的石块所伤害[a]。

随着时间发展，又有各种低动能武器和弹药开发出来，例如橡皮弹，豆袋弹、刺痛弹、环状弹、泡沫弹等，其为军队和执法部门所测试或使用。除了子弹外，还有使用了其他的非致命性技术的其他动能性非致命性武器，比如用于区域拒止的能发烟的非致命性地雷、电击器或辣椒素喷雾、控暴手榴弹。许多非致命性弹药和手榴弹都是用现有武器发射的。这些弹药的射程短以及远距离使用时准确性降低使得它们不适合于远距离使用。为了拓宽它的使用目的，进行了一些改进工作，比如增大射程和确保它的非致命性。

各种致眩、迷惑和分散人群的非致命性炮弹已经被研制出来、橡皮子弹可用标准的12毫米口径的霰弹枪发射，可单发或12发连发，射程大约为30米。40毫米Mkl9手榴弹可用M203和M79发射橡皮球用于驱散人群来获得场地的安全。40毫

a [美]约翰·亚历山大（董铭译）：未来战争——21世纪战争中的非致命武器[M]. 北京：知识产权出版社，2004，P110-116

米海绵手榴弹能够击倒50米外的人员。环翼手榴弹可由M234发射，它的形状为软橡皮状环，符合空气动力学原理，在空中旋转飞行，在40～60米范围内准确有效。装配在车辆上的致眩枪有喷射水流和气流两种，均可用于控制人群。为了拦截快艇，研制了直径为6.25英寸[a]（约15.875厘米）的非致命性鱼雷，其有效载荷为50磅（约22.68千克）[b]。

控制钝弹的外伤程度仍然是一个需要慎重考虑的问题。有的研究机构利用胶状物质测试子弹击中人体所造成的流体静力震撼，利用西瓜测试非致命性武器造成的严重伤害和痛苦情形。试验显示，低动力子弹比传统子弹伤害要小，类似于棒球的伤害[c]。然而，在人身上的效果是完全不一样的，依赖于诸如射程、击中部位和个体差异等因素。获得非致命性武器引起的硬伤程度大小的经验完全依赖于战场的使用和在动物身上进行的有限试验。目前，还没有皮肤、细胞和器官对于钝弹冲击的反应的数据和校准模型，来帮助我们评价非致命性动能武器对人的影响。缺少这样的数据和模型阻碍了新型非致命性武器的研制，也限制了现有装备的安全使用。尽管汽车工业在硬伤研究方面积累的经验对这类研究有一些帮助，但人对于动能武器的反应的新的知识也是必需的，因为与汽车碎片比较起来，钝弹的速度更慢，质量更小，运动损伤领域的研究也能提供一些相应的效果数据。

总之，低动能弹药如果击中老弱病残者的人体要害，或者开火距离过近，仍有可能造成死亡或严重伤害。美国尝试着设计一种具有依据射程可调整射弹初速的步枪，这样就可以控制住硬伤的程度。英国和以色列在使用动能非致命性武器控制和驱散人群方面有较多的经验。特别是英国，他们通过改进技术，已经成功地控制了钝弹的致命性[d]。

---

a 1英寸=25.4毫米

b Committee for an Assessment of Non-Lethal Weapons Science and Technology, Naval Studies Board Division on Engineering and Physical Sciences（防化研究院信息研究中心编译），非致命性武器科学技术评估[R]. 北京：国防工业出版社，2006，P24-25

c [美]约翰·亚历山大（董铭译）：未来战争——21世纪战争中的非致命武器[M]. 北京：知识产权出版社，2004，P110-116

d Committee for an Assessment of Non-Lethal Weapons Science and Technology, Naval Studies Board Division on Engineering and Physical Sciences（防化研究院信息研究中心编译），非致命性武器科学技术评估[R]. 北京：国防工业出版社，2006，P24-25

二、化学和材料技术

大量的化学物质和材料被推荐用于制造非致命性武器。它们可分成两大类：反人员类和反物质类。反人员类化学非致命性武器用于阻止和暂时控制个人及人群，防止他们采取某些行动，并且不会给人员带来持续的副作用。反物质类化学非致命性武器用于使车辆和基础设施内的电子装置、发动机和网络等不能运行。在过去的几十年中，美军进行了一些探索性的工作并且提出了一些非常有效的想法。然而，生物和化学武器受到国际法和国内法的约束。根据美国外交委员会特别小组判断，美国最好的做法是重申其对化学武器公约和生物武器公约的遵守，并且确保其他国家遵守条约的活动中充当领导者。因此，美国应该宣布，其不会使用（化学武器）骚乱控制剂“作为战争手段”，但是会作为执法手段和其他合法目的，例如在作为占领军时履行合法职责时控制敌军战俘，控制群体。

最近几年，埃奇伍德化学和生物司令部（ECBC）为了遵守禁止化学武器公约，明显地减少了对非致命性武器中化学品的研究[a]。但有些针对物体的化学武器实际上可在战场上发挥人道功能。在未来的战争或非战争冲突中，针对人员的化学武器也可以减少人员伤亡。一些化学非致命性武器在执法行为中已经得到了良好的运用。

（一）反人员

化学武器袭击人员的历史早已有之，现在讨论的非致命性化学武器，必须确保受攻击的人能够康复。水可能是最常见的非致命性武器。高压水枪非常有效，全世界各国警察局几乎都拥有这种武器。可以在水里加颜料，以便使用后可以辨认出在场所有人。利用紫外线颜色辨别人时，可使他们无法觉察到这种行动。颜色辨认方法已经被俱乐部与歌舞厅使用，用以识别进出的人群。

严格来说，可用于反人员的非致命性武器化合物大约分为控暴剂、恶臭物和镇静剂，此外还有泡沫技术。控暴剂（骚乱控制剂）就是那些刺激黏膜、引起流

a Committee for an Assessment of Non-Lethal Weapons Science and Technology, Naval Studies Board Division on Engineering and Physical Sciences（防化研究院信息研究中心编译），非致命性武器科学技术评估[R]. 北京：国防工业出版社，2006，P26-27

泪、引起疼痛或是发炎的化学品。骚乱控制剂可产生快速疼痛的感觉或是使身体的失能，终止使用并暴露一段时间后症状消失。目前针对此类化学品的研究已进行得比较充分，研究出了许多既高效又安全的化合物。较常见的还有辣椒树脂油（OC，辣椒中的活性物质）、苯氯乙酮（CN）、刺激剂（CS）或催泪剂[a]。事实上，世界各地几乎都使用骚乱控制剂/镇暴剂。催泪瓦斯是常见的一种，它可使人恶心、呕吐或有烧伤的感觉。这种战剂既可以通过烟雾释放，也可以掺水后喷洒出去；这种战剂有毒，在限量使用时却不会置人于死地。症状在24小时以后消失。刺激剂可借烟幕手榴弹或以气体形式喷射出去，可以影响人的视觉和呼吸系统，用量太多会使人暂时失明或患结膜炎。由于使用后效果的持久性，CS已大量地被辣椒素取代，警察部门最近已公开大量使用OC。

如果使用催泪剂的时候用量过大，或者使用者训练不足，有可能对小孩和老人造成致命伤亡。更好的办法是使用泡沫技术。桑迪亚国家实验室发明了胶黏泡沫，对企图逃走的敌人或犯人使用时，可以粘住他们。泡沫的黏性比一般的黏性物质强，在控制人员的行动能力方面非常有效。胶黏泡沫在“联合盾牌”作战中就已经研制出来，但并未被使用。泡沫的安全性相对较高，如水溶泡沫浓度相当于肥皂泡沫，不会有令人窒息的危险，只会让人感到不舒服和视力障碍。当水溶泡沫用于监狱镇暴时，会很快扩散，而使犯人无法发动联合暴动。镇压室外暴动试验效果也非常好。除了反人员之外，水溶性泡沫可以用以掩盖其他武器的使用，如喷洒在道路上，盖住拦路钉，抑制车辆的机动。

臭气弹可以驱赶聚集的暴民，这种臭气会使人呕吐——虽然不能形成一种强不可催的障碍，去能阻止敌方占领某一区域[b]。有资料表明埃奇伍德化学和生物司令部和其他部门已经研究了恶臭剂和许多其他散发令人厌恶味道的化合物。它们中的一些就是自然界中一些难闻物质中的活性成分，另一些则是合成出来的。试验显示出这些特殊化合物在使用时会遭遇到一些问题。例如：肥料在一些城市被用作燃料，因此，这些城市的人对于另外一些城市的人认为难闻的东西却不以为

a Committee for an Assessment of Non-Lethal Weapons Science and Technology, Naval Studies Board Division on Engineering and Physical Sciences（防化研究院信息研究中心编译），非致命性武器科学技术评估[R]. 北京：国防工业出版社，2006，P26-27

b [美]约翰·亚历山大（董铭译）：未来战争——21世纪战争中的非致命武器[M]. 北京：知识产权出版社，2004，P88-100

然。另外，与恶臭物质接触时间长会令他们的嗅觉敏感性程度要降低。恶臭混合物、恶臭剂和刺激剂的混合物，以及相关的作战理念打破了在特定时间段连续使用同种恶臭剂的限制。

镇静剂是一类非常有潜力的、有效的非致命性武器。对镇静剂的主要研究发展工作包括：a这些物质的有效性和安全性边界的量化；b研究能够迅速达到合适剂量的施放方法。所有镇静剂的生理效应表现为抑制中枢神经系统，伴随着心情变化和呼吸微弱。人体内的高浓度的镇静剂可以导致意识的丧失，更严重的会导致死亡。安全有效地使用非致命性武器必须使得暴露极限低于这个值。埃奇伍德化学和生物司令部在10～15年前就已完成了此类研究，他们开始研究另外的不再产生使呼吸变得微弱的化学物质（混合有拮抗剂的拮抗药），从而使得安全极限合乎要求，其主要的效应还是使人失去意识。但是，这是《禁止化学武器公约》所不能接受的。目前研究只停留在达到无意识的效应，还没有涉及到改变心情的范畴。

人们最初尝试将镇静剂用于人质事件，或是不服从管理的囚犯，但没有想到把它用于控暴，因为失能可能会导致人群的践踏和拥挤。事实上，不存在在维和中使用镇静剂的研究。改变心情的最佳状态是不要引起呼吸减弱（即平静但仍有意识），因此需要严格控制剂量。心情改变的起效时间完全依赖于使用的镇静剂的种类和施放方法。吸入导致最快速的症状出现——一定量的芬太尼暴露1分钟就能起效。其他的施放方法如通过皮肤吸收，则要3~5分钟才能有效。通过皮肤吸收的施放方法能使每个进入此区域的人受到沾染[a]。

（二）反物质

可被证明具有潜在反物质的非致命性武器能力的化合物大约分为阻燃剂、抗添加剂、燃料污染剂、润滑剂污染剂、增黏剂、解聚剂和研磨剂等，可用于破坏

a Committee for an Assessment of Non-Lethal Weapons Science and Technology, Naval Studies Board Division on Engineering and Physical Sciences（防化研究院信息研究中心编译），非致命性武器科学技术评估[R]. 北京：国防工业出版社，2006，P26-27

发动机和汽车。腐蚀剂、解聚剂和脆化剂可用于破坏各种基础设施[a]。具体来看，这类化学制剂的攻击目标可以是：轮胎、引擎、燃油与润滑油、管子与塞子、牵引机、光学和其他系统组件。上述目标与各类机动平台的机动能力密切相关，且容易受化学物质的毁坏。如果使用化学制剂，如桑迪亚实验室发明的强效溶剂、超级润滑油破坏这些目标，则可以在不伤害人员的情况下，大面积地抑制对方的机动能力，便于己方展开行动。比如破坏公路、大面积破坏车队的轮胎等。不过，化学制剂的破坏性巨大，其用量控制、发射方式、操作方法、使用局限、对己方的影响以及后续环境清理工作等都需要进一步研究可行性[b]。

三、定向能技术

根据应用效果，定向能武器可分成三类：低能激光和白炽装置、高能激光、大功率的毫米波和微米波装置。

(一) 低能激光和白炽装置

低能激光和白炽装置包括激光致眩器和闪光手榴弹，它们利用强光使人员暂时失明和失去方向感。激光致眩器经常利用二极管激光的光源，远红外波长为600纳米或是固态激光如双频钕：钇铝石榴石（Nd：YAG），可以产生波长为532纳米的绿光。现有两种样式，一种为手持式的，类似于手电筒，另一种为装在步枪上，可以方便安装上望远镜式的瞄准具。

例如：

（1）“军刀203”（Saber203）激光照明器 利用激光二极管可以产生红色波长的激光，适用于步枪上的枪榴弹发射器。它能产生眩目和致盲的闪光，使得敌对方不得不保护他们的眼睛而减慢前进的速度。第二次索马里维和行动中使用了该种装置，它有效的原因是因为大多数人以为强光的后面一定会有一些致命的东西

a Committee for an Assessment of Non-Lethal Weapons Science and Technology, Naval Studies Board Division on Engineering and Physical Sciences（防化研究院信息研究中心编译），非致命性武器科学技术评估[R]. 北京：国防工业出版社，2006，P26-27

b [美]约翰·亚历山大（董铭译）：未来战争——21世纪战争中的非致命武器[M]. 北京：知识产权出版社，2004，P88-100

存在[a]。行动中，美军再次回到摩加迪沙，掩护联合国人员撤离。当地军阀都想趁此展现自己的实力，填补力量真空。美军陆战队中尉罗伯特·爱尔兰是参加这项任务的军官之一，他是激光专家，准备首次把激光作为非致命性的武器加以运用。在“沙漠风暴”作战中，两套AN/VLO-7 STINGRAY反传感器激光武器装置安装在“布雷德利”装甲运兵车上。但是，法兰克斯中将军长不同意其部队使用这种武器，以免伊拉克人成为瞎子。从1991年到1995年，固态激光技术有很大的提高。这种复式钕YAG（Nd/YAG）激光器发出532纳米波长的绿光，可以用来达到几个目的，包括发现目标、指示目标和威慑等。

这种激光照亮夜晚，可用于寻找潜伏在黑暗中对联合国军队带来很大困扰的狙击手。这种激光可使士兵看得比较清楚，效果比头盔夜视镜好得多。

一天晚上，海军陆战队在1英里[b]之外发现了可疑行动。爱尔兰中尉迅速命令士兵用激光照射，发现一栋建筑物内一批人正在安装迫击炮，弹药就堆放在附近。陆战队班长立刻测出目标，然后用无线电请求武装直升机支援摧毁迫击炮，这为当时的交战规则所允许。

但是，当激光照射到武装分子时，他们知道自己已经被可怕的绿光盯住，其中一人走到窗口举手投降。一分钟之内，全体武装分子均站立在绿色激光之中举手投降。美军在没有开火造成人员伤亡和建筑物受损的情况下，有效地威慑住了敌对分子。

此外，爱尔兰中尉还拥有一种波长为650~670纳米的激光系统。这种激光并非绿色，而是很窄的红色光束，很像用于简报室内的激光教鞭。海军陆战队再度利用这种夜视装备监视狙击手的行动。在几百米之外，他们发现一个四人小组小心翼翼地在街上行走，其中只有一个人似乎有武装。红光点立即照射在携带狙击步枪者的身上。他感到惊讶，立即停下，并未试图逃走或躲藏起来。他放下枪，举手投降。虽然只有他被照射，但所有和他走在一起的人也投降了。最后，美军在“联合盾牌”行动中没有任何伤亡。这种低能量、不伤眼睛的激光系统被证明具有威慑作用。

a Committee for an Assessment of Non-Lethal Weapons Science and Technology, Naval Studies Board Division on Engineering and Physical Sciences（防化研究院信息研究中心编译），非致命性武器科学技术评估[R]. 北京：国防工业出版社，2006，P27-30

b 1英里=1.609千米。

（2）阻止敌人行动的非致命性武器技术（HALT）装置　类似于“军刀203”致眩器使用650纳米波长二极管光源。HALT通常装在步枪枪管的下面，这样使得枪和激光致眩器都可以使用。关于HALT的更长远的计划是使用红和蓝两种波长的激光，这样可以应付那种只能滤去单一波长的护目镜。

（3）“劝阻者”（Dissuader）　利用类似于HALT的激光二极管发出的红色波长的光，形状类似于手电筒。使用不同方法的激光致眩器都是利用激光来产生360～440纳米的强光来产生令人一时模糊不清的炫光。这些波长的强光使得人的眼睛的荧光减少，依次在视网膜上产生漫射、散焦光，使得物体呈现出全方向的状态。到目前为止，这种方法只用死人的眼睛晶体做过试验。尽管荧光的效果是已知的和有记载的，但对于视网膜和眼睛其他部位的潜在的光学损伤仍然是不确定的[a]。

激光武器系统之前就存在，其缺点是太重，而且有的对眼睛有严重伤害，并且在白天不能使用，因此它并不适合于平常使用。现在，激光武器正变得体积更小、质量更轻，而且更加可靠，能够经受战争中恶劣环境的考验，这使军方对它更加喜爱。

除了反人员之外，低能激光还可以用于飞机预警。

1994年，北约航空航天研究发展顾问组（AGARD）展开一项研究，“迫使不合作飞机转向或着陆的非致命新工具”。促成这一研究工作的主因是联军对禁飞区的任务执行，以及迫使禁飞区内飞机落地的惨痛教训。一是“文森斯”号事件。1988年7月3日，美国海军“宙斯盾”巡洋舰“文森斯”号击落伊朗民航的455航班，共有290名无辜百姓丧生。根据官方记录指出，舰长维尔·罗吉斯及其船员认为，那是一架对其发动攻击的战斗机，于是发射了两枚SM-2防空导弹。但调查显示，舰长维尔·罗吉斯在当时没有对这一目标认真加以辨认。

另外一件是1994年4月14日，美国空军战斗机击落了两架陆军的“黑鹰”直升机，造成26名军人和平民丧生，他们分别是来自美国、英国、法国、土耳其及库尔德族的保镖。

---

a Committee for an Assessment of Non-Lethal Weapons Science and Technology, Naval Studies Board Division on Engineering and Physical Sciences（防化研究院信息研究中心编译），非致命性武器科学技术评估[R]. 北京：国防工业出版社，2006，P27-30

在这两次事件中，攻击者在发射致命性武器之前，没有认真对目标加以辨识。

研究人员提出的建议是：利用不伤眼睛的激光作为警告措施。拦截者可用激光照射斜角方位上不明飞机的座舱。激光不会阻碍飞行员视线，但会引起他的注意。如果飞机不准备攻击，则表示飞行员接受了警告。如果不予理会，则表示可能是敌机，拦截者即可利用致命性武器加以攻击。

激光除了发挥威慑作用，还有很强的夜视作用，还可以阻止敌人看到目标，让敌人无法瞄准。

白炽装置包括手持或固定强光源和枪榴弹

通过电瓶，手持式光源发出的强光，可让人目眩或暂时看不到东西。强光射向眼睛后，眼睛会闭起来。在晚上，当眼球睁大时，强光效果非常好。执法人员面对攻击开启强光，可让攻击者无法瞄准强光开枪。

除了手持式光源，还有照明手榴弹、闪光枪榴弹等。这种技术只产生单一强度脉冲白炽光，通常是由于某种燃料的燃烧而产生的，伴随着闪光的冲击压力。另一种方法是含有金属粉末的气体燃料，通过减少冲压到原来的百分之一来达到减少潜在的不曾预料的伤害。闪光是一种有效的短时，点防卫非致命性武器，能使人目眩看不清方向，己方则可趁此时行动。此外还有一种做法是变换光的颜色——红蓝光。在正常环境中，人类眼睛适应一种光。利用红、蓝光的变换就会使目标眩晕，迫使对方的眼睛中一种颜色迅速适应到另一种颜色，扰乱传送给大脑的信号，执法人员可在不伤害对方的情况下实施逮捕，自身可利用太阳镜实施防护[a]。

（二）高能激光器

在探讨非致命性武器的背景下，高能激光器是指能产生足够能量（或功率）去熔化物质的装置。这样的装置如果直接对人使用是会致命的。它们作为非致命性武器来使用主要是用于燃烧汽车轮胎、破坏燃料罐、秘密切断电线和通信线路或是纵火。此类装置的优势在于它是可选择性的，并且能精确命中目标。最常见的目标就是对付武装人员劫持人质的车队。这些激光装置可以迅速地扫过车队，

a [美]约翰·亚历山大（董铭译）：未来战争——21世纪战争中的非致命武器[M]．北京：知识产权出版社，2004，P73-84

有选择性的命中汽车轮胎、履带和武器而不伤害人质。

这种类型的装置通常采用先进的战术激光器（ATL）。尽管仍处于概念性研究阶段，ATL会利用化学氧碘激光（Chemical Oxygen-Iodine Laser）。激光器包含化学燃料和激光束控制器，它的尺寸大小控制在适合安装在飞机上，如“鱼鹰”倾转旋翼机和C-130运输机上。最初的ATL目标的选择是通过操作人员使用激光束控制器上的一个单独的孔进行观察而确定的。操作者使用手工指定器来控制激光点。后来的一些更为先进的ATL，可以通过目标识别和跟踪软件来自动完成目标的选择。

现在可以预想到的一些影响ATL效能的问题是由于空气传播而带来的。首先是空气吸收的问题。在化学氧碘激光波长段，空气吸收使得光束经过的那部分空气的温度升高，升温的空气使光束散焦，机理是“热晕”，这样将减少到达目标上的光束的强度。“热晕”现象可以通过一些光学手段进行补偿，但采用的方法明显增加了系统设计的复杂性。第二个问题是关于ATL的准确性。主要影响因素是光在传播途径中遇到空气湍流。这些湍流导致高频光束抖动，减少了到达目标上的光束的强度。飞机的振动同样引起光束的抖动，进而减少到达目标上的光束的强度。最后，如果ATL是在地上使用，又会牵涉出许多的后勤问题。化学氧碘激光燃料是由许多腐蚀性化学品组成，需要小心储存和处理。尽管所需要的技术是现成的，但如果缺少合适的处理系统，将这种系统用于地面还存在一些问题。

第二类用于对付人员的高能激光系统虽然不会引起直接伤害，但是会通过激光诱导等离子体产生动能冲击。脉冲能射弹（PEP）就是利用这种原理的一种装置。PEP利用氘氟激光脉冲在目标上产生离子化的等离子体。然后，等离子体产生的超压作用于人体，刺激皮肤神经，使皮肤产生疼痛和引起暂时的麻痹。PEP能充分满足这种要求。

另一种装置是脉冲致死激光器（PIKL），目前仍然处于可行性研究阶段[a]。

---

a Committee for an Assessment of Non-Lethal Weapons Science and Technology, Naval Studies Board Division on Engineering and Physical Sciences（防化研究院信息研究中心编译），非致命性武器科学技术评估[R]. 北京：国防工业出版社，2006，P27-30

（三）高能（功率）微波和毫米波技术

利用高能（功率）微波（HPM）和毫米波技术的非致命性武器可分成两类：a用于破坏电子系统如通信和计算机网络的非致命性武器；b用于对个人产生生理效应的非致命性武器。

第一类是破坏或使电子设备失能。所有的高精密度仪器包括计算机、移动电话、接收器、全球定位系统（GPS）接收器和发动机的点火装置都是潜在的目标。HPM在对这些目标实施打击的同时不会产生爆炸效应，造成实际损害，或导致爆炸物和动能装置附近人员的伤亡。HPM装置利用传统的毫米波和带有射频发生器合适的发送器如微波天线等。产生和发送HPM的非常规方式包括马克斯式电路或是能产生单一的强脉冲的爆炸装置，这些通常是指电磁脉冲（EMP）装置[a]。

电磁脉冲武器一直是定向能领域孜孜以求的东西。美军和其他国家都不惜动用巨资进行研发。其基本观念是，产生一个或更多的极强烈电磁脉冲，从而击穿装备而降低或摧毁敏感的电子线路。这种想法是可行的，可以参考闪电对电脑、电视或电子设备所造成的损害。当电磁波行经电缆或使电脑终端机超载，就可烧毁或损坏装备。

为了损坏或破坏电子装备，使电磁装备进入装备的过程称为“耦合”。耦合分为前门耦合与后门耦合。前门耦合是指能量经由天线或其他通往外面的线路直接进入目标物。如果知道目标系统所使用的频率，就可使脉冲发挥最大的破坏力。后门耦合是指产生出来的能量间接地射向目标。电磁脉冲可以通过电缆、屏蔽不良的表面，甚至墙壁上的小洞，进入目标物。二者相比，前门耦合更为重要，因为它能使能量顺利地进入目标物。不过，低频率电磁脉冲能够很好地贯穿有线设备、电缆和电话线。一旦变压器和屏蔽体受到攻击，低电压也足以对电气设备造成严重损坏。

美军对敌方发射电磁脉冲造成的损害十分关切，已经着手强化武器系统的自我保护能力。然而，防护的效果相当有限，而且会大幅增加武器的制造成本。民

a Committee for an Assessment of Non-Lethal Weapons Science and Technology, Naval Studies Board Division on Engineering and Physical Sciences（防化研究院信息研究中心编译），非致命性武器科学技术评估[R]. 北京：国防工业出版社，2006，P27-30

用电脑容易受到电磁脉冲的破坏，因此，强化民间基础设施的防护能力会耗资巨大，同时科技发达国家仍易于遭到电磁脉冲的攻击。如果通信、金融、运输及电能分配系统遭到大规模电磁脉冲武器攻击，可以使一个国家暂时瘫痪，且复原工作的费用很高。

电磁脉冲渐渐发展出精确制导武器，可直接命中目标，电磁脉冲所涵盖的范围也缩小了很多。摧毁一个目标所需的电能较低，可减少炸药数量和武器系统的体积。制造这种武器的技术难题被攻克之后，爆炸性电磁脉冲武器将能够被装置在小的如105毫米榴弹炮一样的武器投射系统内[a]。

第二类是反人员的。一些装置能产生被人体皮肤吸收的毫米波或是在人体内能产生共振的低频波。车载主动拒止系统就是第一种类型的装置，它是利用微波发生器和一个易操纵的天线来产生窄光束的轻武器。车载主动拒止系统能使人员产生一种强的但不会致命的烧灼痛感。它可用于控制人群和保护机场周围及其他敏感地带。值得注意的是，如果不小心而离目标太近的话，毫米波装置可能会对眼睛造成伤害，如角膜损伤。所以要尽量让这些非致命性武器有效而不会超过严重伤害的范围[b]。

四、电子技术

目前已经研制出来的采用电子技术的非致命性武器有多种，利用这类非致命性武器可以使人员眩晕、车辆发动机不能正常工作和临时破坏高压输电网和发电站。

有一类非致命性武器被称为泰瑟眩晕枪，它向人员发射一种高压、高频、低电流和极短脉冲的电能。泰瑟（taser）电击枪于20世纪60年代设计出来，1980年为洛杉矶警察局采用。泰瑟枪是一种高电压、低电流的武器。一个9伏的电瓶可以产生25000伏的电击，使人的神经肌失控。受到电击的人通常会因双脚不能站

---

a [美]约翰·亚历山大（董铭译）：未来战争——21世纪战争中的非致命武器[M]. 北京：知识产权出版社，2004，P73-84

b Committee for an Assessment of Non-Lethal Weapons Science and Technology, Naval Studies Board Division on Engineering and Physical Sciences（防化研究院信息研究中心编译），非致命性武器科学技术评估[R]. 北京：国防工业出版社，2006，P27-30

立而倒地，为了使对方服从，必要时可再次电击，但是通常一次电击即可制服对方[a]。

这种武器大约有12种不同的枪型、每一种只是脉冲参数有一点差别。眩晕枪通过刺激放电区附近的神经细胞临时替代正常的运动控制信号，导致肌肉收缩的失控，从而使人员失能。15分钟后人员能完全恢复正常。由于它的高效性，现有的眩晕枪广泛用于执法部门。它的安全性可以通过制造商提供的安全性记录中得到适当的了解，但在同行审查文献中几乎没有什么真实的数据，它的机理也没有进行过彻底的研究。电子眩晕枪可供警察、军人执行和平支援任务及个人自卫时使用，某些情况下，效果比致命武器、化学喷洒武器和警棍好得多。美国很多州宣布这是合法的自卫武器。

在军事行动中它的使用受限是由于它的有效使用距离很短。较新型的眩晕枪弹能有较大的有效投射距离，它可以像镖一样被发射（带有两个圆形的拖曳天线），有效射程为12～15米，用泰瑟枪发射射程达20米——对于军事行动而言90～100米的射程会更加有效。一种比较新奇的建议是一种被称为“镖雷”的武器，一旦触发，就会向各个方向喷出镖可用于区域拒止，它的有效性还有待证实。

为了拦截／阻止车辆，人们利用脉冲电流装置将电容器放出的电流射入行驶车辆发动机的电子系统中，致使发动机熄火或发动不起来。发动机必须要获得直流电才能有效地工作。此方法适用于有现代电子系统，特别是使用计算机系统的车辆。大多数情况下，计算机和电子系统只是临时被中断，发动机还可以重启。此方法不能用于旧式汽车和柴油车[b]。

美国陆军研究实验室、佩珀鲍尔技术公司、非致命性科技公司都已经设计出遥控电磁脉冲武器，通过各种不同的方式，向日标车辆发射电荷，拦阻商用车辆[c]。

在执法应用中，可以采用两种方法：a预先在车辆须经过的地方定点使用；b

a [美]约翰·亚历山大（董铭译）：未来战争——21世纪战争中的非致命武器[M]. 北京：知识产权出版社，2004，P82-83

b Committee for an Assessment of Non-Lethal Weapons Science and Technology, Naval Studies Board Division on Engineering and Physical Sciences（防化研究院信息研究中心编译），非致命性武器科学技术评估[R]. 北京：国防工业出版社，2006，P31-32

c [美]约翰·亚历山大（董铭译）：未来战争——21世纪战争中的非致命武器[M]. 北京：知识产权出版社，2004，P73-84

设计一种小型车辆追赶目标车辆。如果危险车辆或逃逸车辆的行车路线是可预知的——如车库的入口通道或是建筑物的通道——就可预先设置放电带。如果行车路线不可预知的话，脉冲电流只能通过地面车辆或直升机实时发射。此种装置也可用于军事目的，如执行和平支援任务。此外还可以保护大使馆、军用机场和码头，但最大的障碍是发射困难。在这种情况下，电子栅栏可能更有用一些[a]。

五、与声音有关的技术

根据《圣经》记载，早在约书亚时代，以色列军队就曾使用声波武器攻击耶利哥城。在第二次世界大战期间，德国和奥地利的科学家就曾致力于发展声波武器，二战结束后，一些国家就曾遵循德国经验，继续研发该类武器。在研究中，科学家们发现声波武器的定向性是非常重要的事。在20世纪80年代，美军在“正义之师”行动中，也曾应用过声波武器向毒贩诺列加藏匿的天主教堂进行攻击[b]。

当前，利用声音作为非致命性武器的技术主要用于驱散和震惊人群，或是使人员失能。使用该种技术可以达到多种效果。适合人耳的音频范围是20～16000赫兹。强度大约为135分贝的连续声音会让耳朵有疼痛的感觉。对其他频率如超声波和次声波已经进行了研究，还对涡环发生器进行了研究。爆炸能产生瞬时的高强度的声音脉冲。科学家们结合人体结构提出了一些可行的方法：如用次声波产生振动从而影响内部器官的连接，利用共鸣造成呼吸困难，利用超声波来使皮肤温度升高，利用高强度的声音破坏骨骼的连接[c]等。

声波武器的研究工作大都集中在次声领域。次声的频率很低，低频率可造成

a Committee for an Assessment of Non-Lethal Weapons Science and Technology, Naval Studies Board Division on Engineering and Physical Sciences（防化研究院信息研究中心编译），非致命性武器科学技术评估[R]．北京：国防工业出版社，2006，P31-32

b [美]约翰·亚历山大（董铭译）：未来战争——21世纪战争中的非致命武器[M]．北京：知识产权出版社，2004，P118-128

c Committee for an Assessment of Non-Lethal Weapons Science and Technology, Naval Studies Board Division on Engineering and Physical Sciences（防化研究院信息研究中心编译），非致命性武器科学技术评估[R]．北京：国防工业出版社，2006，P31-32

内部振动，因而产生多种功效。对于人体目标而言，听力保护、个人的忍耐度或对痛苦的反应程度，都无法清除这种效应，强度较高时可使人呕吐和头脑不清。对于物体目标而言，次声难以筛选排除，可以轻易进入建筑物内。低能量的次声如果长时间播放，可使建筑物受损[a]。

声音效能非致命性武器的概念着重是在利用声音发生器产生的声音来驱散人群、进行区域控制和场地清理。研制出的发生器包括能产生高强度警报声、汽笛声、气流声、涡流声、爆炸声和气体燃料装置。如果在室内使用，人身安全系统使用的拒止接近的技术就是利用了一种高强度的声音（大于170分贝）。

一段时间内，利用声音作为非致命性武器的研究未能取得较好效果的原因有几个，最主要的就是还没有实例能证明有其他的听觉生物效应能明显地影响对手的表现，这使声音超过听力系统的疼痛阀值是非常有效的方法。但这样做会长久损伤听力，因此很容易被否定。与声音发生器有关的其他问题包括暴露于能量中的友邻部队、聚集能量传递方向的困难、随着距离的增加声音强度的大幅度递减及产生和保持持续的非常高的声音强度的能量需求等。

由于声频耦合效应，水下使用将会产生出一种非常有效的结果。在过去的研究中考虑到使用船上的声呐来对付水下威胁。也考虑用水下报警用的声音来作为非致命性武器对付威胁。然而，这类武器对环境诸如鱼类和海底动物的影响还是未知的[b]。

近年来，声波武器技术有了很大进步。很多军方和司法机构都在使用声波武器。在镇压暴乱及从事和平支援任务方面，执法人员需利用最少的武力控制住暴乱。他们可利用声波武器把人们赶出某些地方，或者建立安全区。声波武器与化学战剂有所不同，声波武器不会使地区遭到持续污染，音量可随着暴乱层次进行功率调整。另外一个优点是，音波可穿透烟幕、雾、尘土和水，电磁武器则做不到这一点[c]。

---

a [美]约翰·亚历山大（董铭译）：未来战争——21世纪战争中的非致命武器[M]．北京：知识产权出版社，2004，P118-128

b Committee for an Assessment of Non-Lethal Weapons Science and Technology, Naval Studies Board Division on Engineering and Physical Sciences（防化研究院信息研究中心编译），非致命性武器科学技术评估[R]．北京：国防工业出版社，2006，P31-32

c [美]约翰·亚历山大（董铭译）：未来战争——21世纪战争中的非致命武器[M]．北京：知识产权出版社，2004，P118-128

六、设障技术

当前军队与执法部门发展的设障技术主要用于捕捉、拦阻和屏障等功能，分为反人员和反物质两类。

（一）反人员

网状装置自古以来就被人类所使用辅助格斗和捕捉野兽。近些年，网的质地有所改善：坚韧、质量轻、合成纤维取代了以前的大麻绳或者马尼拉麻绳。此外，网的设置技术无论在距离和准确性方面，也有了很大的提高。

网枪很像步枪，是一种肩射武器，它从弹筒中投射出4个很重的球，每个球织出一个面积8平方英尺[a]的网。在一个空旷的地方，这种网在距离目标45英尺的范围内，可有效地捕捉一个人。它可为只装备警棍和刀的警察提供安全距离。4平方英尺尼龙网的张力是200磅，嫌犯即使用刀也切不断。网枪已应用于一些国家的特种部队用于捕俘。

下列武器均可携带网：2.75英寸火箭、MK65炸弹，以及可与标准的M203榴弹发射器匹配的40毫米弹药等。这种40毫米弹药既提升了步兵的作战能力，又没有增加武器携带负荷。这种小型弹药所携带的网的体积约为8英尺，其有效范围可达到90英尺。网的大小、射程、捕捉数量、捕捉效果和时间、清理措施等都随着技术发展多种多样。

福斯特尔-米勒公司已经为美国国防部高级研究计划局（DARPA）和陆军装备研究与发展工程司令部（ARDEC）研制出很多网状装置。该公司拥有既有针对人员的装置，也有针对物体的装置[b]。

（二）反物质

反物质设障技术可以构成一个分界线，使得敌我双方能分开，迟滞敌对方接近一个区域或是安全设施，可用来阻止车辆和船只，还可用于其他的需要迟滞对

a 1英尺=0.3048米

b [美]约翰·亚历山大（董铭译）：未来战争——21世纪战争中的非致命武器[M]．北京：知识产权出版社，2004，P108-118

方行动的场合。

早在几年前，屏障作为非致命性武器就被军兵种部队、执法和管教部门以及美国能源部（DOE）用于物理安全防护。简易的屏障是利用一些简单的装置如蒺藜将需要保护的装置、材料和武器圈定在一个范围内，较复杂的屏障则是利用可伸缩的掩蔽或铁闸门。有时为了更有效就采用多种方法组合使用，比如屏障可做成可伸缩的遮蔽物。屏障还包括那些用于迟滞对方所使用的材料。用于快速阻断区域或是将其他屏障在适当位置粘连起来的黏性泡沫和刚性泡沫已为大家熟知。摩擦因数低的物质可用作对付人员和车辆前进的屏障。高膨胀比和高强度的物质由于便于运输，最适合用作非致命性武器。许多有效的屏障利用高强度物质（如钢）和块状物（如水泥和土）来满足需求。使用屏障和铁丝网作为非致命性武器的唯一问题是需要研制出质量和储存体积都可接受的屏障。能反复使用成为减少屏障成本和使储存空间最小化的一个比较好的方法[a]。

能否迅速部署到位，已成为屏障有效使用中最为主要的问题。关于汽车屏障和铁丝网的使用需要能够在车辆闯入安保区域之前就能将其阻止，或能及时阻止前进中的车辆和船只就需要可以快速部署。这种屏障或网或拦路钉可布设在检查站或边防口，通过手动或者遥控装置展开，其效果相当好。有的网可拦阻时速60英里、重5100磅的车辆。车辆将在200英尺的距离内遭到拦截，车上人员不会受到严重伤害。拦路钉则可以刺透“任何”种类的轮胎。当嫌疑车辆靠近，可通过手动操作或者遥控操作将拦路钉竖起，拦路钉解除战斗状况后，便可让合法车辆通过[b]。

除了部署速度，还要求部署精度。一种转动齿轮缠绕系统（RGES）可以有效地临时阻止小型而快速的船只。该系统还可使屏障和可用的配套装置结合起来一起使用，用于提供快速而准确的配置。例如，把缠绕系统布设在禁止通行的水域上，目标船只接触之后，就会被缠住螺旋桨或者引擎吸气口，致使引擎停止运转。海岸警卫队在海军水面作战中心达尔格伦分队的帮助下，研制了一种以直升

a Committee for an Assessment of Non-Lethal Weapons Science and Technology, Naval Studies Board Division on Engineering and Physical Sciences（防化研究院信息研究中心编译），非致命性武器科学技术评估[R]. 北京：国防工业出版社，2006，P32-33

b [美]约翰·亚历山大（董铭译）：未来战争——21世纪战争中的非致命武器[M]. 北京：知识产权出版社，2004，P108-118

机为基础的准确安全的用于防止快速船只的RGES的部署装置。在某些情况下，遥控的船只也可成为部署与RGES类似屏障的平台。这样的船只本身还可作为屏障，在许多情况下，警察使用警察巡逻车来引导、阻碍和／或撞击可疑车辆。在陆军的论证设计中考虑用火炮米安放大的捕获网。与此类似的是，海军用加农炮向闯入的船只附近布放障碍绳索，用于警告或缠绕通过屏障的船只的传动装置。这些屏障有些是可见的，有些不是[a]。

七、赋能/施放技术

施放系统的重要性能包括射程、有效载荷、负载机动性、施放准确性、可重复使用性和是否适应于施放特殊的非致命性武器。有许多很有潜力的非致命性武器的施放装置。其中最简易的是用于发射低动能弹药的手持式武器、化学分散器和电子晕眩装置。这些装置的有效射程从面对面到几十米。中程武器有枪榴弹发射器、迫击炮和大口径枪支。这些大口径武器能用于施放带有附加装置的非致命性武器，其弹药产生的动能对人员会有比较大的危险。反人员的定向能平台（如车载主动拒止系统和脉冲能射弹）的射程有几百米。还有一些施放装置能发射射程达千米或是更远的非致命性武器。这些装置有大口径的枪、海军加农炮、船只、飞机和人驾驶的平台。

这些施放装置还可以用别的方法进行分类。具有更远的射程是非致命性武器所期望的非常重要的性能，特别对于海上执行任务的军队来说，具有特殊的施放装置是另一个非常重要的因素。这些装置及它们的性能在下表中都已列出。

a Committee for an Assessment of Non-Lethal Weapons Science and Technology, Naval Studies Board Division on Engineering and Physical Sciences（防化研究院信息研究中心编译），非致命性武器科学技术评估[R]. 北京：国防工业出版社，2006，P32-33

非致命性武器的施放装置

		研制成熟性	有效射程	准确性	负载灵活性	可重复实用性	潜在的间接损害能力
武器系统	榴弹发射器	强	几百米	中等	低	可	低
	迫击炮	中等	千米	中等	低	可	中等
	导弹、火箭	中等	千米	中等	高		高
	炸弹	低	千米	中等	高		高
	枪支（来福枪、霰弹枪）	强	几百米	高	中等	可	低
	枪支（大口径）	低	千米	高	中等	可	高
	鱼雷	低	千米	中等	中等		中等
	地雷	中等	数米	低	中等		低
	特殊（多重发射）系统	中等	几百米	中等	低		低
施放平台	飞机：有人驾驶	强	千米	高	高	可	
	飞机：无人机	中等	千米	高	高	可	低
	小型飞机	中等	千米	高	低	可	低
	无人驾驶翼伞	中等	千米	高	高	可	低
	水面航行艇	强	千米	中等	高	可	
	水面舰船	强	千米	中等	高	可	
	机器人机车	中等	千米	高	高	可	低
	小型快速水面舰船（遥控或是机器人）	低——中等	千米	高	中等	可	低
	小型无人驾驶水下舰艇	低	千米	高	中等	可	低

非致命性武器的施放装置有时需要结合非致命性技术进行特别的研制，这样才能达到为特殊目的而使用的有效性。比如在使用迫击炮和大口径枪支时就要考虑到非致命性武器的包装和碎片的间接作用。

无人驾驶平台如机器人平台、无人机（UAVs）、无人驾驶船只和无人潜航器（UUVs）等用于施放非致命性武器的系统都具有防御能力。机器人平台的优点在于能减少操作者的危险，一旦平台受到攻击能迅速做出反应，如果平台是自动的就可以减少人力的需要。无人机能用于在海上和陆地上将非致命性武器发射到指定地点。无人机技术还可用于其他目的，有好几种施放装置都是基于无人机。非致命性技术的应用不会推动无人机的研制，而无人机平台与公开非致命性武器施放相结合却能提供所需的载荷量、射程和发射方式等方面的功能。

由于海军船只需要进行特殊保护，无人驾驶水面小艇和无人潜航器能承担起对港口、抛锚或是在沿海区域航行的船只进行多层保护的任务。

这些船可以对具有潜在威胁的船只进行询问、接近它们和发出警告，使用各种非致命性武器技术，最终进行致命性打击。灵巧的浮标、遥控或是自动的机器人水上滑板或是改进的大舢板都可以作为在海上使用的潜在的非致命性装置发射平台。自动机器人与机器人配合使用是一种更为先进的技术，可使发射平台在操作控制、信息处理、多种威胁的分析、入侵威胁的响应时间等方面能力有所提高[a]。

a Committee for an Assessment of Non-Lethal Weapons Science and Technology, Naval Studies Board Division on Engineering and Physical Sciences（防化研究院信息研究中心编译），非致命性武器科学技术评估[R]. 北京：国防工业出版社，2006，P33-37

第三章

非致命性武器的优点、风险及评估

美军的研究和实践表明，在全谱战争中运用非致命性武器，必须全面认清其优点、风险，在投入战场前还必须重视评估工作。否则，由此引发的模糊认识与不当应用会引发灾难性的后果。

| 第一节 | 非致命性武器的优点

一、非致命性武器的战略优点

(一)减少作战对象和非战斗人员的伤亡支持“赢得人心”的战争

以伊拉克战争为例，大规模军事行动结束后，要转向战后重建、稳定行动及反叛乱战争。美军认为特别是反叛乱战争的战略目标是“赢得人心”。比起动能武器，非致命性武力有利于更容易地从战时转向战后，从常规战争转向非常规战争。

美军特种部队退役上校亚历山大曾说：“通过尽量减少伤亡，这些武器能够让敌军进一步接受战争结束的事实，同时减少有损战后趋势的抵抗和敌意。”

2004年12月，美国政府在面对如何应对越来越多的针对美军的城区攻击问题时，国防部长拉姆斯菲尔德在科威特的一次讲话中表示：“你只能用所拥有的军队作战，而不是你想拥有或者在未来希望拥有的军队。”理查德 L. 斯科特（Richard L. Scott）少校认为，使用非致命性武器作战保护平民以及展示使用恰当层次武力的手段可能会极大地减少了愤怒的伊拉克人攻击美军的次数。

2005年，拉姆斯菲尔德表示：“战争和和平期间旧式刻板的部队，刻板的冲突和稳定行动之间的外交这些都不再存在。”传统方式组织的军队将面对严峻的挑战，如果他们不重新架构、训练和装备以应对叛乱的兴起或者城市背景下的骚乱。在非常规战争环境中，全方位的协同行动必须包括军事、准军事、政治、经济、心理和民事组织[a]。

2011年8月10日，国际安全援助部队司令、美军驻阿富汗部队司令、海军陆战队四星上将约翰 R. 阿伦（John R. Allen）在给国防部的简报中说：“我们将尽

a Richard L. Scott: Conflict Without Casualties: Nonlethal WeaponsIn Irregular Warfare[D], Monterey, California, Naval Postgraduate School, 2007

全力确保在不得不使用武力的场合采取一切可以采取的措施避免平民伤亡。”[a]

非传统冲突不能以传统冲突相同的方式行动。在反叛乱中使用致命武力会带来一些问题。例如：如何平衡将致命武器作为主要手段，而同时宣称尊重人的生命或者寻求公众支持?

反叛乱中，在某些情况下使用非致命性武器的会弱化反叛乱力量的优势地位，增强合法性，进一步削弱叛军。

以传统冲突的反应方式应用致命武力将使情况恶化。[b]

陆军野战手册FM3-24《反叛乱》指出：“那些成功击败叛军的军队通常能够克服其针对叛军发动传统战争的制度倾向。”“反叛乱战争不只是考虑人的战争——同时还考虑战争层级的区分。”

总之，非致命性武器的使用减少了包括武装人员和平民在内的人员伤亡和附带损害。使用非致命性武器所产生的效应能够减少当地人的敌意，“赢得当地民心”，在当地社区是一种积极和有力的影响。

（二）减少作战附带损伤支持战后重建

美国国防部第3000.3号指令指出，非致命性武器还应该设计成能有助于减少战后重建成本[c]。非致命性武器能够减少对环境或建筑的附带损伤，有利于战后重建和赢得民心。美军在对外战争中，特别是伊拉克和阿富汗战场，大规模作战结束后要承担重建的职责。别是在巷战中，美军特注重保护民用基础设施，除了使用非致命性武器之外，对反美武装主要采取精确打击的战术。此外，尤其在进入战后重建和稳定行动阶段，美军反叛乱作战都基本维持在低烈度冲突，使用致命性武器再度摧毁民用基础设施显然不利于重建的进行。毕竟，美军反复宣称对伊拉克的重建负责。

（三）有助于美军对战争正义性的战略传播

超过半个世纪以来，非战斗人员在冲突中的伤亡率增加，并值得警醒。20世

a http://www.defense.gov/transcripts/transcript.aspx?transcriptid=4862

b Richard L. Scott: Conflict Without Casualties: Nonlethal WeaponsIn Irregular Warfare[D], Monterey, California, Naval Postgraduate School, 2007

c Policy for Non-Lethal Weapons Department of Defense Directive Number 3000.3, July 9, 1996

纪50年代，接近一半的伤亡人数据称是非战斗人员。80年代，非战斗人员占伤亡总数80%。这影响着美国政府最高层谨慎考虑未来冲突的战略[a]。

海湾战争后，美国海军上尉麦克·马丁在一份上书美国国防部的研究报告中说："海湾战争首次向人们证明，取得一个战争的胜利并非一定要杀死很多人。陆军也不一定非打到对方首都。海湾战争任其多么激烈，却没有形成白骨成山、血流成河的场面。""'沙漠风暴'行动，表明了美国已从过去那种滥杀无辜、一律加害的战争模式中走出。那种目标不清、目的不明的狂轰滥炸已经成为过去。在海湾战争中，美国针对一种可选择的杀伤目标，而不使群众无辜受害，保留了大量的建筑和平民生命财产，甚至挽救了不少伊拉克士兵的生命，这已具有非致命战争的倾向。[b]"

2003年，布什总统在联合国的讲话中表示："如果我们被迫卷入战争，我们将以正义的名义和正义的手段作战——将以所有力所能及的方式避免无辜伤亡。"

然而，美军以前在战时的交战规则十分刻板，敌人一来就开枪。到了和平时期，规则虽然有很多改变，但是本质上仍一成不变。比如警卫，面对危险必须给予警告，如果入侵者不接受警告，则使用武器是合法的行为。但往往在许多实际情况下，不管做什么都可以，就是不允许开枪。现代战争，军队要求士兵在危机复杂的情况下，瞬间做出生死攸关的决定，虽然有"交战规则"作为判断依据，但最终的决定会是什么，会被CNN转播至全球各地，而同时接受军事标准与国际舆论的双重评判。

信息时代的来临，电视将史无前例的将战争画面带给观众，而且事件发生于电视转播两者间的事件差大大缩短；"沙漠风暴"行动发生的时候，已缩短到实况报道美国导弹攻击伊拉克的地面目标。

CNN的国际新闻报道已普及到全球每一间重要的政府办公室与作战中心，从五角大楼到中央情报局到白宫，包括全球各国都会24小时收看CNN电视频道。只要全球各地有丝毫的风吹草动，CNN的摄像机就会立刻到达现场，拍摄那里的一举一动，CNN上出现的军事冲突的场面已普遍到被军方称为"CNN效应"。

a Richard L. Scott: Conflict Without Casualties: Nonlethal WeaponsIn Irregular Warfare[D], Monterey, California, Naval Postgraduate School, 2007

b 朱晓行：信息化战争中的非致命性武器[M]. 北京：国防工业出版社，2013，P4

它的效果是无法估量的，尤其在维和行动方面，部队士兵都会顾虑到采取任何鲁莽的行为，可能被立即报道出来。这意味着，使用致命性武器将完全暴露在全世界面前，受到国际国内社会的舆论谴责。如果武力使用过当，国际间对美军在事发地区的支持将产生非常负面的影响[a]。

非致命性武器是实现战争目标，同时尊重战争法原则的工具，其能够规避电视报道的负面效应，赢得舆论和人权活动者、国家法专家的支持[b]。

1. *减少媒体报道平民伤亡的质疑，抑制对手利用媒体进行宣传战*

战争中对武力的使用本就难以控制。美国退役少将塞西尔·鲍威尔曾在一次争论中表示："我们永远无法以最人性化的态度来进行战争，且这并不只是单纯的野蛮行为。"鲍威尔列举了由一批有良知的高层决策人士支持的若干战争行为，如第二次世界大战期间，美国蓄意使用燃烧弹轰炸德国东部城市德累斯顿与日本东京，这两个都市中都有军事目标，但平民在空袭中却首当其冲地成为牺牲品。事实上，东京的建筑物都是高度易燃的建筑，多数建筑在空袭中严重烧毁。美国将东京剔除在原子弹攻击目标的清单之外，因为东京的大火可能会掩盖原子弹的破坏力[c]。

战争对平民的毁伤，一旦被媒体报道或者带有偏向性的渲染，将带来巨大的负面影响。

许多团体已经学会如何操控媒体。根据《加弗纳斯岛协定》1993年10月11日，美国海军战舰"哈兰郡"号运载着美国和加拿大两百名官兵意图登陆海地，促进海地恢复民主，美国中央情报局虽然事先得到了情报，但是受军政府控制的极端组织"海地进步与发展阵线"组织了数十名武装暴徒在码头进行示威，拒绝军舰靠港，并且要求其第二天离开海地。军舰被迫掉头[d]。美国特种部队退役上校约翰·亚历山大认为这是团体操控媒体压制美军的一个范例。

类似的事件可轻易被许多团体策划运用，不论是合法团体或是非法团体。一

a [美]约翰·亚历山大（董铭译）:未来战争——21世纪战争中的非致命武器[M]. 北京：知识产权出版社，2004，P223-226

b Graham T. Allison, Paul X. Kelley, Richard L. Garwin:Nonlethal Weapons and Capabilities[R]. Report of an Independent Task Force Sponsored by the Council on Foreign Relations, 2004

c [美]约翰·亚历山大（董铭译）：未来战争——21世纪战争中的非致命武器[M]. 北京：知识产权出版社，2004，P223-226

d http://en.wikipedia.org/wiki/Port_international_de_Port-au-Prince

直在追求独家最新报道的媒体，总是会全力给予配合。

在粮食援助、灾后维稳、保证维和部队在骚乱地区的安全等行动中可能会遭遇到的抢粮暴动、抢劫、纠缠部队等行为时，使用致命性武器只会恶化情况，而且也无法逃过电视媒体的镜头。

令人担忧的是，当有电视媒体在场时，容易造成士兵对使用武器的犹豫不决。军队与执法警官都知道，片刻迟疑极有可能对自己与战友造成致命的后果。若能使用有效且经过实战验证的非致命性武器，而且符合交战规则，则上述的顾虑就小得多。但世上没有一项装备是十全十美的，因此，绝不可以毫无顾虑地使用非致命性武器。然而，在大庭广众之下的部队，只要能够进退有据，也同样可以获得国际社会的支持[a]。

2. *减少媒体报道对敌人进行大屠杀的质疑，支持军事行动决策*

苏联崩溃后，美国要重新评估国家的军事战略目标，同时也产生了重新界定胜利的含义。大胜利不能等同于大屠杀，后者有损国家形象，并有可能对未来政府决策造成负面冲击。然而，为了避免大屠杀而提前结束战斗，则有可能未能有效摧毁敌有生力量，造成将来的麻烦。

1991年2月，“沙漠风暴”地面作战第四天，战败而士气低落的伊拉克士兵企图逃出科威特，他们在市中心抢夺便于车载的贵重物品后，乘坐装甲车辆并顺手牵羊开走交通工具逃向伊拉克。车队遭到多国部队空军多次袭击并被歼灭。意外的是，电视记者将联军大开杀戒的画面全部拍摄下来，并称之为“火鸡猎杀行动。”数百辆伊拉克装甲车在通往巴格达的狭窄公路上被摧毁，徒步逃离的伊拉克士兵则未遭袭击，该公路后来被称为“死亡高速公路。”

美国总统布什、国防部长切尼和参谋长联席会议主席鲍威尔对电视画面上的惨状颇感不安，恐怕国际社会误会美国政府纵容部队残杀无抵抗能力而逃命的敌军。美国政府之前已决定不发动地面进攻占领巴格达，由于这个事件，为避免下一步攻击行动被误认为大屠杀，布什总统宣布由于联军目的已经实现，将终止一切攻击行动。

美国政府曾希望进一步削弱伊拉克的武力，让其只能够自卫，但由于上述

a [美]约翰·亚历山大（董铭译）：未来战争——21世纪战争中的非致命武器[M]. 北京：知识产权出版社，2004，P223-226

决定，联军未能有机会再次发动攻击，使萨达姆的精锐部队“共和国卫队”得以保存。

如果当时存在能够大规模控制敌军有生力量，而又不大量杀伤敌军人员或造成敌军遭到屠杀的表象，则伊拉克武力可进一步遭到削弱[a]。

政府希望民众最终理解并认同政府所采取的军事行动。然而，当今许多美国民众仍不具备足够的教育背景来理解当前国家的安全议题。况且，安全议题未来将更趋复杂。若对国际关系毫无概念，尤其是当与一个从未听说过的遥远国家产生政治军事关系时，就很难得到民众的理解。调查显示，美国人对加拿大和墨西哥的了解都十分肤浅，而且对对外援助的具体比例及其重要内在原因也十分缺乏了解。

非致命性武器可使战场指挥官与政治家们在使用武力时拥有更多的选择，成为诸多解决方案中的一种。还好，美国决策层不至于局限在“轰炸邻国”与“因不愿过度使用武力而对国家安全威胁置之不理”两者间作出极端化的选择。因此，必须重视对民众战略传播，使其了解国家利益的复杂性，其中包括对非致命性武器地位和作用的了解[b]。

非致命性武器表达尊重人的生命，能够帮助美军占领道德高地。美国高层领导通过战略传播，能够获得国内、国际社会以及交战地区民众和政府的支持。

二、非致命性武器的战术优点

美军地面部队越来越少涉入传统作战，更多涉入稳定行动，不免需要更多地发展应对非战斗人员而不是武装人员的技能。战术行动更少是着眼死亡和摧毁，更多是建立安全和法律秩序，以及恢复政府权力[c]，其战术优点包括但不限于：

a [美]约翰·亚历山大（董铭译）：未来战争——21世纪战争中的非致命武器[M]．北京：知识产权出版社，2004，P283-284

b 约翰·亚历山大（董铭译）：未来战争——21世纪战争中的非致命武器[M]．北京：知识产权出版社，2004，P241

c Richard L. Scott: Conflict Without Casualties: Nonlethal WeaponsIn Irregular Warfare[D], Monterey, California, Naval Postgraduate School, 2007

（一）威慑、迟滞或者制止敌对行动。

美军认为，非致命性武器、条令和作战概念将设计成能加强指挥官的威慑能力，增加指挥官的决策选项[a]。非致命性能力允许指挥官根据所感知的威胁使用最有效的武力方式。例如，面对愤怒的暴徒的指挥官在战术判断指向武力使用时，具备战术弹性来使用非致命性武力。敌人对新战术选项的感知可能会很快被震慑住不进行进攻性、敌对性和伤害性行为，除了那些最积极和有所准备的敌人[b]。

非致命性武器提供的额外选择比起致命性武器可以早一步获得更加理想的效果，而且更为精确。

（二）获取主动权。

在许多情况下，只装备致命武器的部队面对如群体骚乱这样的复杂局势，困于警告和开火的选项，无法主动控制局势，十分被动，非致命性武器改变了这种困境。在科索沃色维斯（Sevce）地区，陆军适应性地使用非致命性能力在敌对群体中造成了震撼效应。宪兵部队快速的一系列齐射和前进驱散了群体的团结。非致命性能力让指挥官获得主动权，而不必遭致使用致命武力的后果。此外，其让指挥官应对使用致命反应不一定正当的威胁[c]。

（三）增强谈判能力。

根据ZINNI将军在索马里的经验，指挥官把谈判视为暴力的替代品。执法官员在群体控制问题上也同意这样的建议。骚乱群体是美军在人道主义行动中所面对的最大挑战之一[d]。

（四）控制武力升级。

非致命性能力可以打乱武力循环。暗示使用非致命性武力可以甚至在暴力开

a Policy for Non-Lethal Weapons, Department of DefenseDirective number 3000.3, 1996

b E. R. Bedard, Nonlethal Capabilities:Realizing the Opportunities[J], DefenseHorizons, 2002（9）, P1-6

c E. R. Bedard, Nonlethal Capabilities:Realizing the Opportunities[J], DefenseHorizons, 2002（9）, P1-6

d E. R. Bedard, Nonlethal Capabilities:Realizing the Opportunities[J], DefenseHorizons, 2002（9）, P1-6

始前就威慑住。因为非致命性武力比起致命武力能够更为积极地使用。还能在危机中尽早使用。在过去的危机中的经验教训表明，早一步积极地影响局势是更好选择。过迟采取行动会意味着死亡，不必要损伤和意外的财产损失。

非致命性武器为部队提供另外一个选项。在过去的行动中，有效地使用非致命性武器为武力升级的情势提供解决方案。特别是，非致命性武器产生了针对目标人员和装备的正确的“直接效果”。同时，非致命性武器还对任务区域内的其他目标产生了积极的“心理效果”，并有助于任务的完成[a]。

（五）更好地保护己方部队。

美军认为，救护部队最重要的是不仅要保护平民的生命，也保护部队本身。非致命性能力填充脆弱能力的鸿沟，让部队有效应对更多种形势，在很多情况下能更好地控制暴力升级。美军更多而不是更少的令人敬畏[b]。

（六）塑造结果，暂时性使装备、设施和人员失能。

武力升级选项给指挥官更精确的工具以塑造结果。如果想要的结果要求最小的伤亡和附带损害，指挥官会大为依赖非致命性能力和使用精确致命选项来对付特定目标。例如，当面对敌对群体，指挥官在使用致命武力应对威胁时，可以使用非致命性能力来隔离非战斗人员和武装分子[c]。

例如，美军《非致命性武器科学技术评估》报告认为，海军远征军的非致命性应用场合就包括：

（1）船只外围防护

（2）使小船失能

（3）使船只暂时失能

（4）使地面车辆失能

a E. R. Bedard, Nonlethal Capabilities:Realizing the Opportunities[J], DefenseHorizons, 2002（9）, P1–6

b E. R. Bedard, Nonlethal Capabilities:Realizing the Opportunities[J], DefenseHorizons, 2002（9）, P1–6

c E. R. Bedard, Nonlethal Capabilities:Realizing the Opportunities[J], DefenseHorizons, 2002（9）, P1–6

（5）保护或清理设施

（6）探测和控制游泳者

（7）美国海岸警卫队“快艇拦截”

（8）港口周围部队防护

（9）区域戒严

（10）人群控制

（11）使人员失能[a]

（七）捕捉目标，支撑情报工作。

在作战中必须考虑到情报需求，要能隔离、捕获和审问嫌犯而不是杀死。非致命性武器能够隔离、标记或精确打击作战对象，能够在现场或者事后抓捕对象，为情报工作服务。

（八）支持信息作战。

一方面，尤其是在反叛乱作战中，在极端意识形态驱动下的恐怖主义分子或反美武装，以圣战为名，以殉难为目标，非致命性武器在某些情况下能够对其实施隔离和抓捕，阻止其为圣战殉难，打乱对手的宣传战术，进行信息作战。

另一方面，以阿富汗战场为例，塔利班精通炒作美军在交战中误伤平民，对美军实施信息作战，企图削弱美军在阿富汗民众心目中的形象和支持率。在诸多信息作战对抗手段中，美军也利用引入非致命性武器减少平民的伤亡率，减少在这方面的弱点。

a Committee for an Assessment of Non-Lethal Weapons Science and Technology, Naval Studies Board Division on Engineering and Physical Sciences（防化研究院信息研究中心编译），非致命性武器科学技术评估[R]北京：国防工业出版社，2006，P20-22

| 第二节 | 非致命性武器的风险

一、非致命性武器的战略风险

（一）媒体负面炒作与民众误解产生巨大负面效应

在通信、卫星成像技术进步，以及24小时新闻需求背景下，国家用兵有了更高的实施标准。反应过轻，冒着不可接受的军民伤亡风险，有损合法性。反应过重，军力使用过多，则有失去道德高地，在某些情况下失去民众支持的风险。

使用非致命性武器的战略风险对于使用者来说是巨大的，其面对无知公众对于非致命性武器使用的合法性和道德性的误解。例如，国际特赦组织和人权观察组织确认电击技术在76个国家被认为是折磨手段，包括美国、其他发达国家和欠发达国家。问题在于，折磨是人的目的，而不是装备的目的。英国学者布莱恩·拉波特（Brian Rappert）指出："任何东西都可以作为折磨的工具，是取决于使用者的意图。"因为普遍缺乏对折磨的认知，一些媒体，例如人权观察组织和国际红十字会强烈反对非致命性武器的扩散，甚至要求禁止非致命性武器[a]。

虽然使用非致命性武器有助于减少人员伤亡和设施损害，体现人道，但如何向媒体介绍这种武器，其功效与所造成的视觉冲击两者间极难取舍，尤其媒体还有着追逐新闻效应的天然本性，极容易造成媒体受众不能掌握事实，非致命性武器反而成了反人道的武器。

历史上曾经出现过这样的案例，很多人美国人还记得洛杉矶4名白人警官殴打拒捕肇事的黑人罗德尼·金的画面，当时警方所使用的武器有是"泰瑟电警棍"。由于警方两次使用泰瑟电击棍击中罗德尼·金，但并没有制服对方（事后证明电警棍因故障电压不够），此后用警棍不停地殴打而导致金告饶投降，虽然多数民众认为，警方应该拥有制服嫌犯所需的装备，但却不同意警方将其用作制

a Richard L. Scott: Conflict Without Casualties: Nonlethal WeaponsIn Irregular Warfare, Monterey, California, Naval Postgraduate School, 2007

裁的工具，就是因为民众看到一个人被电击而满地滚动的画面，使洛杉矶警方失去了舆论支持，尽管其有执法根据，且在执法过程中强调“不要打脑袋”，“打身体的关节”，并在制服嫌犯后立刻送医院急救。然而，此事件在播出时，新闻媒体刻意删除了前18秒的录像画面，正是这段录像虽未证实警方使用武力过当，但却清楚显示挑起冲突的是金，而不是警方[a]。

此事引起的后果是极其可怕的。4名警察因刑事罪遭到加州地方法院起诉。一年后，1992年的4月29日，以白人为主的陪审团在看了完整的录像画面后，判决4名白人警察无罪。判决一出，当地黑人群情激愤，聚众闹事，烧杀抢劫，引发了一场震惊世界的大骚乱。短短几十小时内，55人死亡，2328人受伤，12000人被捕，1100多栋建筑物被焚毁，直至美国军方派出军队镇压，这场暴动才逐渐平息下来。据统计，这场暴乱给洛杉矶这座全美第二大城市带来了10亿美元的经济损失。随后，在美国南方的亚特兰大市，也爆发了类似骚乱[b]。

骚乱虽然有CNN的偏向性渲染以及种族歧视的文化因素，但非致命性武器的解释和恰当使用也是一个重要因素。

（二）错误地依赖非致命性武器实现政治意图

美国在非致命性武器辩论中曾经常论及的一个政策性问题是“斜坡理论”，其推理是：如果非致命性武器可以派上用场，那么将促使决策层轻率派兵至全球各处形势危急的地区，当部队执行敌对性任务，随着形势未能按照预计发展，可能会产生“任务扩大化”倾向，而比预期介入得更深。由于首次行动已获得正式授权，因此增援部队则被视为是“支援行动”，而不用根据实际变化作出新的决策。部分国会议员和政治分析家认为，拥有非致命性手段可能造成总统采取冒险行动，因此主张如果将实际可能造成的伤亡与破坏均列入最初决策考虑，则“国家指挥当局”更不应派兵。

“斜坡理论”是有过先例的。许多政治观察家认为，这类情况类似当初美国所卷入的东南亚纷争。首先，出现一群专家顾问，接着演变为投入数十万部队，

a [美]约翰·亚历山大（董铭译）：未来战争——21世纪战争中的非致命武器[M]. 北京：知识产权出版社，2004，P226-227

b http://news.163.com/12/0627/15/85131L3K00014AED.html

最后战死5万人。此外，还有索马里人道援助行动——“恢复希望”，最初是一项人道主义救援行动，最后变成了压制军阀的突击行动。

斜坡理论表明：派兵之前，必须彻底评估当地形势，尤其要详细研究各项行动目标和长期影响。历史经验表明，任务只能完成一半，不如当初不介入；以武力遏止种族冲突的成效十分有限。派兵应该谨慎，不能以为拥有非致命性武器就能一定实现政治目标。但一旦派兵，部队就应该拥有多种武力选择方案，而不只是“开火或者不开火”，非致命性武器是部队重要的辅助武器[a]。重点在于意识到政治意图实现的艰难性不会非致命性武器的存在而产生本质的改变，非致命性武器对于政治意图实施的效果，与威胁和使用效果截然不同的核武器、网络武器的比较是另一个复杂的问题。

非致命性武器的出现，可能会带来一种假象，所有适合场合的问题都迎刃而解，但事实也许并非如此，不能完全依赖非致命性武器实现政治意图。

美国前国防部副部长约翰·杜奇在多年前一次对“外交关系协会”研究小组演讲时重申：非致命性武器绝非适用于一切情况的万能钥匙。在研究小组举行的各场研讨会中，没有任何人认为非致命性武器在所有场合中可解决所有或多数的问题。研究小组的高级决策层都是由丰富经验的人士组成，不会轻易相信高科技者夸夸其谈。但他们确信，这类武器在短时期内可以解决未来美国国家安全锁遭遇到的很多棘手的问题[b]。但长期如何解决，仍然绝非易事。

非致命性武器不是万能的，也许还只是治标不治本。以维持和平行动而言，虽然非致命性武器可能有助于平息或者减少冲突，但也要具有维持和平成果的坚定政治中心。正如波斯尼亚的冲突，使用非致命性武器或致命性武器，只能作为暂时的处理手段。假设当地所有武器突然间消失，但仇恨和隔阂并没有消失，民众仍会以最原始的方式搏斗。当维和部队撤离后，和平成果也将随之消逝。因此，派兵介入任何冲突之前，必须先思考并阐明所期望的政治成果[c]。

---

a [美]约翰·亚历山大（董铭译）：未来战争——21世纪战争中的非致命武器[M]. 北京：知识产权出版社，2004，P251-252

b Malcolom H.Wiener, Chairman, Non-lethal Technologies: Military Force Options and Implications, Council on Foreign Relations, New York, 1995.

c [美]约翰·亚历山大（董铭译）：未来战争——21世纪战争中的非致命武器[M]. 北京：知识产权出版社，2004，P244

二、非致命性武器的战术风险

（一）交战规则

美军建立交战规则的目的是明确部队进行战斗的反应方式。因此，为了有效地界定部队如何执行武力，限制其鲁莽行动，交战规则是明确易懂的。致命和非致命性武器的交战规则应该同样由指挥官和参谋人员一起制定，要为部队的安全和完成任务等利益着想，同时要由法律顾问进行评估。交战规则应该补充战略层面的政治议题，其同时也应该足够明确，从而战术层面的部队知道什么该做，什么不该做。模糊的规则指挥让部队迷惑和受挫，因为他们没有现场的法律顾问[a]。

（二）非致命性武器与致命武器使用关系的认知

1. 非致命性武器的存在不限制致命武器的使用。

如果非致命性武器可用，有人担心美军将被要求在所有情况下使用非致命性武器，如果不用就会遭到谴责。担心不只是潜在的法律可靠性，还牵涉到如果拖延求之于有效使命武器会导致士兵死亡[b]。

美军认为，装备非致命性武器不应该限制指挥官在自卫行为中使用其所具备的所有必要手段，采取所有恰当的行动的天然权利和义务[c]。不要求非致命性武器优先于致命性武器或者致命武力的使用。根据威胁、目标和局势，美国军队可以立刻使用致命性武器和致命武力[d]。非致命性武器即时或潜在的效果都不形成使用该类武器的义务，或者高于相关法律规定的武力使用标准。在所有情况下，当符合国际法时，美军保留立刻使用致命性武器的选择[e]。更高级军事机构会通过考虑不仅是战术，而且战役和战略目标来制定交战规则。

例如，应对孤立的狙击手对美军的攻击，非致命性反应可能暂时更加有效——例如炫目激光来阻挡其视线几秒钟——但是敌军将继续制造无法承受的威

---

a Richard L. Scott: Conflict Without Casualties: Nonlethal WeaponsIn Irregular Warfare[D], Monterey, California, Naval Postgraduate School, 2007

b Graham T. Allison, Paul X. Kelley, Richard L. Garwin:Nonlethal Weapons and Capabilities[R]. Report of an Independent Task Force Sponsored by the Council on Foreign Relations, 2004

c Policy for Non-Lethal Weapons,Department of DefenseDirective number 3000.3, 1996

d Non-Lethal Weapons（NLW）Reference Book[R], Joint Non-Lethal Weapons Directorate,2011

e Policy for Non-Lethal Weapons Department of Defense Directive Number 3000.3 July 9, 1996

胁，因此有效的致命性反击火力将更合适。在这个情况下，非致命性武器可以用来压制更远的火力，同时采用致命性的反狙击手行动消灭狙击手，并威慑其他可能成为狙击手的人[a]。

2. 非致命性武器与致命武器的联合使用

非致命性武器可与致命性武器系统结合使用，以增强后者在军事行动中的效果和效率。这适用于军事行动的所有领域，包括那些使用压倒性武力的情形[b]。

总之，指挥官不仅要建立细致的交战规则，还要考虑何种局势下，授权部队使用非致命性武器，部队战备是否足以使用非致命性武器。非致命性武器带来的负面影响可能是什么。比如说，未接到指示或者误指示的指挥官可能会命令部队使用非致命性武器，而此时已经授权使用致命武力了[c]。

（三）非致命性武器固有的性能风险

2012年10月16日下午3点左右，在韩国全罗南道西北方向90千米海域，木浦海洋警察署所属“3009”舰在韩国专属经济区发现了正在非法捕鱼的30余艘中国渔船，并进行了驱逐。在此过程中，海警与中国渔民发生冲突。韩国海警发射了5发橡皮弹，最后一发击中了张姓船员的左胸，致其身亡[d]。

韩国国立科学搜查研究院20日下午对16日中弹身亡的中国渔民张树文的遗体进行尸检，根据初步得出的结论，张树文是被韩国海警发出的橡胶子弹击中导致心脏破裂死亡。韩国海警则对外表示，子弹发射按照使用规定进行，这一应对“没有问题”。

据韩联社20日的报道，韩国国立科学搜查研究院当天发布初步结论，认为中国渔民遭到韩国海警发射的橡胶子弹击中，导致心脏因外界冲力过大破裂而死亡。该研究院在尸检结束后举行的新闻发布会上表示，很难精确计算出开枪距离，但可以推测，死因很可能是中弹致心脏破裂。该院医学部部长崔永植表示，

a Graham T. Allison, Paul X. Kelley, Richard L. Garwin:Nonlethal Weapons and Capabilities[R]. Report of an Independent Task Force Sponsored by the Council on Foreign Relations, 2004

b Policy for Non-Lethal Weapons Department of Defense Directive Number 3000.3 July 9, 1996

c Richard L. Scott: Conflict Without Casualties: Nonlethal WeaponsIn Irregular Warfare[D], Monterey, California, Naval Postgraduate School, 2007

d http://news.qq.com/zt2012/hghjzgym/index.htm

未发现遗体有被殴打等其他外部冲击导致头盖骨破裂或死者生前患有疾病的痕迹。张树文左胸部中弹，导致部分左侧肋骨断裂，心尖部破裂2毫米左右，但断裂的肋骨并未扎到心脏。崔永植解释称，一般情况下心脏破裂后血液很快就会流入心脏，而张树文的心脏里积有相当多的血液，据此判断张树文的死因很可能是心脏破裂。报道称，一般情况下，尸检得出结论需要10天左右，但该院考虑到此次事件的严重性，加紧尸检工作，争取尽早得出结果并公开。根据计划，该研究院还将对遗体进行药物、毒品、血中酒精含量、DNA等的检查。

《朝鲜日报》报道称，导致中国船员死亡的是美国CTS公司生产的橡胶子弹发射枪，橡胶子弹直径4厘米，重量为60克。该武器有效射程为3~30米，而韩国海警的使用指导意见是在8~10米的范围内使用。海警方面表示，如果该子弹击中人腿部，人瞬间将被击倒，而击中脸部将因强烈冲击失去知觉，但“不至于致死”。

《韩民族新闻》20日的报道称，针对韩国国立科学搜查研究院发表的中国渔民初步死因，韩海警相关人士表示，“中国渔民张树文当时没有穿救生衣，因此被击中时冲击力似乎比较大。但距离8~10米发射橡胶子弹在应对上没有问题”。韩联社称，海警一再强调应对“没有问题”，称由于当时海警乘坐快艇要强行登上中国渔船，因此发射距离“应该”超过10米，在中国船员激烈抵抗的情况下，海警本来是朝着中国渔民胸部以下瞄准的，但是由于风浪等原因，最终击中了胸部。报道称，本来海警以为非杀伤性橡胶子弹的威力只是使人暂时丧失行动能力，但这一事故“重新验证了该子弹的威力”[a]。

在此次事件中，韩国海警是否严格按照交战规则使用了非致命性武器，媒体没有证实，但无论如何，这使得一次执法事件上升成为比较严重的外交争端。虽然在非致命性武器的定义中，并不保证零伤亡，在非致命性弹药的性能上也提出了近距离开火以及针对老弱病残等特殊人员的伤亡风险，同时交战规则也作出了严格的规定。然而，作战环境是复杂的，这种提醒和规定并不能防止在具体运用过程中的意外伤亡问题，也不能以这种提醒来平息因此造成的重大后果，政府、舆论和民众并不就因此即刻平复敌对的情绪。非致命性武器造成的意外伤亡是其固有的风险。

---

a http://news.qq.com/a/20121022/000059.htm

不应该要求非致命性武器绝对不造成人员死亡或者永久性伤害。然而，虽然不保证或者不预期完全避免这些效果，但若使用恰当，比起武力摧毁同一目标而言，非致命性武器应该在极大程度上减少人员死亡或者永久性伤害[a]。

美军在2007年版《跨军种非致命性武器战术应用的战术、技术和流程》手册中特别强调了对非致命性武器和系统射程的认知，许多非致命性武器同时具备最大射程和最小安全射程。所处距离比最小安全射程还近的人可能会受到严重的伤害或死亡，而大多数非致命性武器的效果在更远的射程中会大为减弱。为了实现有效性，非致命性武器必须在最佳射程内向敌人射击[b]。

各非致命性武器和系统的射程图

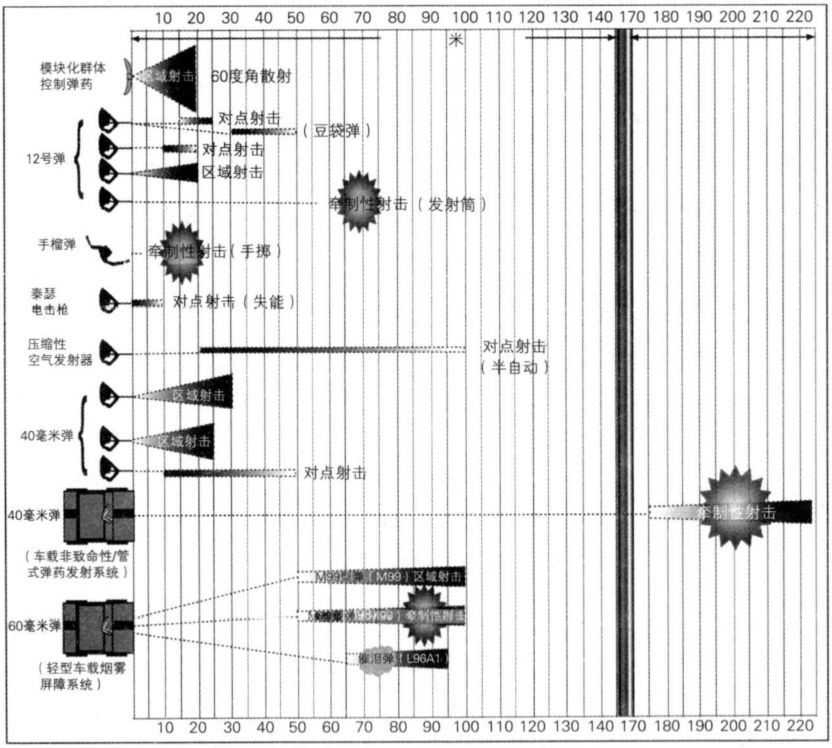

a Policy for Non-Lethal Weapons Department of Defense Directive Number 3000.3 July 9, 1996

b Multi-Service Tactics, Techniques And Procedures For The Tactical Employment Of Nonlethal Weapons FM 3-22.40MCWP 3-15.8NTTP 3-07.3.2AFTTP（Ⅰ）3-2.45, Air Land Sea Application Center, 2007

（四）教育和训练

高级军事和民事领导人必须认识到非致命性武器使用的恰当局势，确保使用这些武器的部队得到恰当的资源和训练[a]。

由于作战环境和武器装备的复杂性都大幅增加，战士必须具备高度判断力和丰富的知识。未来战争中，已经不是由社会底层人士来保护精英知识分子。从最高决策层到各军种最基层的战士，个人是否能够在战场上存活，完全依赖体能、技能与智能三者。

在紧急情况下，部队通常要作出困难的决定，即便随时可使用致命性武器。当局势不明的时候，必须由士兵个人决定使用何种武器，是非致命性还是致命性？然而，士兵可能只是一个非常年轻，充满恐惧的年轻小伙或者女孩。因此，对部队实施战术训练和作战的政治性的教育对战争的胜负具有十分重要的地位。例如，即使低级军官或者士官，若在维和任务中判断失误，也极有可能造成战绩不良的国际影响[b]。

事实上，在执法行动中，由于对非致命性武器的性能理解偏差和因和战术失策造成严重致命性伤亡，甚至引发更严重的后果的事例业已存在。

1993年2月，美国联邦调查局在得克萨斯州瓦科附近的一座教堂展开抓捕大卫教领袖大卫·柯瑞什及其100多名信徒的行动。联邦调查局包围教堂，封住进出口，并派出狙击手。他们从陆军基地借来几辆装甲车，用以摧毁大卫教派的车辆，并向教堂发起进攻。几天内，教堂的电源与电话均被切断。联邦调查局展开心理施压，促使对方放弃抵抗。他们利用扩音器播放各种噪声，坦克也定期打炮，并架起大灯，让教堂里始终灯火通明。声和光都是有效的非致命性武器，然而音响大战并不顺利。大卫及其信徒也播放自己的音乐，其扩音器声音较大，反而使联邦调查局人质救援小组人员无法入睡，并感到很不舒服。

到4月19日，联邦调查局在总攻中使用了铯毒气这种非致命性武器。这是一种用以对付失控人员的骚乱控制剂，具有强烈催泪效果。越战中，美军曾把粉状铯毒气空投在湄公河三角洲七山地区，以期阻止越共在该地区内活动。这种毒气

---

a Richard L. Scott: Conflict Without Casualties: Nonlethal WeaponsIn Irregular Warfare[D], Monterey, California, Naval Postgraduate School, 2007

b [美]约翰·亚历山大（董铭译）：未来战争——21世纪战争中的非致命武器[M]. 北京：知识产权出版社，2004，P239

具有相当强大的长期效力，足可以把敌人赶走。

联邦调查局向司法部长芮诺保证铯毒气是非致命性武器，但铯毒气在密闭的屋子里如何对人发生影响，儿童长时间暴露在铯毒气下达几小时会有什么影响，警方对这些信息的掌握并不全面。尽管如此，司法部长仍批准了攻击行动。

总攻开始，早上6点，装甲车开始在墙上凿洞，然后把铯毒气喷入教堂内。然而，联邦调查局没有考虑到当时的天气，当时风速为每小时35英里[a]，所以大部分铯毒气被吹走。为使毒气进入建筑物里，装甲车辆要实际进入建筑物内。结果一些人被压死。

目的是为了利用非致命性武器进行干预，却因为没有预料的因素造成了严重的致命性伤亡。这一行动之后造成大火，总计82人伤亡，而且严重损害了执法部门的信誉。由于对政府的不满，这一行动是美国历史上，促成暴民人数急剧增加最严重的一次。在经济方面，生还者及死者家属还提出10多亿美元的诉讼[b]。

因此，从抓捕大卫·柯瑞什的实例中可以看出，执法部门的在对作战概念、作战条令和交战规则的理解、非致命性武器效果评估、战术决策和行动等方面都出了问题。这些都和教育和训练水平息息相关。关于教育训练的具体情况将于后面的章节具体阐述。

另一个例子是在2005年伊拉克的一个哨卡行动中，美军朝一辆载有刚获得自由的意大利记者和她的护卫的车辆发射激光，之后在没有语音警告的情况下向车辆开火，保护她的一名情报官被杀，另一人受伤[c]。

此外，还有俄罗斯特种部队在反恐行动中营救别斯兰学校的儿童时，也犯了错误。2002年10月26日，大约50名车臣独立分子占领了莫斯科的一家剧场，劫持了大约750名人质。独立分子装备精良，持有自动步枪、手榴弹和高爆炸药。俄罗斯政府拒绝了与独立分子的谈判，出动了携带非致命性武器和致命武器的特种部队。10月28日，俄军特种部队将高强度麻醉气体送入通风系统,导致人质和匪徒昏迷。不省人事的人质被紧急送往医院，同样不省人事的车臣分子当场被击

a 1英里=1.609千米

b [美]约翰·亚历山大（董铭译）：未来战争——21世纪战争中的非致命武器[M]. 北京：知识产权出版社，2004，P64

c Richard L. Scott: Conflict Without Casualties: Nonlethal WeaponsIn Irregular Warfare[D], Monterey, California, Naval Postgraduate School, 2007

毙。最后，大约33名恐怖分子和128名人质死亡。许多幸存者因为吸入麻醉剂过量引起的呼吸道受损和急性肺炎将永久性残疾[a]。因此，只有通过熟悉、广泛的合格性验证和测试，模拟和演习，地面部队才能对非致命性武器的使用感到自信，从而正确的使用[b]。

此外，另一个风险是美军担心敌军也会使用非致命性武器打击美军[c]。但从目前来看，美军的对手更倾向于使用常规武器、大规模杀伤性武器或生化武器进行袭击。

（五）联军和跨国行动互操作问题

美军认为，在联军和联合伙伴中，非致命性武器的存在和使用情况各异。缺乏相同的非致命性武器的互操作权限令人担心，并且会产生敌军可能会试图加以利用的力量和作战缝隙。这些担忧应该在任务规划阶段加以解决，并且整合入行动计划。最后，应该制定有关任务的针对性政策来解决不同联军成员所拥有的非致命性能力的差异问题，将互操作问题和可能被敌军利用的风险最小化[d]。

总之，结合战略、战役和战术风险，政府和军队面临的问题是，其要么懒得决定如何使用非致命性武器，太迟钝而无法决定何种非致命性武器对于某种局势是最有优势的，要么就是太过于恐惧而不尝试另一种形式的作战，其牵涉到敌意但又不是简单打击目标的民众[e]。从美军的实践来看，这些风险并非是无法应对的，只要政府和军队对非致命性武器的优点和风险，定位与作用有清醒的认知，就能发挥这类武器的最大作用。

a The Moscow News, “Nord-Ost Tragedy Goes on,” The Moscow News Weekly, http://english.mn.ru/english/issue.php? 2004-41-2（accessed 21 November 2006）.

b Richard L. Scott: Conflict Without Casualties: Nonlethal WeaponsIn Irregular Warfare[D], Monterey, California, Naval Postgraduate School, 2007

c Richard L. Scott: Conflict Without Casualties: Nonlethal WeaponsIn Irregular Warfare[D], Monterey, California, Naval Postgraduate School, 2007

d Non-Lethal Weapons（NLW）Reference Book[R], Joint Non-Lethal Weapons Directorate, 2011

e Richard L. Scott: Conflict Without Casualties: Nonlethal WeaponsIn Irregular Warfare[D], Monterey, California, Naval Postgraduate School, 2007

| 第三节 | 非致命性武器的各类评估

一、非致命性武器的人体效果评估

（一）效果与有效性的相关因素

根据非致命性武器的定义，非致命性武器并非100%非致命，其效果与有效性与以下三个因素相关：

1. 非致命性技术的多样性

非致命性武器多种多样，有从低技术的动能弹或者钝头冲击弹、缠绕系统、臭气弹到更高技术的定向能技术，例如毫米波电磁能和炫目光。这些技术的原理，对人体产生效果的机理，想要实现的效果、威力、射程、打击部位各异，使用环境也各不相同，因此不可能像致命性武器一样，用杀伤威力这一单一的评判标准来对人体效果进行评估，每种技术的人体效果都有具本身的复杂性。

2. 人体生理

由于人群数量的多样性和由于年龄、性别，甚至普通单个人员的健康状况（例如醉酒、怀孕、生病、残疾）造成了人体情况的多样性，相同的武器弹药对于不同人员造成的效果、对同一人员的打击部位造成的效果不尽相同，对有的人、有的打击部位出现不同程度的非致命性的效果，对有的人、有的打击部位则出现重伤或者致命效果。

3. 不确定的作战环境

非致命性武器可能使用的不同环境很多。例如，保护食品站的部队可能面对更多的妇女和儿童，而保护设施的部队则面临的更可能绝大多数是男性的暴徒。

所有这些要素相互关联，且都增加了问题的复杂性。

因此，期盼某个非致命性武器项目负责人能够制造一种武器，进行测试，并且相当确定其如何很好或者很差地对其目标产生效果，这是不现实的（因为他的知识是有限的）。困境是，战场指挥官正是需要这种信息来作出使用这种武器的理智决策[a]。

在战场上，非致命性反人员能力的核心问题就是了解其人体效果。这些能力必须有可靠和可回复的效果。其导致的目标反应也必须可预测。满足这两个参数很重要，这样战场指挥官才能对使用该武器有充分信心[b]。

（二）效果和有效性评估存在的缺陷

根据美军2002年的评估分析，效果和有效性评估存在的挑战是建立一个评估流程：其支持测试和验证非致命性效果和有效性，其能够给予用户和政策制定者信心，他们需要使用这些能力。武器系统项目负责人历史上获得的博士学位都是工程或者物理方面，而没有医疗领域的重要训练；传统上，他们的工作重心是实现将某类武器系统杀伤效果最大化的目标。因此这个挑战就更复杂了。

认识到这一挑战后，1999年夏天，联合非致命性武器局综合产品小组的主席要求各军种采购执行官和各军种军医局长派出代表，组成人体效果程序行动小组（Human EffectsProcess Action Team HEPAT）。建立此小组的目的是发展一个基于程序的方法，便于非致命性武器项目负责人可以用在武器发展流程中使用。

小组成员在7个月时间内频繁碰头，熟悉了多种非致命性武器项目和技术，以及现有的非致命性武器项目负责人评估非致命性的方法，思考了应该适用所有国防部非致命性武器项目负责人的通用流程。

经过审议，小组发现在关于非致命性武器有效性和人体效果的量化的三个不同领域存在挑战。

1. 缺乏评估流程或指南

在国防部机构中，尚未颁布要求项目负责人描述非致命性武器针对其目标的效果的采购政策或者指南。项目负责人必须依靠其自身决断来确定描述其非致命性武器效果和有效性的方法。

2. 科学技术积累有限

小组评估了当前非致命性武器采购项目（大多是钝头武器），以及可用于预

---

a Susand· Levine Noel·Montgomery：Non-Lethal Weapon Human Effects--Establishing a Process for DoD Program Managers[J], Program Manager, 2002 July-August, P50-54

b E. R. Bedard, Nonlethal Capabilities:Realizing the Opportunities[J], DefenseHorizons, 2002（9）, P1-6

测其效果的工具。

（1）基本现有模型

在评估当时，唯一现有的预测钝头致伤的模型是很基本的，很大程度上基于汽车行业的数据。还不具备从身体受伤，到大的器官，以及应对这些伤害的机制的潜在影响模型。此外，模型还没有计算年轻人和老年人身体伤害的影响区别。

（2）根据经验和知识的假设

预测钝头冲击武器有效性和人体反应的模型还不存在。此外，预测由非致命性武器发射的小而快的弹药造成的伤害效果还未验证。首批列装的武器的评估是基于执法经验和根据项目负责人的经验和知识的假设。

（3）开发模型的困难

不太成熟的武器技术（例如定向能）的项目负责人，因为武器具有更长的发展时间线，他们在列装前有更多的研发时间。但没有专家的帮助，负责人在收集数据和发展有利于使用和采购决定的模型上也将存在困难。

3. 缺乏评估实施组织

曾经开发某些最为有前途的伤害预测模型的组织由于医疗研究任务和指挥政策，而不能为非致命性武器开发者实施武器有效性评估。军种部和国防部都不存在同时具备为非致命性武器项目负责人提供关于非致命性武器人类效果表述的技术研究、分析或者建议的责任和专长的组织。

此外，没有哪个组织或者部门评估表述过程中所得出的数据，并确保数据的充分，以及数据提出的格式是对阶段决策部门和武器用户来说是有用的[a]。

（三）建立效果和有效性评估流程

人体效果程序行动小组提出三个建立国防部非致命性武器人体效果（评估）程序的关键要素。包括建立独立评估流程、建立集中性的人体效果专长，使用风险评估方法。

1. 独立评估

小组认为，针对人体效果描述工作的独立评估对于每个致命性项目的成功开

a Susand· Levine Noel·Montgomery：Non-Lethal Weapon Human Effects--Establishing a Process for DoD Program Managers[J], Program Manager, 2002 July-August, P50-54

发和应用来说都很重要。因此，小组检视了几个国防部现有的提供对采购项目的技术、健康或者安全部分的独立评估流程，并决定着眼于海军武器系统爆炸物安全评估委员会的流程。

海军武器系统爆炸安全评估委员会审核将要运送或者储存在海军舰船上的爆炸物的测试和评估。因此，委员会成员为项目负责人和在阶段决策过程中审核委员会的评估的阶段决策部门提供建议和指南。小组着眼此流程是因为两个很理想的特点：一是独立于武器开发者，二是委员会在海军30年的声誉（基本上海军舰船上没有运上去过未经委员会评估的爆炸物）

类似地，小组建议建立非致命性武器人体效果评估委员会。委员会将评估每个非致命性武器系统所能得到的人体效果数据，评估和量化与武器系统有关的重大风险（包括武器可能无效的风险），并为项目负责人和阶段决策部门提供建议，他们可按此来充分地量化或者减少风险。委员会的建议是要作为每个非致命性系统阶段决策流程的一部分。

2. 对项目负责人的人体效果支持

小组在确定独立评估人体效果描述的方法后，继而着眼于项目负责人面临的分析和描述人体效果的挑战。在缺乏任何受到认可的担负人体效果研究任务并拥有所需专长的国防部组织，小组确认了非致命性人体效果工作的中心需求。小组建议成立国防部人体效果卓越中心，任务是指导非致命性武器项目负责人在人体效果规划、分析和测试方面的全面工作。

国防部人体效果卓越中心将作为现存数据和信息的信息库，是帮助项目负责人确定最恰当的研究方法的来源，也是确立来自国防部、学术界和私营部门的研究员的来源。此外，中心将帮助项目负责人在人体效果的研究、数据收集方面的工作。

小组建议“空军研究实验室人体效果局无线电频率放射部”作为国防部非致命性武器人体效果卓越中心。推荐此组织的原因是其现有的武器开发任务、生物医疗专长和已经证明了的主动拒止技术项目的非致命性武器开发项目的记录。此外，此部门还与陆军和海军单位共同组成了三军定向能生物效果实验室。陆军和海军单位具备医疗专长在几个健康防护领域中起到帮助作用，并且为组织提供了重要的多军种属性。

3. 风险评估方法

为解决当无法收集完整的测试数据时，要充分描述非致命性能力针对人群跨度的效果和有效性的挑战，小组建议，应该应用风险评估方法来描述非致命性武器的效果和有效性。这很有利，因为军事领导人根据风险来决策。非致命性武器效果本身有助于风险评估，因为它们从属于生理和心理多样性。许多武器，从致命到非致命的，可以使用相关的风险进行比较。

4. 实施人体效果试点项目

小组的建议被所有军种医疗局局长和军种采购执行官一致签名同意。当联合非致命性将官综合产品小组批准了为期两年的试点项目来评估建议后，在2000年9月，立刻开始了实施。

委员会由各军种的医疗和生物医疗研究部门的代表组成，联合非致命性武器局健康效果官担任主席。委员会展开工作的首项任务是评估近期联合非致命性采购项目，包括模块化群体控制弹药等。2002年时，委员会正评估概念开发工作，并为工作已接近里程碑点A的项目提供建议。

2001年6月7日，小组正式成立。工作开始包括，为非致命性武器项目负责人确定具体的人体效果描述流程，指导采购项目负责人进行效果评估，与概念开发项目负责人合作将人体效果纳入概念开发流程，开发完整的非致命性武器人体效果数据库，建立风险评估框架来描述非致命性武器效果。

这些工作为联合非致命性武器局建立了必要的基础来确保非致命性武器得到恰当的人体效果评估。之后，非致命性武器人体效果描述流程将更加标准化[a]。

二、非致命性武器的法律和条约兼容性评估

根据国防部第5000.2号指令、第3000.3号指示、第2060.1号指示和美国法律，致命性和非致命性武器、武器系统和弹药都必须加以评估来确保其符合美国国内法和相关国际法以及国际条约，包括武装冲突法（战争法）的要求。对法律评估重要的是，首先要计算武器是否会导致不必要的后果——其正常的或者预计的使

a Susand· Levine Noel·Montgomery：Non-Lethal Weapon Human Effects--Establishing a Process for DoD Program Managers[J], Program Manager, 2002 July-August, P50-54

用是否会导致损伤，或者导致与使用武器的军事必要性明显不相称的后果。非致命性武器一般设计用来将伤害最小化，也不违背上述禁止事项。此外，法律评估检查武器在使用时是否能够区别合法目标和无辜平民。然后，法律评估检查是否所有具体的条约或者协议，例如，军控协议禁止该武器的使用。这些条约的目的是将对战场和平民造成的后果最小化[a]。初步的法律和条约的兼容性评估让联合非致命性武器局能够确保资金集中投入到可行的非致命性技术上。在非致命性武器的概念构成和开发阶段，仍然需要有最终的法律评估[b]。

（一）法律评估

以下是美军部分通过法律评估的武器弹药。

40毫米非致命性群体驱散弹

2006年12月15日通过的40毫米非致命性群体驱散弹散弹（XM1044）。

66毫米车载式榴弹

1998年2月8日通过的 66毫米车载式非致命性榴弹（XM98 和 XM99）（轻型车载烟雾屏障系统）。

主动拒止系统

（1）2008年3月31日通过的主动拒止系统2型。

（2）2004年4月26日通过的主动拒止系统。

空爆型非致命性弹药

（1）2006年6月5日通过的XM1112 40毫米低速空爆型非致命性弹药。

（2）2003年3月24日通过的空爆型非致命性弹药。

FN303气动发射器

2003年10月29日通过的比利时国营赫斯塔尔公司（Fabrique Nationale（FN）Herstal）制造的次致命性发射系统和弹药FN-303。

40毫米反人员电击锁肌失能装备

（1）2007年8月14日通过的X26泰瑟枪。

a E. R. Bedard, Nonlethal Capabilities: Realizing the Opportunities[J], DefenseHorizons,2002（9）, P1-6

b Non-Lethal Weapons（NLW）Reference Book[R], Joint Non-Lethal Weapons Directorate, 2011

（2）2004年8月21日通过的非致命性泰瑟枪反人员弹药。

（3）2002年7月8日通过的M26改进型泰瑟枪。

恶臭弹

2007年通过的XM1063 155毫米恶臭弹。

模块式群体控制弹药

1998年10月1日通过的模块式群体控制弹药。

非致命性迫击炮

2002年6月25日通过的非致命性迫击炮。

光学干扰器

（1）2009年9月15日通过的基于海上使用概念的LA9/P炫目激光器。

（2）2009年6月11日通过的B.E.梅尔斯公司生产的配备有安全控制模块的特制绿色激光器（GBD-IIIC），其命名为LA9/P（手持式激光器）。

（3）2008年4月1日通过的B.E.梅尔斯公司生产的绿色激光指示器和“闪耀”型城市地区军事行动532P-M炫目激光器。

（4）2006年4月18日通过的“幽灵”激光器。

（5）2006年4月18日通过的迷你绿色激光器。

（6）2005年12月22日通过的GBD-III型特制炫目激光器和美国技术公司生产的小型大功率炫目激光器。

辣椒油脂喷剂

（1）2008年6月3日通过的“虎眼保护者”辣椒油脂喷剂。

（2）1996年9月22日通过的用于执法的辣椒油脂喷剂。

（3）2003年4月17日通过的MK3“　号防卫”/辣椒泡沫。

便携式车辆捕获路障

1998年10月16日通过的便携式反车辆机动系统（便携式车辆捕获路障）。

骚乱控制剂

（1）2001年10月10日通过的L96A1反骚乱刺激剂弹掷弹筒和L97A1反骚乱教练弹掷弹筒。

（2）1999年11月19日通过的SM37中型骚乱控制剂喷洒器。

（3）1999年8月10日通过的XL96E1反骚乱刺激剂弹掷弹筒和XL97E1反骚乱教

练弹掷弹筒。

现有的严格法律、条例和交战规则对非致命性骚乱控制剂的使用进行了限定。例如，根据1975年4月8日颁布的作为一项国家政策的美国第11850号总统令（见《联邦公报》第40卷16187页），其规定在战争中首先使用骚乱控制剂的情况包括（军事防御模式除外）：

- 在直接和明显由美军控制的地区使用骚乱控制剂应对骚乱控制局面，包括控制战俘骚乱。
- 在平民被敌方用来遮蔽或者掩护攻击，而且平民伤亡可以被减少或避免的情况下使用骚乱控制剂。
- 在遥远孤立的地区针对被击落飞机的机组人员和乘客，以及越狱者的营救任务时使用骚乱控制剂。
- 在直接战斗地区之外的后方地域保护车队免遭骚乱民众、恐怖分子和准军事组织的攻击时使用骚乱控制剂。

注意：使用骚乱控制剂必须获得特别授权。

单网型（轻型车辆捕获装置）&遥控布设装置

2009年通过的遥控布设装置和单网型（轻型车辆捕获装置）。

热压武器

2003年2月24日通过的用作非致命性武器的热压装备。

轻型车辆捕获装置

2004年3月23日通过的轻型车辆捕获装置[a]。

（二）军备控制履约评估

以下是相关军备控制履约评估文件。

反人员

（1）2008年12月22日对《反人员联合非致命性效果初始能力文件》的军备控制履约评估。

（2）2006年3月20日对《反人员非致命性能力》的军备控制履约评估。

反装备

---

a Non-Lethal Weapons（NLW）Reference Book[R], Joint Non-Lethal Weapons Directorate, 2011

2009年2月17日对《反装备联合非致命性效果初始能力文件》的军备控制履约评估。

44毫米榴弹

2004年4月1日对开发一种含恶臭剂和辣椒油脂的44毫米榴弹的军备控制履约评估。

语音传播装置

2004年12月9日对远程语音定向传播装置的军备控制履约评估。

主动拒止系统

（1）2009年5月9日对《主动拒止系统草案能力发展文件》第一号增件的军备控制履约评估。

（2）2007年7月12日对主动拒止系统的军备控制履约评估。

（3）2004年3月28日对主动拒止系统的履约评估。

空爆型非致命性弹药

2007年3月16日对XM1112型40毫米低速空爆型非致命性弹药的军备控制履约评估。

反泅渡音波枪

2006年6月7日对非致命性反泅渡音波枪的军备控制履约评估。

区域拒止弹药家族

2007年6月14日对《区域拒止弹药家族中手动填装式非致命性弹药能力发展文件》的军备控制履约评估。

闪光弹

（1）2008年8月12日对2008年6月增加的改进型闪光弹项目第三号增件的初步军备控制履约评估。

（2）2008年5月20日对特种作战闪光弹项目第二号增件的军备控制履约评估。

（3）2007年1月10日对改进型闪光弹的军备控制履约评估。

反人员电击锁肌失能装备

（1）2010年12月7日对增效型反人员电击锁肌失能装备的军备控制履约评估。

（2）2008年1月20日对海军作战部长第3352.T号指令（《海军部泰瑟枪政策和流程》）的军备控制履约评估。

（3）2007年6月14日对M26和X26泰瑟枪的军备控制履约评估。

联合非致命性警告弹药

2008年8月12日对联合非致命性警告弹药中的12号榴弹和40毫米榴弹的军备控制履约评估。

光学干扰器

（1）2008年1月30日对B.E.梅尔斯公司制造的“闪耀”型迷你绿色激光装置（模型号532P-M）的军备控制履约评估。

（2）2007年7月12日对炫目激光器紧急需求的军备控制履约评估。

（3）2006年1月10日对GBD-III 特制炫目激光器的军备控制履约评估。

现有的严格法律、国防部长颁布的指南和交战规则对某些光学干扰器的使用进行了限定。例如，美国批准的《特定常规武器公约》第四号议定书，其要求签署国采取所有可行的预防措施来避免出现造成从弱视到永久性致盲的事故。

任务载荷模块

（1）2008年11月21日对《任务载荷模块螺旋发展图1：任务载荷模块——非致命性武器系统能力发展文件》版本5.0里程碑B的军备控制履约评估。

（2）2008年11月21日对任务载荷模块——非致命性武器系统中热压载荷的军备控制履约评估。

（3）2006年6月15日对《任务载荷模块螺旋发展图1：任务载荷模块——非致命性武器系统》的军备控制履约评估。

MK19非致命性弹药

2007年4月2日对MK19大容量速射多载荷非致命性弹药的军备控制履约评估。

配备遥控布设装置的单网型（轻型车辆捕获装置）

2009年7月24日对《配备遥控布设装置能力的单网型（轻型车辆捕获装置）生产文件》的军备控制履约评估。

车载非致命性/管式弹药发射系统

2006年2月2日对非致命性管式弹药发射系统的军备控制履约评估[a]。

a Non-Lethal Weapons（NLW）Reference Book[R], Joint Non-Lethal Weapons Directorate, 2011

（三）其他政策参考

条约

（1）1907年10月18日签订的海牙第四公约《陆战法规和惯例公约及其附件：陆战法规和惯例规定》。

（2）1925年6月17日在日内瓦签订的《禁止在战争中使用窒息性、毒性或者其他有害气体以及细菌作战方法的议定书》。

（3）1949年8月12日签订的日内瓦第一公约《改善陆上伤病军人境遇的公约》。

（4）1949年8月12日签订的日内瓦第二公约《改善海上伤病军人和遭海难军人境遇的公约》。

（5）1949年8月12日签订的日内瓦第三公约《战俘待遇公约》。

（6）1949年8月12日签订的日内瓦第四公约《关于战时保护平民的公约》。

（7）1972年4月10日签订的《禁止细菌（生物）及毒素武器的研发、生产和储存以及其销毁这类武器的公约》。

（8）1976年12月10日签订的《禁止为军事或任何其他敌对目的使用改变环境技术的公约》。

（9）1977年6月8日签订的针对1949年8月12日签订的多项日内瓦条约的附加议定书（第一议定书），其中包括保护国际武装冲突受害者的内容。[美国不是此协定的签署方。其中许多条款如同习惯性国际法适用于美军，但是美国强烈反对其中某些条款。美国大多数盟友批准了此议定书。]

（10）1977年6月8日签订的针对1949年8月12日签订的多项日内瓦条约的附加议定书（第二协定书），其中包括保护非国际武装冲突受害者的内容。[美国不是此议定书的签署方，但是美国尊重其中大多数条款，如同习惯性国际法。此议定书曾呈送至参议院供其提出建议和进行批复，但参议院搁置了此项议定书。]

（11）1980年10月10日在日内瓦签订的《禁止或限制使用可能被认为杀伤性过大或者具有无差别攻击效果的特定常规武器公约》（以下简称《特定常规武器公约》）。

（12）1980年10月10日在日内瓦签订的《特定常规武器公约》所附《关于不可探测性弹片的议定书（第一议定书）》。

（13）1980年10月10日在日内瓦签订的《特定常规武器公约》所附《关于禁止或限制使用地雷（水雷）、饵雷和其他装置的议定书（第二议定书）》。

（14）1980年10月10日在日内瓦签订的《特定常规武器公约》所附《关于禁止或限制使用燃烧性武器的议定书（第三议定书）》。

（15）1993年1月13日在巴黎签订的《禁止开发、生产、储存和使用化学武器及销毁此种化学武器的公约》。

（16）1995年10月13日签订的《特定常规武器公约》所附《关于致盲激光武器的议定书（作为补充1980年所签订公约的第四议定书）》。

（17）《特定常规武器公约》所附《关于禁止或限制使用地雷（水雷）、饵雷和其他装置的议定书》（在1996年5月3日对第二议定书的修订，“修订版地雷议定书”）。

（18）1997年9月18日签订的《禁止使用、储存、生产和转让杀伤人员地雷及销毁此种地雷的渥太华公约》（美国不是此公约的签约方，但是美国大部分盟国已经批准此公约）。

（19）1998年7月17日通过的《国际刑事法院罗马规约》（美国不是此规约的签约方，但是2002年7月1日开始应用生效）。

（20）2003年11月28日签订的《特定常规武器公约》所附《关于战争遗留爆炸物的议定书（第五议定书）》。

美国国内法

（1）2004年版《美国法典》第18卷第175条《1989年生物武器反恐怖主义法案》。

（2）2004年版《美国法典》第18卷第229条《1998年化学武器公约补充法案》第一部分第二节第201（a）条。

（3）1995年版《美国公法》编号NO.104−406，§219，《美国法令全书》编号110 Stat. 186, 223−224,《1996财年国防法案》。

政策和条例

（1）2001年1月9日颁发的国防部第2060.1号指示《实施和履行军备控制协议》，有效时间到2003年11月24日。

（2）2003年5月12日颁发的国防部第5000.01号指示《国防采购系统》，有效时间到2007年11月20日。

（3）国防部第2311.01E号指示《国防部作战计划法》，其经过了一次修改，有效时间到2011年2月22日。

（4）2002年3月25日颁发的国防部第3216.02号指示《在国防部支持的研究中保护人员对象并坚持道德标准》，有效时间到2007年4月24日。

（5）2011年4月1日颁发的国防部第5210.56号指示《国防部人员参加执法和安全行动时对武器的携带和对致命武力的使用》。

（6）2009年8月19日颁发的国防部第6055.11号指令《保护人员免遭电磁辐射》。

（7）2006年11月22日颁发的第3110.07C号参谋长联席会议指令《关于化学、生物、放射性和核威胁的防护指南以及对骚乱控制剂和除草剂的使用》，有效时间到2008年11月21日。

（8）2005年6月13日颁发的第3121.01B号参谋长联席会议指令《美军现行交战规则和武力使用规则》，有效时间到2008年6月18日。

（9）2010年4月30日颁发的第5810.1D号参谋长联席会议指令《国防部作战计划法的实施》。

（10）《联邦条例全书》第45卷第46部分卫生和保健部条例《保护人员对象》，2009年1月15日经过修订，2009年7月14日生效[a]。

三、非致命性武器的作战效能评估

美军《非致命性武器科学技术评估》调查结果发现：美军对非致命性武器在各个方面的作战效能了解还不够，这一弊端如不加以重视，将阻碍非致命性武器系统的发展和能力提高。

除了对非致命性武器对人员和装备的效能方面缺乏了解外，下面几个方面也表现不足：量化非致命性武器的军事作战优势和能力；了解美国非致命性武器系统的缺陷，以及敌军对使用非致命性武器的应对措施；发展作战概念。另外，士兵必须了解不同非致命性武器的作战效能，并且具备适应不同情况的能力。非致命性武器的效应和作战效能是获得广泛认可和提高作战能力的最重要的因素，然而目前这方面在非致命性武器计划中是最薄弱的环节。

如果对非致命性武器的作战效能了解不够的话，对该类武器的系统概念和评

a Non-Lethal Weapons（NLW）Reference Book[R], Joint Non-Lethal Weapons Directorate, 2011

估显然也不会很成熟，所以同样缺乏完整的系统概念，包括发射车辆、传感器和战争威胁评估。后勤和维修与现有的能力也会存在不兼容性，从实际作战应用中获得的经验教训并不能促进未来的发展[a]。

非致命性武器的攻击效果在某些情况下实施作战评估十分不易，尤其在复杂的形式下，实施作战评估难度更高。“沙漠风暴”行动期间，高穿透力、精确制导炸弹可以高准确度命中目标，问题是，预期的目标都出现在严密防护的地下碉堡或高楼屋顶下数层楼的深处。目标的位置难以用传统空中摄影技术评估。因此，美军特种部队退役上校约翰·亚历山大提出，要建立特殊的能在层层隐蔽的目标区内精确验证破坏程度的方法。一是在精密制导武器上加装小型传感器，以独立测定目标的损坏程度；二是可使用一种分节式装置，当弹头击中目标前，自动与母弹分离，并测量引爆瞬间前后的情形，探测报告则以无线电传送到空中待命机，或通过卫星传送到作战评估室。[b]

美军曾分析过传感器的作用。传感器主要作用在于在进行非致命性作战中使用，而不是在于它可以用作非致命性武器。传感器系统在非致命性武器的使用中起到非常重要的作用。它们可以用于报警、定位和跟踪具有潜在威胁的敌人，也可用于检测和识别敌对方，帮助非致命性武器进行调整以达到预期的效果。传感器包含在指挥和控制系统中，使得非致命性武器能够精确击中敌方目标。

尽管致命性和非致命性武器都依赖于传感器进行提示、寻找目标、指导、引爆和／或效能评估，但非致命性武器可能在许多方面受益更多。许多非致命性武器的有效射程有限，是因为它们只有在目标附近投放或触发才能有效，或是因为某些非致命性战剂的安全有效浓度范围很狭窄。安放在目标附近的传感器可用于提供实时的非致命性武器使用效果的评估，而通过目测是无法确定武器是否达到预期的和必需的效果。

在用步枪发射钝弹时可用测距仪来得到实时的反馈。使用测距仪的输出装置来调整推进剂和气压，钝弹可不必考虑目标的远近以同样的动量发射。现在已有

a Committee for an Assessment of Non-Lethal Weapons Science and Technology, Naval Studies Board Division on Engineering and Physical Sciences（防化研究院信息研究中心编译），非致命性武器科学技术评估[R]. 北京：国防工业出版社，2006，P89-90

b [美]约翰·亚历山大（董铭译）：未来战争——21世纪战争中的非致命武器[M]. 北京：知识产权出版社，2004，P25

许多比步枪发射的非致命性武器更为贵重的装置，这些装置可以大大减少意外伤害和致死的数量。同样，目标是移动的、小的和可随意使用的，那么被动和主动式传感器可通过在目标上附加一个合适的标志来追踪个体、团体或是车辆（陆上、海上或是水下）。

可以设想几种的情景用以说明传感器与非致命性武器结合使用的好处。

（1）一般可疑的船只总是在停泊在外国港口的美国海军舰船的附近出现，并且穿过外层保护区，这就需要引起注意。在舰船警告区外巡逻的小型无人机由操纵员迅速操纵，掠过船只。机载的带有长焦镜头的光电成像仪可以获得有关船只尾部和驾驶舱内部详细情况的图像。无人机上的红色激光劝阻光束开启，用红色警告灯照射入侵船只的驾驶舱进行警告。使船只驾驶员变化航程远离我们的舰船。

（2）为了控制非常混乱的人群，需要使用镇静剂，而且镇静剂必须达到特定的浓度范围。为了确保剂量合适，可以发射一个小型的无人机，可投下一个带有化学物质分析电子芯片的远距离传感器来获得化学分析的反馈用以调整目标区内镇静剂的施放量。

（3）在进行人道主义救援过程中需要向异常拥挤的人群分发食物。车载主动拒止系统装置可用于控制食物分发车辆附近的拥挤人群。为了确保该区域内没有任何人受到过度照射，用一个预置的小型微波传感器从不同的点连续进行监测，给车载主动拒止系统操作员提供实时的区域内光速强度的测量数据。

美军在传感器方面已经进行了大量的研究，特别是那些基于电磁光的传感器。许多工作是由国防部发起的，用于非致命性武器。特别是那些可以远距离使用的声、热、成像、微波、爆炸和化学检测传感器受到格外的重视。用小型的、低空飞行的遥控车辆或是机器人水面舰船发射低价、一次性的传感器有利于使用各种非致命性武器来完成任务。传感器几乎所有的使用特性（白天／晚上、全天候、抗干扰等）都有助于使用致命性武器的部队转入非使用致使性武器，由于有实时融合和反馈的严格要求，使得在需要非致命性武器转为致命性武器时变得易如反掌[a]。

a Committee for an Assessment of Non-Lethal Weapons Science and Technology, Naval Studies Board Division on Engineering and Physical Sciences（防化研究院信息研究中心编译），非致命性武器科学技术评估[R]. 北京：国防工业出版社，2006，P33-37

在地面作战中，非致命性武器对人员的损失效果还容易从地面部队的报告中获得。然而，对于物质的损伤效果，则难以获取。其评估标准不在于目标外表是否已遭摧毁，而是目标的功能是否已经丧失，其中最值得关注的问题包括：敌国供电情形如何？油料补给状况如何？能载运部队或物资的卡车还剩多少辆？通信装备是否已摧毁，或只是采用静默模式？还须多少时间才能瘫痪敌人反击的能力？

美军有人提出，对于上述问题，使用现有传感器与各种平台的传统作战方式显然是远远不够的。既然已经研制出新型非致命性武器，必须同步设计可提供任务成果的检测装备和可靠的作战评估。这种解决方案将花费很大，需发展极为先进的技术，包括微型机器人、高频安全通信装备、供电系统与精密器材等。然而，不论是否有非致命性武器，都必须生产这类先进传感装备[a]。

《非致命性武器科学技术评估》还提出，有很多的方法可以评估一种新型武器系统的作战效能。除了考虑武器、平台和传感器等技术方面的能力外，开发商还必须全面地考虑系统的发展。下表包含了关于非致命性武器系统的一系列问题。解决这些问题将会对整个系统的作战效能进行彻底的了解和分析。

在系统发展初期，希望开发商来解决每一个问题是不实际的。但是，开发商应该根据这些问题制订一个解决方案。很多问题都是通过试验和训练、全面考虑后勤和维修问题、评估缺陷和对策等因素来解决的。

非致命性武器作战效应问题

系统概念	是否了解武器的科学原理？
	是否了解系统需要的所有技术？这些技术包括：关于情报搜集、跟踪和战争威胁评估的传感器技术；对策技术；发射系统（无人驾驶飞机、导弹、手榴弹等）；电力资源；控制设备；通信设备；交通工具
	是否需要将现有的这些技术整合和集成？如果需要，存在的关键问题是什么
	是否需要对这些技术进行改进；如果需要，需要多长时间可以完成技术改进工作？成本是多少？根据计划的成本和时间规定，技术改进的结果是否达到要求
	将讨论的技术应用于武器上之前需要讨论哪些关键因素？如果将武器变得更加小型化、更加有效、易操作，更安全，需要哪些因素

a [美]约翰·亚历山大（董铭译）：未来战争——21世纪战争中的非致命武器[M]. 北京：知识产权出版社，2004，P25

续表

系统概念	将新技术与其他技术结合使用时是否能够获得益处
	对于未来研究、发展、测试和使用是否有政策上的限制？如何处理这些限制
	如何减缓由于成本增长和时间拖延带来的风险
效应	如果系统是一种攻击人员的武器，那么是否需要了解这种武器如何影响人的身体
	是否需要了解这种武器对人类造成影响的原因
	关于武器对人类的影响目前掌握哪些科学数据？掌握的程度如何？关于武器对人类的影响还需要投入哪些研究
	需要进行哪方面的测试以保证数据的可靠性？哪些机构能够负责对这些数据的研究和操作测试工作？这些机构是否具有这方面的专长？他们需要特殊的设备吗
	对人员进行测试是否有限制？如果有，这些限制是否阻碍了解武器对人的影响
	计算机模拟能否促进武器对人类影响的研究？目前的模拟技术是否适合分析任务？是否需要新的模拟技术？如果需要，那么发展这种新模拟技术需要多长时间，需要多少资金来支持该技术
	是否需要了解武器如何影响不同的装备和设备
	是否了解该系统所造成间接的影响？是否需要发展新技术或者对最终使用者进行训练来减少这种间接影响造成的危害
其他问题	对在目前能力的基础上发展非致命性武器能力的问题是否存在一个明确的解释和理由
	通过采购过程，确定哪些机构最适合获得该系统
	在系统能力方面是否存在严格的要求
	是否具备一种可以提供给非专业决策人员的作战概念
	在运输、维修、爆炸安全和后勤方面系统是否存在特殊问题
	系统是否存在危害操作人员的有毒或危险物质？如果有，将如何减少这种危害
	武器操作者能否证实非致命性武器系统可以在野外条件下作业？考虑的重要因素包括：时间、距离、天气、夜间或白天。致命性威胁可能会影响在野外条件下评估作战效能的要求
	是否需要通过特殊的训练要求来进一步了解作战效应

a Committee for an Assessment of Non-Lethal Weapons Science and Technology, Naval Studies Board Division on Engineering and Physical Sciences（防化研究院信息研究中心编译），非致命性武器科学技术评估[R]. 北京：国防工业出版社，2006，P89–90

第四章

非致命性武器的运用领域

联合非致命性武器局的研究表明，非致命性武器可以在各种冲突中发挥作用——从大型战场（MTW）到小规模突发事件（SSCs），再到和平时期行动、国土防御等。这些论断很早的时候也在2001财年的国防计划中提及。实际上，装备非致命性武器和能力的军队比只有致命武器的军队更具有有效地获得战斗和支持目标的潜力。如今，各种任务都在考虑利用非致命性武器的能力，如常规作战、人道主义救助、维和、执法、城区军事行动（MOUT）、休战监控、反恐、毒品阻隔、灾难响应和部队防护、抑制敌对、本土防御等。美军历史上一直把非致命性武器的能力看成非战争军事行动（MOOTW）的能力一部分，尤其是在和平支援行动中。随着各种作战行动的检验，包括传统战斗行动和多种战争以外军事行动的检验，证明非致命性武器十分有用。美军认为，目前从战略层面到战术层面，对非致命性武器使用的研究和理解都必须与未来军事和部门之间的观念和行动统一起来[a]。

2004年，外交关系委员会独立特别小组在自1995年来的第三份关于非致命性武器的报告中表示：将已有的和其他更为宽泛形式的非致命性能力纳入美军的装备、训练和条令能够极大地增加美国实现其现代全谱战争目的的能力。其认为，许多过去遇到的困难，在配备恰当的装备和训练对非致命性武器的使用后，可以最小化或者甚至避免[b]。

美国众议院军事委员会在《2011财年国防授权法案》中也表示："本委员会重申认为，非致命性武器能够而且应该在满足美国军事战略需求方面发挥日益重要的作用。[c]"

以下列举部分非致命性武器的运用领域。

---

a Committee for an Assessment of Non–Lethal Weapons Science and Technology, Naval Studies Board Division on Engineering and Physical Sciences（防化研究院信息研究中心编译），非致命性武器科学技术评估[R]. 北京：国防工业出版社，2006，P15

b Graham T. Allison, Paul X. Kelley, Richard L. Garwin:Nonlethal Weapons and Capabilities[R].Report of an Independent Task Force Sponsored by the Council on Foreign Relations, 2004

c National Defense Authorization Act for Fiscal Year 2011

| 第一节 | 大规模军事行动

一、海洋打击概念下的常规作战

美军《非致命性武器技术评估》保重中提到了21世纪初，海军作战司令部战略研究组确认，即在通过填补基于效果的瞄准的武器频谱来充分实现“海上打击”概念，非致命性武器将起到独特作用。虽然美国海军作战概念更新换代，现在主要作战概念是空海一体战、海基能力等，但仍能反映出非致命性武器在常规作战中占有一席之地

（一）海洋打击概念

前海军作战部长（CNO）杰伊 L. 约翰逊（Jay L. Johnson）海军上将在一篇题为《任何时候、任何地点：21世纪的海军》的文章中，表达了这样的海军前景：“能够塑造战略环境，能在未来危机和冲突中从海洋施加决定性影响；能够战胜海洋或空中的任何敌对势力；能设计和维持足够的海岸力量——运输机、炮火、导弹和战士——来遏制冲突、拦截入侵者或为大部队铺平道路。”Jay L. Johnson的观点可用一句简洁的话来概括：美国海军的目的就是无论何时何地都将直接并决定性地从海上来影响海岸发生的事件。Jay L. Johnson清晰地预测了海军部队的未来作战环境，在持续、联合的军事作战中，海军将占据作战空间并迅速击败敌人。

1998年10月，第十八战略研究组（Strategic Studies Group, SSG XVIII）考察了未来的对手和海军探测、识别和迅速瞄准各类陆地目标的未来能力。第十八战略研究组发展了一种名为“海洋打击——从海洋打击陆地目标”的革命性作战理念。此理念将来自海军飞机和导弹的高能打击能力、机动部队的炮火、极高射速炮火以及完全网络化了的传感器结合起来，旨在直接向海岸进军或打击、摧毁或击败敌人。此概念的关键在于指挥官可获得全谱作战效能，而全谱效果源自基于

效能的武器研制。正如SSG xVIII所描述的：

（1）全谱效能，是指在遵循相关规则的前提下允许指挥官完成任何任务。指挥官不会面临“不作为”或采取的行动将会导致不可接受的间接伤亡这样的两难选择。指挥官必须拥有各种工具和方法，使其能够根据作战环境选择适当的工具和方法，从而激活全谱效果。

（2）基于效能的武器研制，就是把经济而精确的武器与获得预定效果快速匹配的过程。制定的未来联合弹药效能自动化手册强调的是：协调武器和非武器（如指挥和控制战争）的效果；补充致命和非致命军火；整合登陆部队、盟军和支援性联合武器以及指挥官的损害规避向导。这种更为自由的武器研制方法允许指挥官把各类军事和非军事能力合并成整体能力[a]。

（二）战争中主要战区上的海上打击

在进攻性战役的5个阶段（①集结；②阻止进攻；③开辟战场；④支援机动部队登陆；⑤转到战后阶段中非致命性武器都提供对抗人员、物质和功能节点。特别是能使指挥官完成如下任务：

（1）控制人群，使人员和／或群体失能；

（2）禁止人员、车辆、船只和飞机进入某区域；

（3）使设施、车辆、船只、飞机或装备失能或失效；

（4）禁止或终止大规模杀伤性武器的使用。

假如具备了海洋打击陆地袭击概念的固有能力，作战用的非致命性武器就能通过如下方式增强致命武器的效力：即使指挥官抢占先机，在不对道路或桥梁造成永久伤害的前提下使敌军装备丧失机动性，把移动目标变成固定目标。非致命性武器也能建立拒止区域和限制对手的海上活动区域和空中活动区域。非致命手段能阻止敌人使用装备和设施。例如，非致命定向能武器能扰乱敌人的防空和早期报警探测传感器，能使敌人的雷区失效。非致命有效负荷能使化生武器失效，破坏或使支柱性基础设施（例如指挥控制、通信和导航系统）失能。

a Committee for an Assessment of Non-Lethal Weapons Science and Technology, Naval Studies Board Division on Engineering and Physical Sciences（防化研究院信息研究中心编译），非致命性武器科学技术评估[R]. 北京：国防工业出版社，2006，P2，17-19

此外，在海洋打击概念下，在为攻击城市目标做战备时，指挥官必须依据间接损害和非战斗人员交战规则评估打击目标的价值。打击城区目标需要使用各种武器和方法。城市作战所面临的一个普遍存在的困难在于非作战人员与军事目标偶然或有意地混在一起。作战性非致命性武器通过使指挥官履行上述功能来使形势简单化。SSG xVIII总结：分配足够的资源来发展非致命性武器可以确保未来的指挥官能够在各种冲突中针对特定目标达到最佳作战效能[a]。

二、地面部队城区军事行动

（一）海军陆战队（地面部队）的城区军事行动

美军《非致命性武器科学技术评估》报告指出，在城区进行军事行动的一个重要问题是在与民兵对抗时还要尽量减少在场的非战斗平民的伤亡。近年来，军队在城区进行军事行动的能力受到多次实际检验。俄军在格罗兹尼和车臣的经历表明：在城区复杂环境下与装备简陋的队伍作战非常困难。与之类似。1968年春节遭到越共和北越军队（NVA）的攻击后，美国海军陆战队受命收复越南顺化古城的大本营。在那次战役中，由于该地区的文化价值的影响，交战在严格限制下进行。在10天的战斗中，该海军陆战队作战营只占领了3个城市街区，却付出了半数以上伤亡的代价。最后还是因为使用了非致命性武器才扭转了相持不下的战局。施用了大量催泪弹后，海军陆战队得以几乎在无反抗的情况下顺利通过其余的城区。美军在伊拉克战争之前的一段时间，在城区与敌军交战的战役有：索马里的摩加迪沙、海地的太子港和科索沃的普里士蒂纳。

城区军事行动过去（而且未来仍可能）因附加在可能使用的武器系统上的限制而复杂化。清除设施时不能破坏建筑物，免得还得重建。夺取和控制重要基础设施时不能破坏通信和市政设施（如水、电等）。此外，把城市夷为废墟也许会帮了敌人的忙，因为这样为敌人提供了许多可以用来进攻的掩体。在城区军事行动问题上，海军意识到他们面临许多难题，例如：a在不伤害无辜居民的前提下

---

a Committee for an Assessment of Non-Lethal Weapons Science and Technology, Naval Studies Board Division on Engineering and Physical Sciences（防化研究院信息研究中心编译），非致命性武器科学技术评估[R]. 北京：国防工业出版社，2006，P2，17-19

防备隐藏在建筑物内的民兵和叛乱分子的袭击；b在尽量减少平民伤亡的前提下清理敌方武装力量的建筑物；c在以下情况下控制人群：必须把被用作盾牌的平民与民兵区分开来、阻止或劝阻（尤其在人道主义救援行动中）人们闹事、智取或遣散和平示威者等[a]。

目前美国海军陆战队已具备了在军事行动中运用非致命性武器的能力。海军陆战队员在1996年通过正式任务需求声明（MNS）程序表达了需求，以便保障战争以外的军事行动。结果，他们部署了非致命性武器的基本能力，包括单兵使用的，战术水平的反人员和反物质的核心能力。这些能力的宗旨是：控制、晕眩、失能或阻碍人员或人群的行动；使装备失能而无需损坏它们；增强海军陆战队员单兵野战防护装备的效力。

美国海军陆战队修正了对以前非致命性武器能力，主要适用于非战争军事行动的观点。实际上，海军陆战队计划把非致命性武器作为城区军事行动（MOUT）的基本能力。城区军事行动是涉及全谱冲突的联合战斗，经常在复杂环境下进行，敌方意图往往模糊不清，作战与非作战人员混在一起。这种情况下需要保护非作战人员和物质，同时保护许多建筑物。为处理此种复杂情况. 指挥官需要包括非致命性武器在内的多种选择。

海军陆战队在拟定两个作战需求文件（ORDs）方面起领导作用——一是清理设施，二是使人员失能。同时，通过两个概念探索项目（CEPs），海军陆战队可以确定哪些非致命性武器技术在近距离有效，哪些在远距离有效。第一个概念探索项目CEP的重点在于增强远程侦察和传感能力，通过迫使居留者离开来清理房间，并提供禁入已清理区域的手段。第二个概念探索项目CEP是调查诸如动力能、定向能等通过暂时失能、分心或迷失方向来控制人或人群的传感过载系统的非致命性武器能力[b]。

自1998年以来，海军陆战队作战实验室已经使用非致命性武器及其代用系统

a Committee for an Assessment of Non-Lethal Weapons Science and Technology, Naval Studies Board Division on Engineering and Physical Sciences（防化研究院信息研究中心编译），非致命性武器科学技术评估[R]. 北京：国防工业出版社，2006，P58

b Committee for an Assessment of Non-Lethal Weapons Science and Technology, Naval Studies Board Division on Engineering and Physical Sciences（防化研究院信息研究中心编译），非致命性武器科学技术评估[R]. 北京：国防工业出版社，2006，P19-20

进行了一系列试验，以改进海军陆战队应对城区军事行动的境况，并着重评估了非致命性武器可能提供的更多能力。

（二）伊拉克战场城区作战预测

外交关系委员会独立特别小组报告曾提出了一种在伊拉克战场的大规模作战阶段发生城区作战的预测。

1. 预测

当联军攻入巴格达，萨达姆命令共和国卫队分散部署进入住宅区或者政府办公建筑物，确保同一栋房屋里的诸多平民被迫成为人盾。美军和英军训练过城区军事行动，其非常自信能够获得胜利，即便预计他们将在作战过程中遭受30%的伤亡。

共和国卫队每个街区每栋建筑物都持有人质，联军无法只用GPS——制导炸弹——联合定向攻击弹药——来攻占藏有作战人员的建筑物而不伤害平民人质。

美军首次实施逐个街区清扫行动来攻占地区和建筑物，他们能够积极地：

（1）监控周边街区来确保街道上无人或者有多少人，他们是否可能持有武器。

（2）如果武装人员冒险出来，则进行攻击。

（3）如果平民离开，作战人员对仍留有的地点进行摧毁

“捕食者”无人机帮助实施监控。然而，主要仍是使用装配在远处高矮墙上的具有无线信号通道的远程微型摄像机。断水断粮进行围困将最终清除障碍物中武装人员的反抗——同时，人质将变得极其消瘦。

击毙或者使持有人质的武装人员失能，虽然在执法行为中不是新鲜事，但对于军队来说是新的需求。装有远程中继镜像的激光脉冲能弹药能满足此需求。某些情况下，使用远程攻击的激光装置，通过激光指示器瞄准目标。因此，共和国卫队被困在建筑物中，直到其投降。行动持续了六周，因为某些建筑物有粮食和水的储备。其取决于先前对致命和非致命的观察和反应的综合系统进行大投资。

2. 真实事件

伊拉克军队没有照此战法，虽然其对联军进行持续破坏和致命性攻击，让经济无法恢复，是一个严重和不断增长的问题，但性质不同。

3. 解释说明

按此脚本，有明确需要使得建筑物暂时无法住人，因而减少大范围的围困的

需要。关闭建筑物内部的门看起来使得次声武器作为驱使建筑物内人员撤离的工具失效。精心喷洒的辣椒油脂和催泪瓦斯（例如oleoresin capsicum [OC]和CS−2）在被用作战争手段时为化学武器公约所禁止。臭气弹虽然在正常理论上是无毒的，但也可能会被列入骚乱控制剂内，其使用也是被化学武器公约禁止的。然而，美国警察已经开始使用臭气材料（（gelled essence of skunk）来防止匪徒占领空建筑物；其也可能会被接受用于战区作战，即便其使用阻止了武装人员进入，也阻止了平民。致盲激光武器为常规武器公约第四补充协定所禁止。对激光武器的禁止不如其通常解释的那么严格，因为第四补充协定指出：

“第一条：禁止使用特别设计的激光武器，来导致对裸眼或者戴有视力矫正设备的眼睛从弱视到永久性致盲的眼部创伤作为单独的作战功能，或者用作其中一项作战功能。条约签署国不能将这些武器扩散到任何国家或者非国家实体。”

发展中的脉冲能量弹使用化学激光技术来制造巨大闪光、声响和震波来暂时的扰乱人群，使其失能。许多障碍需要加以克服来让其形成有用和实战型的武器，包括转向固态激光技术[a]……

三、空袭作战

1999年科索沃战争中，韦斯利·克拉克将军组织了针对科索沃地区塞尔维亚军目标的基本成功的空袭行动，以减少美军地面部队和非战斗人员的死亡风险，以及减少不必要的附带损伤。然而，死亡人数仍然数以千计，部分原因是因为缺乏非致命性武器库。美军认为，就此战而言，存在大量例子表明如果在谨慎规划之后使用非致命性武器，可以导致不同的局面。此外，俄军上校符拉基米尔·莫伊赛夫（Vladimir Moiseev）和符拉基米尔·奥列安斯基（Vladimir Orlianskii）建议在传统冲突中更多地应用非致命性武器。美军少校汤姆斯·库林（Timothy Cullen）提倡更明确地在常规战争中使用非致命性武器作为空袭行动或者对地支援行动中的可用工具。

a Graham T. Allison, Paul X. Kelley, Richard L. Garwin:Nonlethal Weapons and Capabilities[R]. Report of an Independent Task Force Sponsored by the Council on Foreign Relations, 2004

（一）使重要节点失能

在“沙漠风暴”行动中，美军所使用的其中一种非致命性“智能武器”是可配用于战斧巡航导弹的特种弹头，在发电站目标上空爆炸后，散发出数千计的碳纤维。在碳纤维飘落并固定后，将导致发电站短路。如同这种武器，北约在科索沃战争中本可以使用非致命性武器打击敌对电视台和电台发射塔，可使用电磁脉冲瘫痪防空系统和其他军事电子系统，还可以散发攻击性气体的臭气弹可以用来瘫痪指挥控制设施[a]。

（二）清除交通枢纽的人盾

南联盟在科索沃战争中在试图威慑联军空袭，有人盾站立在诺威萨市在跨越多瑙河最后的大桥上。这种战术在贝尔格莱德也得到了应用。虽然北约认为，联军有合法权力攻击大桥（假设预计对平民的伤害不会超过对摧毁大桥的军事需要），但这样做的政治后果是极为不利的。未来，几种现有的和新兴的非致命新高技术可以用来在发射其他弹药前清除大桥上的人。这些其他弹药可能包括能够临时阻止对大桥使用，但允许未来和平使用的非致命性弹药[b]。

（三）抑制敌军机动和切断补给线

美军认为，定向动能系统可用于抑制敌军机动。联合部队司令部曾使用仿真来评估非致命性系统扰乱断敌军补给线。仿真表明，其可以很大程度上阻滞补给线，而不造成传统空袭产生的附带损害和伤亡。在联合部队司令部的试验中，友军仍能够使用这些补给线，因为对敌军的拒止完成后，并没有摧毁基础设施，这一点对作战来说非常重要[c]。

---

a Richard L. Scott: Nonlethal Weapons And the Common Operating Environment[J], Army, 2010（4）, P21–26

b E. R. Bedard, Nonlethal Capabilities:Realizing the Opportunities[J], DefenseHorizons, 2002（9）, P1–6

c E. R. Bedard, Nonlethal Capabilities:Realizing the Opportunities[J], DefenseHorizons, 2002（9）, P1–6

（四）精确打击

美军认为，定向能系统可以用作精确打击。在“沙漠风暴”行动中，伊拉克军队在伊拉克一个最重要的文化标志乌尔南姆庙塔附近部署了米格战机。他们还在医院屋顶上部署了高射炮。激光增加的精度可以摧毁这些目标而不带来附带损害。仿真试验展示了精确激光系统打击拥有人盾的车队的能力。这种定向能能够外科手术式的摧毁车辆和其他系统中的电子元件，同时减少伤害附近平民的风险[a]。

---

a E. R. Bedard, Nonlethal Capabilities:Realizing the Opportunities[J], DefenseHorizons, 2002（9），P1–6

第二节 低烈度冲突

一、海上拦截

美国海军施行海上拦截原因很多，如实施联合国制裁、执行美国条约等。由于美国海岸警卫队在执行自身的执法任务（尤其是毒品拦截和渔业执行）时经常借用海军资源，因此海军这一任务领域就更艰巨了。除了具有延迟、阻止或暂时失能外，船只拦截要求对各类大小不同、速度不一的船只具有探测能力。猛烈撞击行为风险性很高，而且不可取。通常需要登上被拦截的船只，并在狭小区域内制服抱有敌意的人员或全部船员。有了非致命性武器就降低了完成这些任务的难度[a]。

二、海上封锁

美国海军在执行封锁任务时可能遇到与海上拦截相同的需求：即禁止对手继续使用海域时，需要防止对船只进行再次供给或增援，防止对手的船只继续在港口停留。非致命性武器需要具有延迟和阻止包括大型深水船只在内的所有船只，并在使执行任务人员的风险降至最低的前提下逮捕船员，没收货物。

海上低烈度冲突中对非致命性武器的应用，反海盗是极为典型的一种案例。同时，陆地封锁的非致命性武器也已很成熟，区域拒止、哨卡行动等都是相关案例[b]。

a Committee for an Assessment of Non-Lethal Weapons Science and Technology, Naval Studies Board Division on Engineering and Physical Sciences（防化研究院信息研究中心编译），非致命性武器科学技术评估[R]. 北京：国防工业出版社，2006，P17-19

b Committee for an Assessment of Non-Lethal Weapons Science and Technology, Naval Studies Board Division on Engineering and Physical Sciences（防化研究院信息研究中心编译），非致命性武器科学技术评估[R]. 北京：国防工业出版社，2006，P19-20

三、特种作战

（一）维和作战行动的特种作战

和平支援任务中亦存在特种作战。美军参与维和行动正当性的辩论中，缉捕罪犯的问题最会引起各方的激辩与对立。这类任务需由美军对战犯所定居的敌国领土进行渗透，克服一大群支持群众与随身护卫的障碍活捉战犯，全体人员还得安全回国。1997年；这类突袭行动首次执行时，北约部队曾俘获战犯米兰·柯瓦契维克。此后，由英国与捷克组成的北约特遣队在波斯尼亚地区的几次突击行动中，总计查扣了超过2500件武器，另有弹药，手榴弹，炸药等。诸如上述行动，被很多人称为“广义维和任务”。它承认一个现实——“有时仍须使用武力作为传统维和行动与有限度战争两者间的桥梁。”

20世纪90年代，对于抓捕国际战犯，美国前国务卿奥尔布赖特与前国防部长科恩有过观点明显对立的争论。奥尔布赖特主张将绑架战犯的行动合法化，而科恩则认为，对于部队而言，必须冒着极大的生命与政治危险，因此主张美军不适合执行该项任务。因过度使用武力而造成嫌疑犯死亡或者误伤平民，这实际上比失败的抓捕行动更糟糕。

如果不考虑政治的层面，这类任务十分困难，但技术上可行。为使特种部队完成抓捕任务，且押送战犯安全归来，非致命性武器虽然无法成为攻坚利器，但却是宝贵的辅助装备。因为，特种部队执行的是逮捕令，而不是处决令。在抓捕战犯的行动中，可考虑使用“令战犯丧失行动能力的药物”，由于“目标人物”的体重与健康状况都可由情报得知，因此可正确调制出药物剂量，在不造成严重伤害的前提下，尽可能使战犯虚脱[a]。

（二）反大规模杀伤性武器

美国《2006年四年防务评估报告》指出，在应对大规模杀伤性武器威胁时，如果到了必须使用武力的地步，美国必须制止国家或非国家行为体获取或使用大规模杀伤性武器强调需要以下几种能力，其中第八条提到了非致命性武器。

a [美]约翰·亚历山大（董铭译）：未来战争——21世纪战争中的非致命武器[M]．北京：知识产权出版社，2004，P168–169

（1）定位、辨别和保护大规模杀伤性武器的特种部队。

（2）定位、“贴上标签”和跟踪大规模杀伤性武器，及其运输系统和相关材料的能力，包括转移这些器材装备的手段。

（3）探核裂变材料的能力，例如在远程探测核装置。

（4）封锁空中、海上和地面运输大规模杀伤性武器及其运输系统和相关材料的干预能力。

（5）持续监视广大领域来定位大规模杀伤性武器或敌军。

（6）更好地理解潜在敌人的目的和动机以及加快恢复工作的人工情报、语言技巧和文化感知能力。

（7）确保大规模杀伤性武器安全的能力和特殊小队。

（8）确保大规模杀伤性武器仓库安全的非致命性武器，防止器材被转移。

（9）专门应对大规模杀伤性武器消除任务的联合指挥和控制。

（10）在敌对环境部署、支援、保护和支持以及重新部署特种作战部队的能力。

（11）防护关键和脆弱系统及技术遭到灾难性的电磁脉冲打击的能力[a]。

a The Secretary of Defense: Quadrennial Defense Review Report[R], 2006, P46

| 第三节 | 非常规战争（Irregular warfare）

美军认为，非常规战争通常包括：

（1）叛乱/反叛乱；

（2）反恐；

（3）稳定、安全、过渡和重建行动；

（4）非传统战争；

（5）驻外内部防卫；

（6）民事性军事行动；

（7）军事情报和反情报活动；

（8）支持或支撑非常规战争的跨国犯罪活动：

■ 非法贩毒；

■ 非法贩卖军火；

■ 非法金融交易；

■ 着眼反非常规敌人的执法活动[a]。

在非常规作战中，作战环境与常规作战的作战环境极为相异。美军认为，非致命性武器与非常规战争之间的联系对于传统战争的学习者来说不易理解。在非常规战争中，军人必须了解，其目的、战略、战术和信息行动与传统战场极为相异。美军在近年持续时间最长的非常规作战是中东战场的反叛乱作战[b]。

一、反叛乱

美军联合出版物1-02把反叛乱定义为："政府为击败叛乱所采取的军事、准

a http://en.wikipedia.org/wiki/Irregular_warfare

b Richard L. Scott: Nonlethal Weapons And the Common Operating Environment[J], Army, 2010（4）, P21-26

军事、政治、经济、心理和民事行动。”[a]然而，大多数军事手册例如反叛乱都缺乏明确阐述对非致命性武器在非常规战争中作用的理解。

反叛乱的核心问题是保持所建立政府的合法政治权力。主权国政府如何控制合法性和支持将在下列原则和要点中体现：

原则：

（1）合法性是主要目标。

（2）协调统一各种行动很重要。

（3）政治因素很重要。

（4）情报驱动行动。

（5）必须将叛军与其目标和支持隔离。

（6）法律原则下的安全很重要。

（7）反叛乱要准备长期承诺。

要点包括：

（1）管理信息和预期。

（2）使用恰当水平的武力。

（3）学习和调整。

（4）授权最低层级。

（5）支持主权国。

还有一些矛盾统一的观点，这些更多是在行动中要避免的风险指南。下列观点代表的是关于反叛乱作战的流动性和不可预测性的许多经验教训中的一些：

（1）有时候，部队保护得越多，越不安全。

（2）有时候，武力使用得越多，越没效果。

（3）反叛乱越成功，所能用的武力越少，可接受的风险越大。

（4）有时候什么都不做是最好的反应。

（5）有时候最好的反叛乱武器不是开火。

（6）主权国做得勉强接受比我们做得优秀更好。

（7）本周奏效的战术，下周不一定奏效；如果在一省奏效，在另一省可能不奏效。

---

a Joint Publication 1-02:Department of Defense Dictionary of Military and Associated Terms

（8）战术成功不保证任何事。

（9）许多重要的决策不是由将军作出的[a]。

这意味着政府、支持方，绝不能以疏远广大希望安全的民众的方式行动。理解了反叛乱行动的原则对于在非常规战争中使用非致命性武器是核心。例如“使用恰当层面的武力”和“学习和调整”强调了在非传统战争总考虑非传统武器的重要性。

关于美军FM3-24反叛乱手册，其原则和要旨是多样的，当然非致命性武器可能是在每种态势下都适用。

其中“理解环境”的原则得到的支持是基于有纪律和成熟的决策展示降级冲突态势的能力，以及理解开展行动可能会导致更严重的不同后果或者不可逆转的损失。“法律框架下的安全”适用，当民众支持和认为政府合法，并且当政府面对暴力时适用非致命性武力保护了其道德地位和克制形象。“恰当级别的武力”原则不仅展示克制、谦逊，以及对法律和基本人权的伦理道德理解。……在诸多武力之外其他选项，包括外交、政治、经济、社会、基础设施服务和信息作战，非致命性武器提供了在警告和开火间另外一个替代选项。非致命性武器有机会可以适用多种非常规战争环境下的态势，同时又不违背或者诋毁任何反叛乱的原则和要旨[b]。

进行了反叛乱的理论研究和实践的法国军官大卫·卡卢拉（David Galula）在1964年的表述就支持反叛乱的条令，他写道：“在传统战争中士兵所做恰当的反应和决策，正常情况下文职人员的恰当的反应和决策，在反叛乱情况下不一定是正确的。在传统战争中遭到袭击的士兵如果不用所有能用的武器开火就是严重失职。在反叛乱战争中则完全相反，规则是采取最小的火力。[c]”

至于叛乱分子形成的原因，美军特种部队退役上校约翰·亚历山大，认为有两种动力会形成一个人的行为模式：文化与贫穷。全球有许多地方已经贫穷到失去生命而无关紧要的地步，如果能够“富贵险中求”而获得更好的生活，那么有

---

a Lt. General David Petraeus : FM 3-24 Counterinsurgency, Army , 2006.

b Richard L. Scott: Conflict Without Casualties: Nonlethal WeaponsIn Irregular Warfare[D], Monterey, California, Naval Postgraduate School, 2007

c Richard L. Scott: Conflict Without Casualties: Nonlethal WeaponsIn Irregular Warfare[D], Monterey, California, Naval Postgraduate School, 2007

人就会拿起武器，对抗拥有科技优势的强大军队。当然，他们不会采取硬碰硬的方式，而是选择非常规作战的方式，观察，等待，攻其不备。这些非常规战术对美军将造成很大的困难，所能够使用的防卫武力十分有限，因此在人口密集区附近打击恐怖主义分子，采用非致命性武器是必要的手段。

此外，文化价值观的冲突也是作战中的一个重要因素。在越战中的美国士兵通常“大方、友好”，其乐于信任与帮助小孩、老人及弱者,这种人类的天性被敌方视为弱点。因此美军士兵很容易成为越南儿童利用手榴弹攻击的受害者。这类事件几乎在美国参与的每一场战争中都不断重复出现。

对美军的攻击者形形色色，包括天真者、献身革命者、恐惧自身安危或害怕失去家人而被迫者等。他们幕后那些主谋就是这样利用无辜者的生命以达到自己的目的。在过去和现在的战争中，都曾出现过类似现象：残酷的敌人让平民通过雷区，以作为他们发动前哨攻击的人体盾牌。

另一个文化冲突的问题是“自发性殉国主义”的观念。在大多数发达国家中，优先考虑的是保护生命，舍己救人是高尚的品格，但蓄意自杀以达到目的，则是荒谬的行为。但在很多国家中，以自杀完成神圣使命不仅可以接受，而且被视为光荣行为。例如，第二次世界大战期间的日本“神风特攻队”。当今，尤其是部分激进组织信奉这一观念，自杀者成为烈士，可进入天堂。因此，恐怖集团可以轻而易举地组织自杀式攻击。如果美军击毙自杀攻击者，那就是在纵容殉国主义，这样正好落入对手长期的战略目标的圈套中。然而，非致命性武器却可将经过洗脑进行自杀行为的人数降至最低[a]。

当然，叛乱武装分子形成的原因远不止这些，而且约翰·亚历山大持有的是美军绝对正义的立场，并非是全部的客观事实。由于美军在占领地区实施的故意杀害或误伤误杀以及其他不为占领区人民所接受的活动，加上叛乱组织进行的战略传播等是造成叛乱武装分子形成的多种原因，无论如何美军必须面对反叛乱的现实。

美国前陆军副参谋长皮特·齐亚瑞利（Peter Chiarelli）少将在《野战炮兵》杂志中发表的一篇文章中写了类似的话：“我学到的另一件事情是我们擅长制造

a [美]约翰·亚历山大（董铭译）：未来战争——21世纪战争中的非致命武器[M]．北京：知识产权出版社，2004，P228–229

致命性效果，但是在反叛乱中，非致命性效果同样重要，在某些时候，比动能性杀伤效果更加重要。我们非常善于战斗和破坏，并训练其他人也这样做。但是非致命性效果对于赢得伊拉克战争至关重要。因此，如果我们真正认真对待与叛乱分子的作战，我们必须改变我们的文化，并承认非致命性的效果重要性，以及在某些时候具备的优越性。[a]”

第3-24野战手册《反叛乱》指出：“能够成功击败叛乱分子通常是那些能够克服其针对叛乱分子发动传统战争的习惯性倾向的军队。[b]”

在反叛乱作战中，陆军和海军陆战队官兵必须准备在战斗中面对人体盾牌以及所谓的混合目标，而攻击者则隐藏在人群或者停靠在清真寺、医院和学校边的车辆里。非致命性武器可用来瞄准这些攻击者，而无须导致不必要的人员和财产损失[c]。

美军认为，非致命性武器对于反叛乱作战中的稳定行动来说最为有效，但也可以用于进攻和防御行动。可用的范例可能包括，宪兵控制或者驱散群体、护送防护、转运嫌犯或者囚犯等行动。

二、稳定、安全、过渡和重建行动

美军认为，为了实现稳定行动、维和、强制和平以及人道主义行动的成功和保持其长期目标，伤亡必须控制在最小。重建基础设施以及重现安全和经济的可行性都是有效实施稳定行动的重要组成部分。若被赋予了强制落实法治责任的陆军和海军陆战队官兵装备的全是杀死或者摧毁他们本将保护的生命和财产的武器装备，这点是无法接受的。美军是恢复和平和稳定的行动目标不能靠摧毁和鲁莽的武力实现。陆军和海军陆战队因此必须装备完全不造成生命和财产损失的装备。非致命性武器提供部队使敌人失能或者驱逐敌人而不造成永久性恶果的能

a Richard L. Scott: Conflict Without Casualties: Nonlethal WeaponsIn Irregular Warfare[D], Monterey, California, Naval Postgraduate School, 2007

b Lt. General David Petraeus: FM 3-24 Counterinsurgency, Army, 2006.

c Richard L. Scott: Nonlethal Weapons And the Common Operating Environment[J], Army, 2010（4）, P21-26

力[a]。以下是几个重点案例。

（一）科索沃

1997年自联合非致命性项目成立后，其寻求满足指挥官关于应对非对称作战这一新现实的需求。其评估了许多现有已经成为非致命能力的技术。陆军于是开始了非致命性武器能力包的初步研发。这些被军种部列装的“能力套装”其特点是相对低端的技术——辣椒喷剂，刺痛冲击弹，防护性骚乱控制装备。大多数弹药在现有能力套装中是基于当前执法需求——所有弹药主要都是为近距离5~15米内交战所设计的。当前的能力套装目的是为美军提供初步的、临时的，非致命性能力。虽然被认为是临时的能力，但是被证明有效果[b]。

1999年科索沃战争，在轰炸战役结束后，北约向科索沃部署了宪兵。宪兵的任务是实施和平支持行动和民事性军事行动，并向当地科索沃执法人员在执行各种任务时提供支持。当实施和平执法行动时，宪兵分别两次使用非致命性手段[c]。

2000年4月，“猎鹰”特遣部队接到报告，说在科索沃色维斯村藏有走私武器。作为对报告的回应，“猎鹰”特遣部队的分遣队捕获了武器和犯罪分子。当分遣队撤离时，人群迅速聚集并挡住了出口。“猎鹰”特遣部队立即采取行动，派出了装备非致命性武器的援军。尽管屡次谈判，但局势还是恶化了。在场的部队遭到石块和棍棒的袭击。有几个士兵受伤，但不严重。由于人群中有妇女和孩子（部分是当作盾牌使用的），现场指挥官断定此时适合使用非致命性武器，对峙局面由此结束。美军战士没有继续伤亡，人群被驱散，美军安全返回营地。现场指挥官关于非致命性武器的证词很说明问题：“由于具备了使用非致命性武器的能力，我们挽救了数百（甚至更多）个生命，并使我们免于卷入类似2000年波士顿的大屠杀”。

2001年2月，“猎鹰”特遣部队又一次面临了紧张的局势。特遣部队的战士遭

a Richard L. Scott: Nonlethal Weapons And the Common Operating Environment[J], Army, 2010（4）, P21–26

b E. R. Bedard, Nonlethal Capabilities: Realizing the Opportunities[J], DefenseHorizons, 2002（9）, P1–6

c Richard L. Scott: Nonlethal Weapons And the Common Operating Environment[J], Army, 2010（4）, P21–26

遇了非法路障。当他们试图清除障碍时，人群迅速聚集，士兵们面对的又是一群投掷石头的暴徒。人群楔进主力部队的战士和他们的车辆中间，阻挡他们前进。当局势继续恶化时，战士们决定使用非致命性武器。一阵扫射过后，人群被驱散。士兵们得以向其车辆挺进。在人群似乎要重新聚拢时，士兵又一次使用非致命性武器，驱散人群，恢复了秩序。在刚刚叙述过的事件中，两个特遣队都具有可任意使用且装备充足的常规力量，但他们选择使用了非致命性武器，并顺利完成了任务。非致命性武器虽然不能替代致命武器，但非致命性武器为使用致命武器前提供了一个选择[a]。

在交战中特别令人感兴趣的是年轻的领导者在现场采取的战术调整。由于射程有限，他们凭直觉调整了其移动和射击技巧。使用齐射火力和突击战术，他们掌握和保持了主动权，迫使敌对者离散[b]。这再次说明，运用非致命性武器的优势除了武器本身的性能之外还必须结合正确的决策和战术。

美国驻欧洲陆军的经验被反馈到了美国陆军决策者那里，以便改进装备和策略。

（二）伊拉克

2003年，在伊拉克大规模作战后的维稳和重建行动中,美国驻伊拉克部队面临艰难。军人努力维持和平，同时帮助伊拉克政府在增长的叛乱分子的威胁下保护其资源[c]。有4个典型案例说明了是否具有非致命性武器对行动具有至关重要的影响，首先是一次成功群体控制案例，然后是三次失败的**哨卡行动、城区骚乱、群体控制案例。**

1. 成功的群体控制

海军陆战队预备役某少校完成了首个非致命性武器教员课程。从科威特奔赴巴格达，他要求非致命性武器从船上卸载，并带给伊拉克的小队。他认为，非致命性武器和黄金同样贵重。

---

a Committee for an Assessment of Non-Lethal Weapons Science and Technology, Naval Studies Board Division on Engineering and Physical Sciences（防化研究院信息研究中心编译），非致命性武器科学技术评估[R]. 北京：国防工业出版社，2006，P63

b E. R. Bedard, Nonlethal Capabilities: Realizing the Opportunities[J], DefenseHorizons, 2002（9

c Richard L. Scott: Nonlethal Weapons And the Common Operating Environment[J], Army, 2010（4）, P21-26

一天晚上，在巴格达发生一起验证非致命性武器效能的完美态势，他们当时驻扎在拉希德军事基地（共和国卫队老巢）。一天晚上，伊拉克平民穿过墙洞，抢掠了营区内军需官的仓库。连长跑来问少校是否有非致命性武器，会不会使用。少校回答，他们训练两个月就是针对这种情况。

少校率领小队应战，用8个人应对大约1000名骚乱分子。非致命性武器小队用洛杉矶警局骚乱控制战术驱赶他们，其小组长是洛杉矶警局武器教员，少校是药品执法局的武器教员。他们排成战术小队，带上由阿拉伯语翻译操作的公众喊话系统、探照灯、装配豆袋弹的手枪、刺痛弹，当然每个人都带了致命武器。10分钟内，小队清除了大约1000人。相反，若一个只有致命武器的连要想驱散这么多人恐怕一个小时都无法办到。就是因为非致命性武器小队可以开火，其他人则严格不许向平民开火。小队坚守营区，直到翌日下午，另一支部队赶来支援。在这段时间，无法统计小队在多少人身上用了非致命性武器。少校个人大概开火50发豆袋弹，30发尾翼平衡式橡胶弹，至少一打刺痛榴弹，一瓶辣椒油脂，还参加了多次使用警棍的旧式行动。

结论：非致命性武器运用良好！当在稳定行动中的环境有需求时，小队之后多次使用非致命性武器。信息传达给平民抢匪/骚乱者是强有力和明确的。非致命性武器是一次成功作战经验[a]。

在三次失败的案例中，每种案例的条件相似：2003年，美军驻伊拉克部队针对非传统威胁用传统武器和战术作出反应。在每个案例中，美军根据他们认为是恰当的武力使用方式作出反应。在每个案例阐述之后，将针对美军或者其他军队采取的战术、技术和程序的从初始事件发生后所做的改变进行简要的讨论。最后，提出提供可能会进一步防止相似情况出现的非致命性工具的建议。分析这些事件让人确认，非致命性武器是怎样本该使用并防止灾难后果。

2. 哨卡行动

问题：2003年3月，驻某军事哨卡的美军向载有13名妇女儿童的车辆开火，7人被杀。根据报道，当该车辆未在哨卡停车时，部队按照命令开火，当时他们明显没有其他替代手段来使车辆停下。美军中央司令部随后在伊拉克发布公共声明

a Graham T. Allison, Paul X. Kelley, Richard L. Garwin: Nonlethal Weapons and Capabilities[R]. Report of an Independent Task Force Sponsored by the Council on Foreign Relations, 2004

表示：其士兵遵循了规定的交战规则来保护自身。

美军中央司令部声称：士兵提醒司机停车，但司机置之不理。士兵于是警告性开火，仍然无效。于是士兵向车辆引擎射击，但是货车继续朝哨卡驶来。最终，士兵向乘客车厢开火。

讨论：陆军和海军陆战队士兵必须能够分辨真正的威胁和可能是迷路或者逃难的非战斗人员。负责哨卡行动的士兵所采取的行动可能会导致深远的后果。

伊拉克家庭未能在军事哨卡减速，而造成伤亡和美国与伊拉克之间的紧张关系，这样的事故还在发生。同时，美国和伊拉克军队继续面对着使用载有自杀式炸弹汽车的敌人。涉事士兵属于第3步兵师，2天前，同样是这支分队在靠近纳杰夫的一处哨卡损失了4人，当时一名伊拉克士兵装扮成平民，引爆了汽车炸弹。

当时驻伊拉克美军的2号指挥官皮特·查理斯（Pete Chiarelli）中将表示："如果你我都确信叛军继续能够补充兵力，你必须问问：为什么会这样？我想对伊拉克人造成的意外伤亡是原因之一。我想说的是每次我们造成这样的后果，我们就会制造更多向我们开火，制造和放置炸弹的敌人。"

第4步兵师第3重型旅战斗队当时的指挥官布莱恩·琼斯（Brian Jones）上校曾说："我们需要在我军车队的头车和尾车之前设置道路障碍的装置。拒马、圆锥体 标识、倒刺垫及相似的工具有助于防止出现这些不幸事故。"

针对陆军士兵提出的要求，枪用激光器正在列装部队，并且作为激起伊拉克驾驶者的注意，从而使他们减速，转向或者停车的测试工具。伊拉克内政部长也在同美国合作进行长期的媒体宣传，目的是指示伊拉克人在遭遇美军巡逻和哨卡时采取恰当的行为，从而避免不必要的伤亡。

建议：便携式车辆捕捉障碍重量轻，容易布置和可回收使用。此系统可以供2人小组在两小时内展开和部署进入战斗状态，并且允许正常交通进行。根据指令，如果接近车辆没有停车，哨卡警卫可在300~1000英尺的距离内通过遥控器激活该系统进入"捕捉模式"。捕捉网将在2秒内全部张开并缠绕住目标车辆。车辆的运动将拉紧捕捉线。捕捉网能够在200英尺内制动一辆行驶速度为45英里每小时，重量为7500磅的车辆。目标车辆被制动后无法打开车门进行逃跑。

另外一个选择是模块化群体控制弹药，与克莱莫地雷相似，区别是其弹药是600颗口径为32的橡胶弹丸。还有一种选择是在公路和跑道上散布蒺藜。蒺藜不反光，并且通常在布设时使其1个或者4个尖刺方向向上。尖刺是空心的，能够刺破压合封口的橡胶轮胎。此外，尖刺可以扔在行驶中的汽车前来破坏其轮胎；道路障碍和设障装置可以升出路面几英尺，在物理上阻止任何车辆进入。轻型车辆捕获装置是一种小型的轻型网状毯，附有缠绕轮胎和轮轴的倒刺[a]。

3. 城市骚乱

2003年6月，在伊拉克米桑首马加尔地区卡比尔镇发生了一起聚集人数超过400人的抗议活动，造成6名英军士兵和4名伊拉克平民死亡，以及8名英军士兵和17名伊拉克人受伤。抗议活动是因为当地民众感到所谓的英军“侵略性搜查”侵犯了穆斯林传统而引发的。当形势恶化，并且抗议规模变得更大，矛盾更加直接和更加具有暴力性，英军却只有橡胶弹和致命性弹药来镇压骚乱。当小孩开始扔石头，英军的反应是警告开火，跟着向人群进行致命火力攻击。

讨论：在此情况下，英军发现自己处在30年前美军在越南战争中的相似处境。部队要么什么也不能做，要么使用致命武器。这种非黑即白的作战观点迫使地面部队作出可能产生不良国际影响的决定。

认识到此后，2006年，英国皇家海军陆战队走向国际社会，和美国海军陆战队一道在牙买加的年度“贸易风”演习中设立了非致命性训练项目。超过120名士兵参加了脚本作为叛乱分子向学员们进行恶毒辱骂，并且投掷砖头和面粉炸弹的演习。开始时，“暴乱分子”主要是在街上聚集，并且行进时没有遭遇阻挠。当形势激化后，暴乱分子进入城市巷子寻求更多存在感。英国皇家海军陆战队上尉鲁斯·霍普金斯（Rhys Hopkins）指出：“我们告诉部队不能向不守规矩的人群开火……这有助于学习非致命性系统来建立秩序。”最后，超过1200名士兵接受了如何恰当地处理城市骚乱局势的训练。虽然经过一场国际悲剧事件才促使这类训练的组织实施，但英国认识到了纠正过去错误，并且恰当地让其部队准备好迎接非传统作战带来的挑战的紧迫性。

建议：多种现有的非致命性武器对于面对有敌意的暴徒的徒步部队非常有帮助，其更倾向于保持对局势的控制，而不是使局势恶化。最有效的系统，也是这里给出的唯一建议是部队2010年还未完全列装的主动拒止系统。美国空军研究实

a Richard L. Scott: Nonlethal Weapons And the Common Operating Environment[J], Army, 2010（4）, P21–26

验室和联合非致命性武器项目已合力开发一种非致命性技术，其可能如以色列的“尖叫”武器同样有用。主动拒止系统用使用电磁能量来停止或者拒止敌人，为用户提供在对抗变得致命之前拒止入侵者，而不造成永久伤害的能力。主动拒止系统射程为700码[a]，可用来在诸多行动中防护国防部的资源，例如维和，人道主义任务以及其他非传统情况，在这些情况下，致命性武力会引起麻烦。

另外一个有趣的非致命性武器选择将是远程声音传播装置（long-range acoustic device LRAD）的变种。这种45磅重的盘状设备发射档次可调的警告声音；其最大档，是使普通人产生疼痛的50倍——能够造成永久性听力损害。远程声音传播装置最大射程为500码，但在300码的距离上，其声调类似烟雾探测器的高音高尖叫。这些装置自2003年开始应用于美军舰船。其他选择包括MK4辣椒喷剂、M84震撼弹、M1012 12号橡胶弹、M1013群体驱散弹、M203 40毫米榴弹发射器用M1029 群体驱散弹、M1006 40毫米泡沫弹、CG04震撼手雷以及M26激光器[b]。

4. *群体控制*

问题：在《华盛顿邮报》记者汤姆·莱克斯（Tom Ricks）的书《惨败：美军在伊拉克的冒险》中，其详细描述了一个发生在伊拉克费卢杰附近的平民示威者和美军巡逻人员之间糟糕的群体控制局势。如果使用非致命性技术，此糟糕局势本可以完全避免。一位现役上校曾表示：“车队头车进行警告射击让平民让路，后续车辆上的一名射手低头隐蔽，并用50口径机枪开火，刚一开火就射倒7人。”另外一个目击者说：“示威民众大约有200人……有些子弹是从示威人群后的AK47中发射出来的。这些射击总的来说都是乱射，但有些也是瞄准射击。D连（反坦克连）的输送车射手的确用0.50英寸口径机枪开火了。我记得被杀的伊拉克人是一个老人，他被0.50英寸口径弹在短距离内击中头部。因为我不在该士兵的位置上，我不能说他是做了一个错误决定。”

讨论：两人对该情况的描述反映一个共同的主题：美军用他们认为恰当的武力层次来应对平民示威者，而民众因此死亡。不幸的是，如果这些部队装备了非

---

a 1码=0.9144米

b Richard L. Scott: Nonlethal Weapons And the Common Operating Environment[J], Army, 2010（4）, P21–26

致命性武器并接受相关训练，这一情况本可避免。

世界上许多国家都积极使用和训练非致命性武器来应对类似局面。例如，2005年，以色列陆军曾使用一种非致命性武器来驱散向以色列在约旦河西岸的安全部队示威的数百计巴勒斯坦人。当巴勒斯坦人开始向部队投掷石头，以色列部队使用了其“尖叫”武器，其发射了能造成强烈眩晕和恶性感的爆发性声波。根据CBS电视台的报道，被瞄准的人“在此武器的有效射程内一刻也无法停留。”这种武器发射相当于一种按照所要频率形成的声波弹，其能够根据所需产生的能量进行高低调整。例如地面式远程声音传播装置，以色列“尖叫”武器或者主动拒止系统等非致命性武器对美军在未来的非常规作战背景下所能发挥的作用怎么高估都不为过。

建议：如果没有美军当前所部属的地面式远程声音传播系统、主动拒止系统或者“尖叫”武器，M84震撼手雷可能会发挥作用。这些武器可以制造疼痛、呼吸困难和极度不适来迷惑和扰乱敌人，但是它们没有长期效果。MK19榴弹发射器的几个变种能够实现震撼弹的相似效果，而打击距离为100~500米。其他选择之前已经提到[a]。

伊拉克战争胜利了，然而大规模作战之后抢掠和蓄意破坏，严重损害了伊拉克基础设置，侵蚀了对解放军队的民众支持。虽然致命武器对成功发动战争很必要，但是对于赢得和平，并非总是恰当的武器。各种非致命性武器是武装和保护美军及其盟军，而不必杀害无辜民众或者摧毁民用设施。

外交关系委员会独立特别小组认为：更多地部署现有非致命性武器能力——装备、训练和指挥官的认知将极大地增加美军在大规模战斗后建立文明社会的有效性。先进非致命性武器和对现有非致命性武器增强了的投送能力可以减少作战行动中的基础设施损害。装备阿富汗和伊拉克政府军现有非致命性武器的项目可以加强政府力量，并让这些国家和海外国家公众接受非致命性武力的使用[b]。

a Richard L. Scott: Nonlethal Weapons And the Common Operating Environment[J], Army, 2010（4）, P21–26

b Graham T. Allison, Paul X. Kelley, Richard L. Garwin:Nonlethal Weapons and Capabilities[R]. Report of an Independent Task Force Sponsored by the Council on Foreign Relations, 2004

三、反恐与重要目标防护

事例表明，美国在国内外遭遇的恐怖袭击在其他国家也出现过极为相似的案例，非致命性武器能够为相关国家提供极为有价值的能力。以下是部分案例。

（一）船只防护

海军对非致命性武器的需求其中一方面就体现在2000年10月的美国军舰“科尔”号事件上。

美国海军“科尔”号驱逐舰2000年10月12日在也门亚丁港遭到自杀式爆炸袭击，至少造成17名水兵死亡，30多人受伤。这艘名为“科尔”号的导弹驱逐舰载有350名海军官兵，它正前往海湾地区参加美国领导的海上拦截行动，以协助执行联合国对伊拉克的制裁。当天，“科尔”号停靠亚丁港加油，巴林时间上午11时20分左右，一个满载高能量炸药的小型气垫船突然冲向“科尔”号，猛烈的爆炸将军舰炸开一个20~40英尺的大洞。爆炸造成严重人员伤亡，但没有发生火灾，船体则发生严重倾斜。

科威特一家报纸在获得本·拉登恐怖组织的征兵录像带后发表文章指出，本·拉登的追随者一手制造了停靠在也门阿登港的美国战舰科尔号的爆炸事件。

美国海军的调查揭示，“科尔”号驱逐舰是在防范措施非常松懈的情况下遭到袭击的。事件发生时，“科尔”号的指挥官利伯尔德并没有完全执行由他自己制订的安全措施。当时“科尔”号被认为是处于“受威胁状态”。根据该舰的保安规则，这种情况下必须安排士兵在甲板上值班，以防止任何小型船只靠近。但是当时“科尔”号事实上却处于毫无戒备的状态。调查报告的结论是，假如这些安全措施得到完全执行的话，那么这起恐怖事件是可以被避免的[a]。

调查结果虽如此说，但安排士兵值班果真能防止灾难发生需要打一个巨大的问号，这起事件引起了海军对部队防护全方位的重视，尤其是对非致命性武器对部队防护作用的重视。

1. 部队防护

在部队和船只防护方面，海军配备的非致命性武器应具有3方面能力：反人

a http://news.sohu.com/44/30/news146563044.shtml

员、反物质和反能力（之后由联合非致命性武器局统一为反人员和反物质）。这包括人群控制、人员失能、地域和通道禁止、地域清理、车辆和船只阻拦与失能以及对散布毒剂、生物战剂这些不对称威胁的防御等方法。对抛锚或停泊港口的人员和船只的防护（无论是码头周围还是船只周围）都是必不可少的。

自美国“科尔”号事件后，有人提出分层防护的概念，即在船只周围设三层防线。外层用于提醒船员向迫近的平台或人员预警；中层用于在迫近的平台或人员不理会外层警告时评估或确认其意图；内层用于打击威胁。非致命性武器之所以在这种情况下可取，原因在于被评估的威胁可能包括无意识的入侵或非作战人员，而且做出反应的时限可能非常短暂，以至不能确定入侵者的明确意图或不能把无辜人员与危险隔离开来。分层策略要求具备确定水面、水下和空中潜在威胁的存在和范围的能力——然后通过补充响应迅速应对威胁。尽管以前水面威胁比较常见，但由于潜水设备、小型潜艇和无人水下和空中交通工具越来越多，现在水下和空中威胁呈上升趋势。在船只周围建立多层防护要求用具有可视标志和警告设备（如电筒和激光器或带有日／夜／全天候传感器和声音发射器的智能浮标）构成的隔离物。一旦外层隔离物被侵入，就需要评估其意图和战术来延迟或威慑威胁。如果潜在威胁进入中层地带，就可以选择用非致命威慑物如“闪光撞击”或电子船只阻隔物。如潜在威胁进入内层就要求直接使用致命或非致命手段对威胁实施打击。所选择的武器必须在非致命性武器无法威慑威胁后，部署致命武器期间发生效用。通过使用日趋复杂的侦察设备，如安装在无人机（UAV）上的成像传感器或有人驾驶的远程水面飞机和／或水下传感器，增加对环境的准确感知，不仅有助于理解入侵者意图，而且可以最大限度地赢得响应时间。

由于当今世界的自然和政治现实情况，分层策略的实施会遇到困难。美国驻外港的船只与他国船只十分接近。在东道国使用武装巡逻艇可能不被允许。为国际港口的美国船只实施分区防护必须通过外交协商解决，而不仅靠从许多无害活动中区分真实威胁的技术能力。拥有现成的非致命性武器有助于谈判的成功[a]。

2. 其他防护需要

a Committee for an Assessment of Non-Lethal Weapons Science and Technology, Naval Studies Board Division on Engineering and Physical Sciences（防化研究院信息研究中心编译），非致命性武器科学技术评估[R]. 北京：国防工业出版社，2006，P15-16

尽管在“科尔”号事件后实施港口船只防护的需要变得十分迫切，但其他防护需要也能通过非致命性武器得到促进。通过咽喉要道的船只或在海边作业的船只都容易受到岸上敌意人群、自杀性船只和来自陆地、水中或空中的恐怖分子的攻击。基地安全要求具备控制人群、使人员失能、区域或通道封锁和清除设施的能力。在所有这些变化多端的环境中，威胁都可能是模糊不清的，非作战人员也可能被卷入[a]。

（二）大使馆和基地的防护

近年来，全世界范围内针对美国设施的恐怖袭击呈上升趋势，而且这些袭击都很奏效，迫使美国改变政策。1983年，驻黎巴嫩贝鲁特的军营因卡车爆炸而毁坏。还有1996年发生在沙特阿拉伯美军基地的爆炸和1998年几乎同时发生的美国驻肯尼亚首都内罗毕和坦桑尼亚达累斯萨拉姆大使馆的遭袭。最近的是2010年9月，为抗议美国人拍摄的侮辱伊斯兰教先知默罕默德的电影，数十名利比亚示威者11日冲进美国在利第二大城市班加西的领事馆内，将多处建筑点燃。美国驻利比亚大使 J. 克里斯多佛·史蒂文森（J. Christopher Stevens）及另外3名使馆工作人员11日乘车避难时，遭火箭弹袭击死亡。所有这些袭击造成了很大的伤害。

美国驻这些地区和世界其他地区的大使馆呼吁海军陆战队警戒部队在高度威胁的环境下加强地方安全并对危机形势做出反应。除大使馆成为攻击目标外，在很多国家的美国军人也成为恐怖袭击的直接目标。对这些基本设施和人员的防护也成为军事警戒部队的一个重要职能。在多数情况下，由于基地设施的周围居住着东道国的平民，因此，这些地区通常对动用军队交战有着严格的限制。

海军陆战队的非致命性武器为在这样的敏感区域加强部队防护提供了更多选择。尽管也许需要得到东道国使用某些系统的许可，但下列武器是可以使用的.并且被认为应包括在基地防护包内：

（1）眩目光系统；

（2）低动能军火，例如豆袋球（使用12厘米口径的霰弹枪）、聚亚胺酯金属

a Committee for an Assessment of Non-Lethal Weapons Science and Technology, Naval Studies Board Division on Engineering and Physical Sciences（防化研究院信息研究中心编译），非致命性武器科学技术评估[R]. 北京：国防工业出版社，2006，P16

球、40毫米人群疏散球、组合式人群控制弹（MccMs）；

（3）车辆／船只拦截系统，例如便携式车辆阻拦网和滚动装置缠绕系统；

（4）控暴剂；

（5）闪光—巨响干扰装置；

（6）泰瑟枪；

（7）泡沫枪，例如刚性泡沫塑料、含水泡沫和打滑材料；

（8）蒺藜；

（9）高压水炮；

（10）（发烟）遮蔽剂[a]。

四、国内稳定防暴行动

（一）灾后维稳

1992年8月发生的安德鲁飓风，是美国历史上最严重的天灾之一，其从海上登陆，重创了佛罗里达州戴德郡，造成38人丧生，25万人无家可归，财产总损失估计约200亿美元。救援物资迅速向受灾地区汇集。

负责运送赈灾粮食与衣物的副警长梅尔·亚历山大一行人在执行第一天救灾工作时，由于身着便服且未携带枪械，部分救灾物资卡车竟然整辆被歹徒抢走。

天灾发生后，警方已经无力应对，且许多警察都急着寻找与保护自己的家人与财产。戴德郡几小时内就变得暴民当道，必须由美国陆军第82空降师及佛罗里达民兵联合执行一周宵禁后，法律与社会秩序才得以恢复。然而宵禁期间，部分执法民兵由于未佩带子弹，其枪械竟然被武装帮派分子抢走[b]。

执法民兵处于无法使用致命性武器的尴尬境地，若给他们配备有效的非致命性武器，相信局势能更快的控制下来。

---

a Committee for an Assessment of Non-Lethal Weapons Science and Technology, Naval Studies Board Division on Engineering and Physical Sciences（防化研究院信息研究中心编译），非致命性武器科学技术评估[R]. 北京：国防工业出版社，2006，P59-60

b [美]约翰·亚历山大（董铭译）：未来战争——21世纪战争中的非致命武器[M]. 北京：知识产权出版社，2004，P231

（二）镇压社会暴动

罗德尼·金事件引发的种族暴动是最鲜明的案例。1991年的3月3日，在美国第二大城市洛杉矶，4名白人警察殴打黑人青年罗德尼·金的过程被人偶然摄入录像镜头，4名警察因刑事罪遭到加州地方法院起诉。一年后，1992年的4月29日，以白人为主的陪审团判决4名白人警察无罪。判决一出，当地黑人群情激愤，聚众闹事，烧杀抢劫，引发了一场震惊世界的大骚乱！短短几十小时内，55人死亡，2328人受伤，12000人被捕，1100多栋建筑物被焚毁，直至美国军方派出军队镇压，这场暴动才逐渐平息下来。据统计，这场暴乱给洛杉矶这座全美第二大城市带来了10亿美元的经济损失。随后，在美国南方的亚特兰大市，也爆发了类似骚乱。

虽然罗德尼·金是因为超速行驶，企图逃脱抓捕，并且挑衅警察，暴力拒捕，警察被迫使用了泰瑟电击枪和电棍才将其制服。CNN在获得这一录像后，带有偏向性进行了剪辑，对此事的法律处理又有失当之处[a]，但骚乱已经产生。暴动期间，警察无法控制若干地区。暴民四处横行，民众被殴打，甚至被杀害。控制局势十分困难，仅使用致命性武器，只会使得形势更加复杂，即便能暂时镇压暴动，也会埋下仇恨的种子，等待下一次爆发。若能使用非致命性武器，则能更快地控制局势[b]。

五、维和任务

截止美军特种部队退役上校约翰·亚历山大写作完成《未来战争——21世纪战争中的非致命武器》成书时间，和平支援行动的相关理论与准则仍未完全定型，甚至连专有名词也未能建立。然而，联合国维和行动章程中明确了许多不同种类的维和任务。所谓维持和平，即是由外交手段所建立的停战状态，但仍随时可能爆发新冲突。“强制和谈”包括使用外国武力平息已签署停战协议的各派系之间所爆发的武力冲突；由于彼此间的许诺可能仍难以“缔结”和平，因此武力干预的可能性日益增加。预防性外交包括了当预见危机即将发生前所采取的预防

a http://news.163.com/12/0627/15/85131L3K00014AED.html

b [美]约翰·亚历山大（董铭译）：未来战争——21世纪战争中的非致命武器[M]. 北京：知识产权出版社，2004，P231

行动。“缔造和平”任务则是用来建立一个可维系民主政治，并保证当地形势的稳定基础架构。此外，人道主义救援与资助贫困的非战斗人员也属于维和任务的一种[a]。

（一）强制和谈

索马里“恢复希望”行动表明，和平支援行动有时会出现无法预料的后果，有可能出现使用武力的情况，在波斯尼亚的行动更是如此。

美国曾加入联合国保护部队进入南斯拉夫的冲突地区，以支持联合国与北约。波黑当时的情况很糟糕，数以千计的人民被屠杀，交战冲突双方都拥有重型武器。这对支援和平的部队构成非常严重的威胁，塞族武装经常挑衅维和部队，并在维和部队面前对异族进行了大屠杀，要对开火武装实施强制停火，这显然异常艰难。

北约航空航天研发顾问小组（AGARD）以北约执行波斯尼亚维和任务的经验为基础，在1997年提出的一份报告中，曾研究过几项相关的非致命性技术，以便在被迫使用武力的情况下，减少平民伤亡。在研究中，其选择一些实际目标，并使其丧失功能。所选用的目标分成人员、装备与基础设施三大类。在每一类中，研究人员模拟出波斯尼亚维和行动曾遭遇的情况，模拟的目标包括：使迫击炮炮兵持续丧失行动能力至少达12小时；制止情绪亢奋的群众包围维和部队；阻止导弹发射；阻止坦克主炮射击；切断桥梁通行达24小时之久，以及其他各种情况。此外，有时所模拟的情况难度还甚于对隔离目标的攻击。例如，假设导弹发射架正置于医院旁，而桥梁是罗马时期所建的古迹且具有重大历史价值，以及坦克可以隐匿在农舍内。

每一项模拟均研究出解决方案，部分依靠非致命性武器，部分则采用低附带伤害技术，如使用装有无动力弹头的精确制导武器等。这样虽不易摧毁目标，但因未使用高爆弹头，不会有爆炸碎片炸死旁观民众。这项研究最后认为，实在找不出一种可用于任何情况的尽善尽美的武器。然而，在学校、民宅、医院或宗教建筑物等敏感场所附近的目标，虽很难实施攻击，却可采用几种特殊弹头，削

a [美]约翰·亚历山大（董铭译）：未来战争——21世纪战争中的非致命武器[M]．北京：知识产权出版社，2004，P163

弱敌军装备与设施的功能。如黏性泡沫可有效阻止罗马桥上的通行，而不至于造成结构上的损坏，还可以将这种泡沫喷洒在精密武器装备上，使敌军耗费很长时间维修才能重新使用。实施臭气攻击则可使民众离开特定地区，且不会危害生命安全[a]。

（二）撤侨

另外与和平支援任务有关，且日趋重要的工作是撤离限于动乱地区的侨民。1997年3月至6月间，美国海军陆战队曾在阿尔巴尼亚、扎伊尔和塞拉利昂等国进行撤侨行动。1996年，美国海军陆战队奉命前往利比里亚和中非共和国，其主要任务是救援美国公民，但也帮助了数以百计的外国侨民逃离战火。由于当时形势十分危急，部队与运输工具都全面配备了致命武器，如果遭遇狙击手或者军事组织攻击，美军地面部队与空中支援的武装直升机将同时以致命性火力回击。

执行撤侨行动所投入的兵力和所配备的火力必须足以控制当地局势。一些撤侨行动是由美国驻当地大使馆所配置的兵力支援，其他许多撤侨行动却没有任何预置兵力。在极度混乱的形势下，强制性投入兵力具有很大的风险；当兵力不足遭遇顽强抵抗时，可能造成救援部队及其所要援救的人员同时丧生。

反之，过度使用武力会伤及许多无辜者，且将外交关系遭受长期负面影响，从经济角度来讲也是极为不利的。例如扎伊尔的情况，该国以丰富的矿产蕴藏量而闻名，但首都局势不稳定危及外国侨民的人身安全，若想持续在当地开采矿产，则派遣兵力之前，应慎重考虑可能产生的长期结果。

所派遣部队除拥有致命性武器外，仍需配备非致命性武器，才能建立并维持对该地区的控制权。由于部队可能要在当地驻扎（至少短时期内），因此可能要配备音响武器、照明与激光装备等。为确保行军道路畅通无阻，烟幕弹与其他遮掩装备可阻隔潜在敌人的观测活动。红外线观测装置可使己方士兵洞悉作战地形。

然而，如同在巴尔干曾经发生的情况，被过度惊吓的当地居民，经常企图跟

a [美]约翰·亚历山大（董铭译）：未来战争——21世纪战争中的非致命武器[M]. 北京：知识产权出版社，2004，P163

着救援部队至安全地带。在敌军压力下，最艰难的撤侨工作在于如何判定施救对象。由于这种情况类似于内战，本国政府通常无法照顾其居民。在大规模动荡的混乱状况下，一般人通常无法及时取回护照或其他国籍证明文件，也无法以明显的外表特征来辨认美国公民，因此可能在离境之后才开始进行身份检查。然而，撤离人员的数量与所需提供的物资两者密切相关。对救援部队而言，人数越少，安全性越高，还要严格限制每一架直升机所搭救的人数，因为已经发生过太多次救援直升机因超载而坠毁的不幸事件。在美军撤出越南西贡时，许多难民簇拥在正准备起飞的飞机下，拼命想抓住任何飞机附件，但因为精疲力竭松手后，摔死在地上。

在撤侨行动中，缺乏经验的年轻士兵，必须及时做出极度为难的决定。即使难民可能无武装且无意侵犯救援部队，但却可能引发十分危险的情况（如强迫飞机起飞等）。使用致命性武器，阻止身份不符的群众搭乘求援直升机，不仅残忍，而且会成为十分负面的新闻报道。难民的大部分可能是只想逃到安全地带的妇女和儿童。这种情况下，可使用非致命性武器来保护救援部队与难民双方的安全[a]。

（三）强制撤军

在波斯尼亚，联合国部队一项任务是维持特定“安全庇护所的秩序”，但因兵力有限，经常要放弃任务，撤退到安全地带。然而，庇护所内的民众，会感到极度恐慌，因为自战乱开始，民众遭遇了许多恐怖事件，数千人被屠杀，妇女遭强奸，儿童遭凌虐，家园被烧毁等。难民逃到联合国收容所后，作为解救他们希望的联合国部队却要撤退，留下他们继续遭受厄运。因此，难民会尽可能缠住联合国部队，并试图阻挠撤军行动。外交失败，必须撤兵时，采用非致命性武器是唯一可行的方案，其能够确保联合国部队的安全和顺利撤退，而又不至于伤害难民[b]。

---

a [美]约翰·亚历山大（董铭译）：未来战争——21世纪战争中的非致命武器[M]. 北京：知识产权出版社，2004，P164-167

b [美]约翰·亚历山大（董铭译）：未来战争——21世纪战争中的非致命武器[M]. 北京：知识产权出版社，2004，P230

（四）粮食援助

当从事救灾活动时，灾区内虽无敌军，但灾民却因求生的本能，引发恐慌与混乱，这时提供食物给饥饿的群众将是一项具有高度危险性的行动。

粮食援助的对象通常相当穷困，当食物补给与其他重要物资，不足以供应被收容的人员时，这些人因担心无法得到补给品，就会争先恐后的哄抢补给品而造成暴动。如果灾民认为补给物品不够发放至每一个人或者分配不公，则将使形势更加恶化。难民会不顾后果攻击补给站及任何可以阻拦的人，这时使用致命性武器不仅会使情况恶化，也永远无法逃过CNN的镜头。

因此，保证救援基地与赈灾物品发放场所的安全，可能是极艰难的工作。毋庸置疑，此时参与救援行动的军队拥有更好更齐全的维和装备，需要保持部队的战斗力与官兵的健康，这是完成救灾任务的先决条件，人身安全更应该加以保护。因此，非致命性武器在人道救援任务中不可缺少。此外，灾民的意识管理与心理辅导对来自军方与民间援助机构的支援人员都至为重要，这同样是运用非致命性武器的情报、决策与战术事项的范畴。

第五章

非致命性武器战术要旨与训练事务

美军内部有人认为关于非致命性武器，更重要的是“不是武器”的技术和战术。通过检视非致命性武器的战术要旨，能够更好地理解非致命性武器的优点与风险，以及为什么非致命性武器能够运用于全谱战争中的相关军事行动。为了让部队真正具备非致命性能力，国防部非致命性武器项目主管机构推动了部队训练，建立了训练体制，为部队最终在实战中运用非致命性武器打下基础。

第一节 非致命性武器战术要旨

美军认为，指挥官必须在规划过程中仔细地分析和考察该非致命性武器的能力、现行交战规则和现行武力使用规则，并以此为基础，理解武力升级模型，拟定作战计划、进行决策和行动。

一、非致命性武器作战计划与决策行动参考要点

虽然没有将所有注意事项包括在内，下列清单中的使用注意事项可用来帮助指挥官和参谋人员制订使用非致命性武器的计划：

（一）一般注意要点

（1）理解和制定交战规则/武力使用规则。

（2）指挥官制定敌友识别程序。

（3）预先向官兵分发非致命性武器弹药以及单兵防护装备（例如装备M12或M40防毒面具，如果部署骚乱控制剂的话）。

（4）非致命性武器选项要求有致命武力的支援。

（5）确保作战地域照明度良好，覆盖至地域边缘。

（6）使用夜视仪确认在作战地域边缘外的人员身份。

（7）使用适当的传媒手段告知平民不要靠近禁区。

（8）在区域边缘使用积极的入口控制手段（人员/车辆）。

（9）确保警示标志易于理解（标识/图画）。如果有翻译，用当地语言制定警示标志。

（10）使用障碍物如三角钉，栅栏网，带刺铁丝网和警示带来扰乱或者延缓入侵企图。

（11）如果条件允许，使用传感器。

（12）建立空中或者海上警戒哨。

（二）反人员注意要点

（1）在小于15英尺/5米内使用动能弹可能会导致使人致命的后果。

（2）刺痛弹的射击重心应该位于15~40英尺的目标区域。

（3）射中头部可能会产生致命后果。

（4）动能弹不使用跳弹攻击。

（5）动能弹对待特定单个目标有效，还可以用来驱散人群。

（6）考虑到不同射速，M203榴弹发射器和霰弹枪在发挥非致命性作用时互为补充，取决于所使用的弹药及其有效射程。

（7）只有在进行恰当的训练后才可使用防暴警棍。

（8）严密控制对骚乱控制剂的使用。

（9）用骚乱控制剂扰乱/驱散人群。

（10）使用骚乱控制剂进行标记（使用无毒、水溶性标记染料）作为未来的识别和抓捕使用。记住水溶性染料容易清除。要有永久性染料为此使用。

（11）骚乱控制剂（OC，CS，CN））不是作为标记工具使用的。虽然标记弹是用来标记人员目标，但骚乱控制剂主要就是用来使人员失能的。

（12）骚乱控制剂会极大地降低控制部队的能见度。

（13）恰当地发射骚乱控制剂以实现全部效果。

（14）指定标记员使用激光指示骚乱头目。

（15）探照灯用来使人员目标眩晕/迷失方向（只在夜晚）（避免用反人员行动或活动的交战规则/武力使用规则中没有指定的方式使用激光指示器或者其他强度的光或者能量发射系统）。

（16）使用扬声器向人群喊话，控制队形。

（17）使用搜寻/逮捕/抓捕小组抓捕鼓动者。

（18）使用皮线手铐进行抓捕。

（19）准备好如何处置已经进行了清除的人员的计划。

（20）制造隔离区域来制止骚乱得到增强。

（21）考虑在之后友好性地使用已经清除了隐患的设施。

（22）为已经清除隐患的设施准备安全计划。

（23）引导被动的交通流远离部队队形。

（24）保持快速反应部队的存在。

（三）反装备/反能力注意要点

（1）使用标记剂来标记目标船只以备之后进行拦截。

（2）考虑需要移走船只/飞机所需的移动装备的器材。

特定非致命性武器任务进一步体现在下列各表。

这几个表并非包括所有任务，仅仅是对任务规划的促进。为了便于指挥官进行任务规划，表中包含了使用骚乱控制剂的内容。骚乱控制剂在作战或者维和行动中可能只能作为防御手段。表中所列装备是取自当前可用作非致命性目的的系统。用户不应将其非致命性选项限于这些特定装备，应该意识到还有许多现有的和新兴的系统，以及潜在可供使用的当前技术和通用材料，来实现理想的任务终结状态[a]。

使人员失能

任　务	非致命性武器规划要素	装　备	使　用	注　意
使人员失能	行政/人员 · 军法官/声明规划 · 传媒计划	支持装备 · 防暴面具 · 全身防暴盾牌 · 可伸缩防暴警棍 · 步枪手的作战光学系统 · 防弹背心	· 预先向部队分发装备 · 不用防暴警棍打头 · 使用配备光学器材的狙击手识别暴徒头目，并由致命火力掩护	· 指挥官需要确认使人员失能的任务 · 对非致命性武器的公共传播采取平衡手段来抑制对方快速开发出应对手段 · 用致命武力掩护非致命性武器

a Multi-Service Tactics, Techniques And Procedures For The Tactical Employment Of Nonlethal Weapons FM 3-22.40MCWP 3-15.8NTTP 3-07.3.2AFTTP（I）3-2.45, Air Land Sea Application Center, 2007

续表

任务	非致命性武器规划要素	装备	使用	注意
使人员失能	情报 · 确认暴乱分子和示威者的类型 · 确认这些人出现的原因及其派别 · 确认暴徒头目	动能弹 · 12号豆袋弹 · 12号橡胶子弹 · 12号弹药发射器 · 40毫米橡胶警棍 · 40毫米木警棍 注意：海军陆战队不再使用木质警棍 · 40毫米刺痛弹 · 震撼弹 · 闪光弹 · M203榴弹发射器和霰弹枪在非致命性上互为补充 M203榴弹发射器射击频率低，打击区域目标。霰弹枪发射频率高，打击单个目标	· 不要在小于15英尺/5米内使用动能弹可能会导致致命后果 · 刺痛弹的射击重心应该位于15~40英尺的目标区域 · 不允许射中头部 · 动能弹不使用跳弹攻击 · 动能弹针对具体目标以及驱散人员有效 · M203榴弹发射器和霰弹枪在非致命性上互为补充。M203射速低，针对区域目标。霰弹枪射速高，直指目标	
使人员失能	行动 · 准备和确认非致命性武器的交战规则 · 整合非致命性武器和致命武力 · 分配非致命性武器并指定使用单位 · 结合非致命性武器火力和机动	骚乱控制剂 · 辣椒油脂发射器 · 小队辣椒油脂发射器 · 大容量 辣椒油脂发射器	· 扰乱/驱散人群 · 向脸部和眼睛发射骚乱控制剂达到全部效果	

续表

任务	非致命性武器规划要素	装备	使用	注意
使人员失能	后勤 · 分发非致命性武器弹药 · 确认特殊存储需求 · 继续提供非致命性武器弹药	骚乱控制 · 氙气 · 探照灯 · 皮线手铐 · 化学标记设备	· 探照灯干扰或者眩晕人员（仅用于夜间） · 使用皮线手铐抓捕鼓动者 · 使用骚乱控制剂标记设备标记鼓动者以便下一步使其失能	
使人员失能	平民 · 搜集平民情报 · 照顾受伤人员 · 拘留平民			

区域拒止人员

任务	非致命性武器规划要素	装备	使用	注意
区域拒止人员	行政/人员 · 军法官/声明规划 · 传媒计划	支持装备 · 区域灯光 · 区域传感器 · 夜视器材 · 入口控制 · 当地语言写的警示标志	· 确保区域周长内灯光效果 · 确保夜视器材在区域外的效果 · 积极确定进入人员的身份 · 使用当地语言写的警示标志	使用恰当的媒体工具来警告平民离开拒止区域
区域拒止人员	情报 · 地形和地图分析 · 威胁确认 · 区域内布设传感器 · 战场情报准备			

续表

任务	非致命性武器规划要素	装备	使用	注意
区域拒止人员	行动 · 制定和确认交战规则 · 整合非致命性武器和致命武力 · 部署非致命性武器并指定使用分队 · 确认任务的范围 · 确认对象进入区域的流程 · 实施区域拒止（友军进入或者完全拒止）			
区域拒止人员	后勤 · 分发非致命性武器弹药 · 确认特殊存储需求 · 继续提供非致命性武器弹药 · 确保后方地域设施安全			
区域拒止人员	平民 · 搜集平民情报	障碍物 · 铁蒺藜 · 篱笆 · 带刺铁丝网 · 警戒带 · 倒刺系统	· 扰乱/迟滞入侵企图 · 维持合适的反应部队 · 将停滞缓慢的交通流引导开	

区域拒止车辆

任务	非致命性武器规划要素	装备	使用	注意
区域拒止车辆	行政/人员 · 军法官/声明规划 · 传媒计划	支持装备 · 区域灯光 · 区域传感器 · 夜视器材 · 入口控制 · 当地语言写的警示标志	· 确保区域周长内灯光效果 · 确保夜视器材在区域外的效果 · 积极确定进入车辆的身份	· 指挥官需要确认拒止任务 · 使用恰当的媒体工具来警告平民离开拒止区域
区域拒止车辆	情报 · 地形和地图分析 · 威胁确认 · 区域内布设传感器 · 战场情报准备 · 交通分析			
区域拒止车辆	行动 · 制定和确认交战规则 · 部署非致命性武器并指定使用分队 · 确认任务的范围 · 确认对象进入区域的流程 · 确认宪兵/安全部队需求 · 实施区域拒止（友军进入或者完全拒止）			· 指挥官必须考虑当使用骚乱控制剂时的作战行动。该区域应该在短期整理之后能恢复使用
区域拒止车辆	后勤 · 分发非致命性武器弹药 · 准备疏散熄火车辆			
区域拒止车辆	平民 · 搜集平民情报	障碍物 · 铁蒺藜 · 篱笆 · 带刺铁丝网 · 栅栏	· 扰乱/迟滞入侵企图 · 维持合适的反应部队 · 将停滞缓慢的交通流引导开	· 指挥官必须考虑当使用非致命性武器时的作战行动。非致命性武器不应该阻碍空中行动

拒止/制动车辆、飞行器、船只和设备

任务	非致命性武器规划要素	装备	使用	注意
拒止/制动车辆、飞行器、船只和设备	行政/人员 ·军法官/声明规划 ·传媒计划	支持装备 ·跟踪接近车辆、飞行器和船只的传感器 ·夜视器材 ·装备操作器材 ·便携式扩音器	·有必要的话，使用地面和水下传感器 ·使用空中或者海上障碍 ·使用装备操控器材来疏散船只	·指挥官需要确认制动任务 ·震惊效果仍然是任务完成的关键因素 ·指挥官需要制定敌友识别流程
拒止/制动车辆、飞行器、船只和设备	情报 ·有必要的话布设传感器 ·威胁确认 ·区域内布设传感器 ·战场情报准备 ·目标区域分析			
拒止/制动车辆、飞行器、船只和设备	行动 ·制定和确认交战规则 ·整合非致命性武器和致命武力 ·部署非致命性武器并指定使用分队 ·确认任务的范围 ·确认对象进入区域的流程 ·确定登船或登机检查程序 ·确定抓捕流程 ·确定消除污染流程	骚乱控制剂 ·标记剂	使用标记剂来标记船只以便稍后拦截	

续表

任　务	非致命性武器规划要素	装　备	使　用	注　意
拒止/制动车辆、飞行器、船只和设备	后勤 ·分发非致命性武器弹药 ·确认特殊储存需求 ·继续提供非致命性弹药 ·确定船只/飞行器处置点	骚乱控制 ·氙探照灯	·使用骚乱控制剂使乘员失能 ·探照灯可以扰乱人员方向感或者照亮目标	·指挥官必须考虑当使用骚乱控制剂时的空中行动，并确保飞行资产在穿越受影响的空域之前，得到该区使用骚乱控制剂的知。 ·该区域应该在短期整理之后能恢复使用
拒止/制动车辆、飞行器、船只和设备	平民 ·搜集平民情报 ·处理离开原位的平民	障碍物 ·铁蒺藜 ·泡沫 ·减速带 ·网 ·便携式车辆捕获路障	·使用铁蒺藜来制动车辆 ·综合使用泡沫和铁蒺藜确保震惊效果 ·将停滞缓慢的交通流引导开 ·使用网来缠绕推进器	
拒止/制动车辆、飞行器、船只和设备	医疗 ·治疗受伤平民			

抓捕人员

任务	非致命性武器规划要素	装　备	使　用	注　意
抓捕人员	行政/人员 ·军法官/声明规划 ·公共事务官传媒计划	支持装备 ·光学器材	·使用配备光学器材的狙击手识别要抓捕的人员 ·使用致命武力掩护我方人员	·指挥官需要确认抓捕任务，并严格遵循交战规则 ·震惊效果仍然是任务完成的关键因素 ·速度很关键 ·抓捕人员可能牵涉到特种部队人员，进行外科手术式行动，或者针对一个群体中的鼓动者进行抓捕

续表

任务	非致命性武器规划要素	装备	使用	注意
抓捕人员	行动 ·制定和确认交战规则 ·整合非致命性武器和致命武力 ·部署非致命性武器并指定使用分队 ·整合非致命性火力和机动 ·突破和攻击规划 ·确定看押地域/处理中心 确认任务的范围 ·确认对象进入区域的流程 ·确定登船或登机检查程序 ·确定抓捕流程 ·确定消除污染流程	骚乱控制剂 ·辣椒油脂喷射器 ·催泪气体	·使用骚乱控制剂使人员失能 ·对目标的眼睛和面部进行喷射以达到全部效果	·指挥官必须考虑当使用骚乱控制剂时的空中行动，并确保飞行资产在穿越受影响的空域之前，得到该区使用骚乱控制剂的通知。 ·该区域应该在短期整理之后能恢复使用
抓捕人员	后勤 ·分发非致命性武器弹药 ·确认特殊储存需求 ·继续提供非致命性弹药 ·运输计划	骚乱控制 ·氙探照灯 ·皮线手铐 ·骚乱控制剂标记装置	·探照灯眩晕/扰乱目标 ·使用皮线手铐实施拘捕 ·使用骚乱控制剂标记装置标记鼓动者以进行后续抓捕	
抓捕人员	平民 ·搜集平民情报 ·医治受伤人员 ·抓捕相关人员			
抓捕人员	医疗 ·医疗撤运规划			

清理设施内人员

任务	非致命性武器规划要素	装备	使用	注意
清理设施内人员	行政/人员 · 军法官/声明规划 · 伤亡通报 · 公共事务官传媒计划	支持装备 · 防暴头盔 · 全身防暴盾牌 · 加长防暴警棍 · 光学器材 · 便携式扩音器	· 预先给部队分发装备 · 不要使用防暴警棍打击头部 · 使用配备光学器材的狙击手识别设施占领者的头目，提供致命火力掩护	· 震惊效果仍然是任务完成的关键因素 · 指挥官必须严格制定交战规则 · 震惊效果仍然是任务完成的关键因素 · 根据近身战术，如果有必要，部队必须立刻准备使用致命武力
清理设施内人员	情报 · 战场情报准备 · 设施、入口、电力的背景 · 路线/地图侦察 · 建筑物占领者的背景信息 · 确认建筑物占领者的所有外界支持	动能弹 · 12号豆袋弹 · 12号橡胶弹 · 12号弹发射器 · 40毫米橡胶警棍 · 40毫米木质警棍 注意：海军陆战队不再使用木质警棍 · 40毫米刺痛弹 · 闪光弹	· 不要在小于15英尺/5米内使用动能弹可能会导致致命后果。 · 群体目标的射击重心应该位于15~40英尺的目标区域 · 不允许射中头部 · 动能弹不使用跳弹攻击 · 动能弹针对具体目标以及驱散人员有效。 · 震撼弹的效果在建筑物内能有所提高 · 一旦使用动能弹，能见度将降低 · M203榴弹发射器和霰弹枪在非致命性上互为补充。M203射速低，针对区域目标。霰弹枪射速高，直指目标。	· 使用骚乱控制剂将大幅降低能见度 · 在某些环境下，骚乱控制剂必须严格使用；在使用前必须得到恰当的权限验证。

续表

任务	非致命性武器规划要素	装备	使用	注意
清理设施内人员	行动 · 战术上整合非致命性武器与致命火力 · 火力支援分队计划中包含骚乱控制剂 · 分发非致命性武器弹药 · 结合非致命性火力和机动 · 确定攻击和突破计划 · 设施隔离计划	骚乱控制剂 · 辣椒油脂喷洒器 · 小队辣椒油脂喷洒器 · 大容量喷洒器	· 扰乱/驱散群体 · 使用骚乱控制剂向目标面部和眼睛喷洒达到全部效果	· 隔离目标区域以制止对方增援 · 准备被清理人员的处置计划 · 考虑设施的后续使用 · 准备被清理设施的安全计划
清理设施内人员	后勤 · 分发非致命性武器弹药 · 继续提供非致命性武器弹药 · 被清理人员的运输计划 · 目标设施的维护或维修计划	骚乱控制 · 氙气探照灯 · 皮线手铐 · 骚乱控制剂标记设备 · 闪光弹	· 探照灯干扰或者眩晕人员 · 使用皮线手铐抓捕鼓动者 · 使用骚乱控制剂标记设备标记鼓动者以便后续身份识别 · 闪光弹干扰或者眩晕人员	
清理设施内人员	平民 · 搜集平民情报 · 照顾受伤人员 · 协调控制平民的计划			

续表

任　务	非致命性武器规划要素	装　备	使　用	注　意
清理设施内人员	医疗 · 医院规划 · 战术小队的医疗规划 · 医疗保障的流程			

二、交战技巧

（一）公众骚乱反应

1. 基本分队

在装备有可用于交战的长程非致命性武器的坚固车辆（平台）周围部署基本公众骚乱反应分队。例如车载非致命性榴弹发射器、轻型车载烟雾屏障系统或者车载非致命性/管式弹药发射系统，可以让分队在骚乱群体攻击范围之外（通常是50~60米之间）使用非致命性打击，其中至少一辆车装备了定向/警告声波技术。

（1）平台。坚固车辆是致命和非致命性武器的主要平台。在公众骚乱情况下使用坚固车辆是力量倍增器。持盾牌人员为车辆和在车下的非致命性武器射手提供近身防护。与传统群体控制队形相比，使用坚固车辆具有以下优点：

■ 比起暴露的部队，其展示更为可信的武力的信号；

■ 提供一个致命和非致命性武器的平台；

■ 具有观察和射击的高度优势；

■ 传播；

■ 如果对方有小型武器，可以作为掩护；

■ 更为高效的撤退能力；

■ 有助于照顾和撤退伤员。

（2）射手。车上的致命武器射手为致命武器系统持续搜索交战威胁，同时队伍中有非致命性武器射手为非致命性武器持续搜索交战威胁。车上的射手可以根据交战规则/武力使用规则自主遂行任务，或者由车上指挥官紧密控制，或者由更高级指挥官通过无线电控制。相似的控制可用于车下的非致命性武器射手，其主要人物同持盾牌人员相似，与其一道保护车辆。

（3）防暴器材。车下人员应该根据分队指挥官的要求装备防暴器材。

（4）非致命性武器专职人员。指定一些人员装备非致命性武器来有序的使用它们，同时装备致命武器的其他人员就位，这样是有先见之明的。在快速变化的情势下，这会减少人员的困惑。

2. 交战选择

对于应对公众骚乱局势的队形布局可以采取下列选择：

（1）警告。语音传播技术提供警告在场人员的能力，如果他们不服从/不投降/不退散，部队就会使用武力。语音传播技术能让对方在极远的距离下清晰地听到警告或者劝诫，附带语音设备可以用暴徒所使用的语言传播警告和劝诫。

（2）发射非致命性弹药。当部队在使用近身打击手段之前，若试图驱散骚乱人群时，可发射远程非致命性弹药来保持距离。

3. 机动

下列是在面对群体控制情势时，部队移动到优势位置的两种技巧。

（1）冲击和停止。冲击和停止是用来让骚乱群体撤退的技巧。指挥官在自身站立线和骚乱群体站立线之间指定一个位置，或者正好就指定在群体第一列站立线，指定的点容易辨认，例如指定点有灯杆、标识或者消防栓。根据命令，通过之前确定的信号，所有车辆和人员将向前冲击，前进到不超过指挥官的指定点的距离（例如阶段线）。这个动作的关键是所有人和车辆必须快速行动，同时保持队形。“冲击”对于经受“冲击”的骚乱群体中的人有着心理冲击作用——他们无法预计部队冲击到哪个位置才停止，其印象是前进分队想要趟过他们。骚乱群体遭遇冲击时通常会后退。通过后续使用恰当的非致命性武器，向他们施加更多的后退动机，其撤退动作能被部队利用和强化。这个动作可根据需要重复使用。由于这个动作可能会导致指挥控制的减弱以及打乱分队整体性，排演、沟通和良好的标准作战流程是成功的必要因素。

（2）跃进。跃进是一种当部队向骚乱群体移动时，为部队提供掩护动作的技巧。指挥官在自身站立线和骚乱群体站立线之间指定一个位置，或者正好就指定在群体第一列站立线，指定的点容易辨认，例如指定点有灯杆、标识或者消防栓。根据命令，部队中的第一个分队根据之前确定的信号向前冲锋到指定点。根据命令，第二个分队向前冲锋越过第一个分队，到达并占领第二个指定点。这个过程一直持续，直到部队目标实现或者有必要实施另外一个行动过程。

4. 训练和演习

这些选择必须根据可靠的标准训练流程进行训练和排演，标准训练流程能够让部队从遂行应对公众骚乱职能转向小分队开火压制职能，再回转成应对公众骚乱职能。必须假设，任何时候，威胁和暴力等级可以立刻升级为需要小分队开火压制。传统的群体控制或者骚乱控制队形没有把升级风险纳入考虑。为了适用暴力和威胁升级时的战术变化反应，必须在分队层面进行应急行动演习。

公众骚乱反应要素

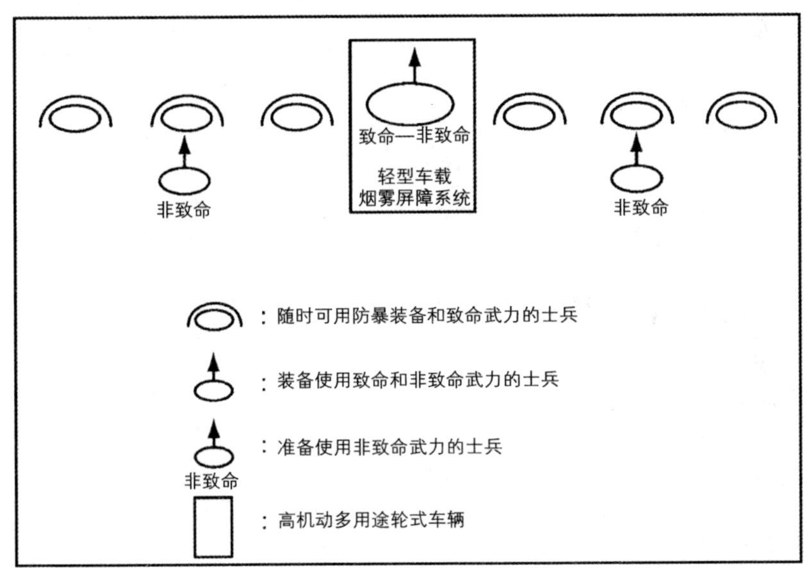

5. 小结

上图是公众骚乱反应要素的一般例子，是很基本的科目。根据威胁，如果骚乱群体使用汽油瓶（发火瓶，鸡尾酒）或者预计其会使用，军人应该站立在车辆之后，还要设立一名灭火队员专门应对来自车辆任何一侧的火力攻击，其应该对向车辆或者任何一个方向的车下小队投掷的汽油瓶作出反应。当车下小队成员完全相信或信赖“灭火队员”，当人员暴露在火力或者火焰之下而终将产生的恐慌就不会压倒经过良好训练和演习的纪律。火力或者火力威胁能轻易地驱散任何队形。接受汽油瓶投掷演习是克服威胁的必须训练。使用致命武力不能保证消除此类威胁[a]。

（二）哨卡行动

美军哨卡行动武力升级流程示例图。

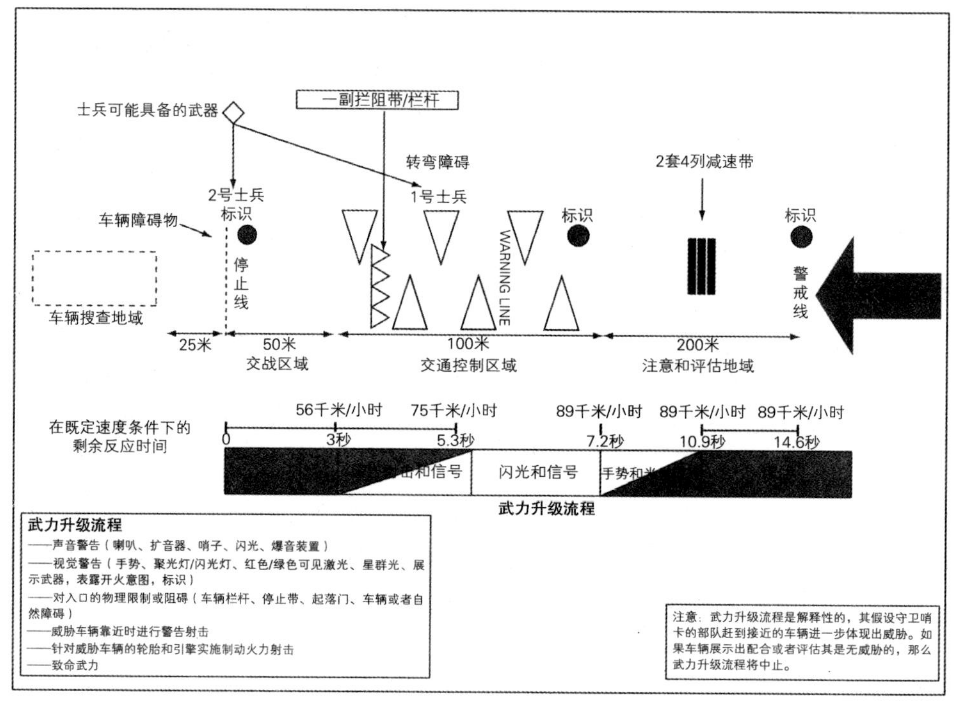

（三）障碍点行动

美军障碍点行动武力升级流程示例图。

---

a Multi-Service Tactics, Techniques And Procedures For The Tactical Employment Of Nonlethal Weapons FM 3-22.40MCWP 3-15.8NTTP 3-07.3.2AFTTP（I）3-2.45, Air Land Sea Application Center, 2007

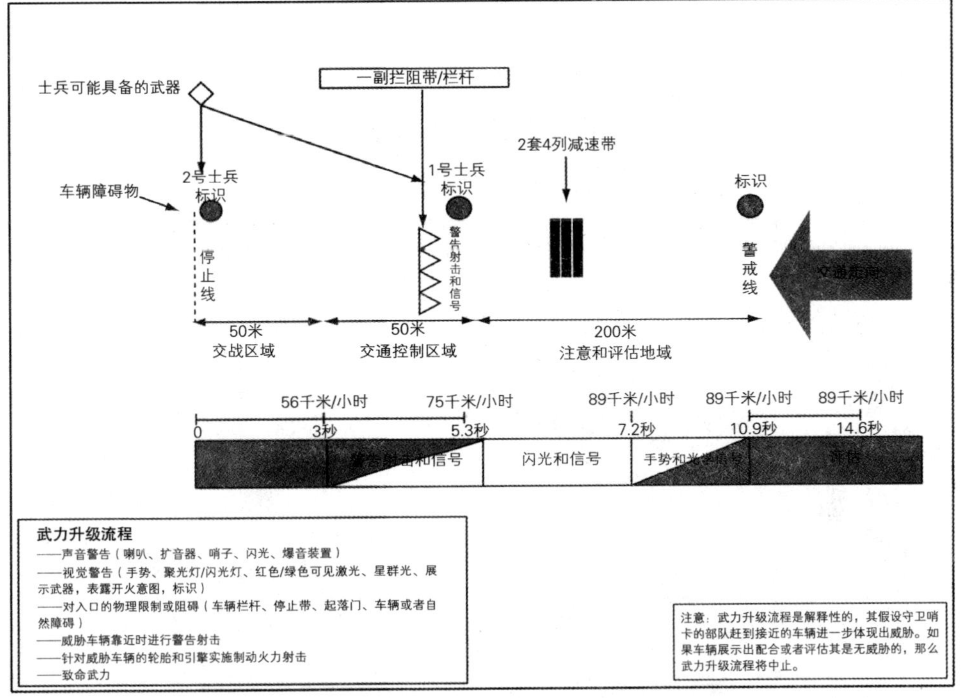

三、武力使用和武力升级模型

美国军人在战区行动中仅仅体现存在就会对任何情势立即产生影响。如下图的内环所示，这种影响通常以许多可被认知的形式体现出来，无论如何，越来越多的军人极为依靠个人对目标行为的认知而行动。如下图的外环所示，最终，军人必须采取行动。军人的选项包括从持续保持存在到使用致命武力。下列图表解释了使用武力和武力升级图的意义。

（一）概念

武力升级图

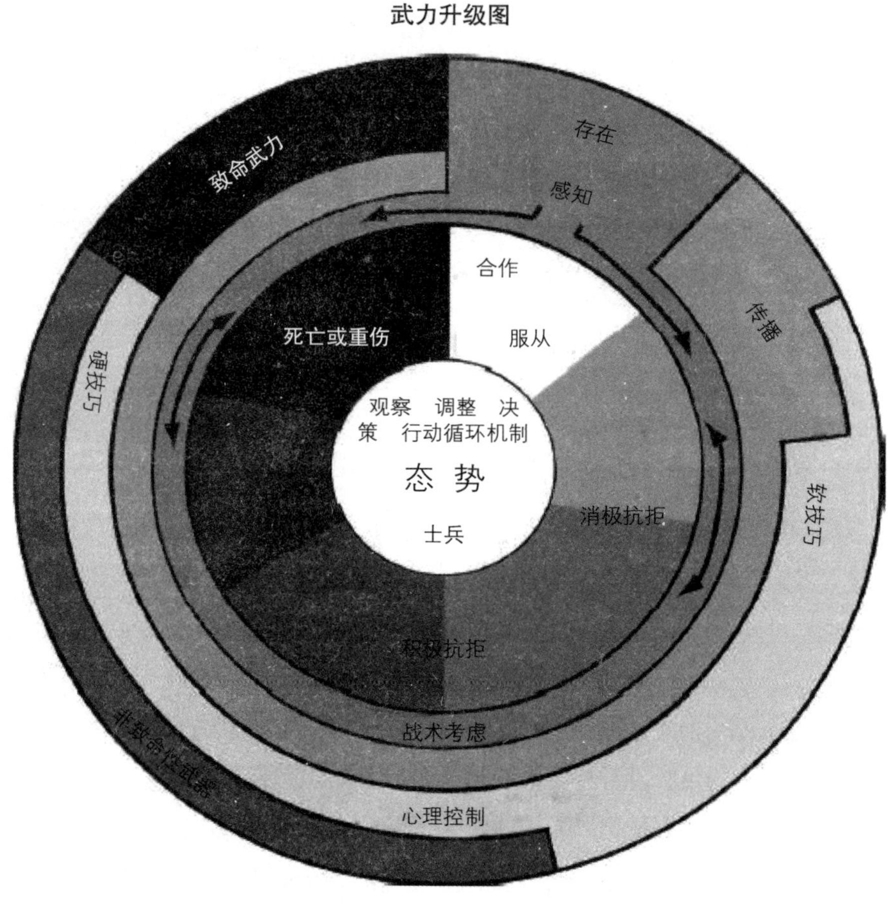

武力升级概念为武力使用提供指南，武力使用根据环境的总体情况，在强度、持续事件和量的大小上必须合理或合适。武力升级概念说明，存在范围宽泛的可能的行动，从军事存在、口头警告到使用致命武力，这些可用来应对或者任何特殊条件下对抗行为或威胁。各种态势的性质是不同的，威胁级别也会随着军队和涉事群体或人员双方的行为会升高或降低。作为指南，武力升级概念的目的是作为帮助军队根据交战规则/武力使用规则而进行武力使用决策时的图式训练指导。武力升级图并非政策，其不能取代交战规则/武力使用决策，它是为交战规则/武力使用规则服务的训练工具，作为训练工具，它还可以帮助军人在使用武力时解释其行为。

（二）武力升级图

武力升级图是一个循环图，其体现了态势、目标行为类别、军人认知、战术考虑和武力选择类别之间的互动关系。军人使用观察—定位—决策—行动（observe–orient–decide–act（OODA））循环机制来驱动武力升级图的功能。

（1）态势。武力升级的中心是“态势”，其牵涉到“军人”和“观察—定位—决策—行动（observe–orient–decide–act（OODA））循环机制”（也被称为Boyd's Cycle）

（2）目标行为。在“态势”圈外是五种广泛的目标行为分类环绕段：

a合作/服从。合作或服从的目标遵循军队发出的语言或者非语言指令和指示。

b消极抗拒。消极抗拒一般采取抵抗的形势，而不造成紧急的身体伤害危险。消极抗拒通常让军队遭遇到拒绝遵从语言或者非语言指令和指示。目标拒绝移动或者离开。死赖着不走或者拖拖拉拉的行动是消极抗拒的例子。

c积极抗拒。积极抗拒一般采取非攻击性的身体行为来抗拒；其例子包括拉扯、躲避或者抛开来免受控制。

d攻击性行为。攻击性行为通常采取企图或者确实进行攻击、踢打、扭打或者啃咬军人的形式。目标有攻击性行为，但未使用任何类型的实际武器。

e严重身体伤害或死亡威胁。这种类型的抵抗或者威胁，目标体现出的行为让军人有理由相信其试图或者可能导致针对任何人的严重身体伤害或者死亡威胁。枪和刀是最明显的武器，而简易武器如管子、链条、危险物品，或者任何能被用来作为棍棒或者切割装置的工具都会形成严重或者致命的威胁。

（3）军人认知/战术考虑。在武力升级图中，目标行为段和武力选项段之间是战术考虑段和认知段。军人的战术考虑和认知互相联系，因此处于图中同一区域。某军人给某一态势注入的因素对于该军人是独特的，该因素与态势因素和行为因素相互作用来确定该军人会如何感知态势。军人对态势的感知会影响他的定位（根据OODA），从而影响其战术考虑。具有具体态势前提的交战规则/武力使用规则是最主要的战术考虑。这些概念在后面会进行充分解释

（4）武力选择。武力升级图的外层带包含五大类武力选择。

a武力存在（军人/分队）。虽然其本质上没有实际使用武力，但可见的军人

存在的确具备使态势平静的效果，或者成为一种控制因素，因为军人意味着如果目标实施不当行为后可能出现后果。例如，当一辆摩托车在路上行驶，接近一个山丘时，发现一辆有警局标志的车辆停靠路边。其最自然和可能的反应是什么？刹车，减速。为什么？后果。所以在此例子中，巡逻警车的存在影响或者“迫使”司机采取警察想要的后果——减速——而其仅仅使用的武力就是表示武力存在。

b传播。语音或者非语言的传播可以用来控制或者应对态势。例如，武力存在，沟通也存在于整个武力升级过程中。即便我们使用其他种类的武力，沟通应该以指令、指示、命令或者警告形式存在。

c身体控制。身体控制是实际使用动手武力。这是指控制目标的所有身体技巧，而不涉及到使用武器。贯穿于武力升级过程中的目标——理想结果——是“控制”。保持或实现。防护和攻击概念的本质是非物质的。身体控制又分为两类：软技巧，硬技巧。

- 软技巧。软技巧以控制为导向，导致伤害的可能性较低。这些技巧一般包括控制性技巧、锁关节技和擒拿技。
- 硬技巧。硬技巧目的是停止目标的行为或者允许使用某种控制技巧，其，导致伤害的可能性较高。这些技巧一般包括徒手打击，例如拳打脚踢；所有类型的有造成关节错位或者造成轻重不一程度的骨折的危险的制服手段。所有类型的目的是导致目标昏迷或者可能产生昏迷的身体制服手段。这些技巧可能会升级至导致死亡。

d非致命性武力。这个类别的武力是指在国防部3000.3号指令中所定义的“非致命性”的所有武器和装备。这个类别包括基于其性质或者传统使用技巧而在传统上被认为是“非致命性”的器材，例如警棍和辣椒喷剂。在非致命性武力的类别中，非致命性故意没有分门别类的各自列出，这是为了避免战术缺陷或者形成“非致命性武力升级图”。评估使用非致命性武器对于态势来说可能是合适，也可能不合适。当他们被认为是合适的，非致命性武力的使用类别是由战术态势（距离、可用时间、所涉及的目标数量、交战规则/武力使用规则）所指定的。此外，不是所有军人和分队都持有非致命性武器，因此其在此类别中的选项可能是有限的。当观察—定位—决策—行动（observe-orient-decide-act（OODA））

循环机制过程到达武力升级图的认知/战术考虑段时，关于非致命性武力的规定的交战规则/武力使用规则的限制和允许事项已经在观察—定位—决策—行动（observe-orient-decide-act（OODA））循环机制的决策/行动部分。然而，其使用可能会被严格控制。

e致命武力。此武力选项类别不止包括明显的枪支。国防部第5210.56号指示定义了致命武力。使用致命武力和武器携带由2001年11月颁布的《国防部人员参与执法和安全职责时的规范》解释为："由人员使用的或者知道的有极大风险导致或者直接导致死亡或者严重身体伤害的武力"。这一指示还定义了"严重身体伤害"："不包括微小伤害，例如黑眼圈或者鼻子出血，但包括骨折或者脱臼，深度割伤，身体部位的撕裂、对内部器官的严重伤害以及其他有生命危险的伤害。"使用致命武力的指南目前是记录在参谋长联席会议主席第3121.01B号文书《现行交战规则和现行武力使用规则》附件L，其取代了国防部第5210.56号指示附件2。

（三）武力使用

（1）决策。当决定行动，军人要记得下列要点，并且据此作出反应，这很重要：

- 使用致命武力不限于枪支或者致命性武器系统。
- 身体控制技巧会过线，并变成应用了致命武力。
- 知识伴随着责任。
- 就定义来看，故意或者不小心使目标手臂脱臼或者骨折，态势便升级为致命武力
- 就定义来看，故意或者不小心使用某种非致命性武器时超出了既定使用标准，而产生了导致严重身体损伤或者死亡的巨大风险，态势便升级为致命武力。

死亡或者严重伤害不一定就要将态势升级到致命武力。从定义上看，军人需要理智地认知到造成死亡或者严重身体伤害的"极大风险"的确存在。

注意：提醒大家，理智地使用武力往往考虑行动的后果，并着眼于行动的最终目的和目标。

（2）枪支。对于枪支，军人有同样的责任不要极大地增加平民的死亡或者重

大身体伤害的风险。开枪时，要切实考虑到无辜旁观者的安全。

- 如果向敌方射击时，偏离了目标，那么从定义上来讲，军人就非主观故意地集中了其他东西或者其他人。在这种情况下，军人的行为将接受调查，看其是否切实考虑到了保护无辜平民，是否掺杂了犯罪行为。这会延缓任务的完成和美国/军队的声望，并且导致其他伤害。
- 当军人开枪，其开枪目的是使被枪击的对象屈服，而不能继续刺激军人开枪的行为或活动。

（四）观察、定位、决策、行动回路的背景

当前，加速的科学发明和技术变化给终端用户带来前所未有的先进硬件。在这个潮流下，人们很容易忽视甚至抛弃所有武器系统的核心基础，即作战态势下的人的思维的认知及其相互影响。

（1）美国空军退役上校约翰·博伊德（John Boyd）对此的认识优于常人。约翰·博伊德曾经担任过一项任务，确认为什么驾驶明显劣等飞机的美国飞行员却持续战胜对应的韩国飞行员。发生在360°领域的空对空战斗代表了人和机器的融合关系的定点，这是以人对人方式战斗的战士所梦想的。

（2）约翰·博伊德制定和坚持实施了一个简单而极为深刻的模型，现在被称为观察—定位—决策—行动（observe–orient–decide–act OODA）循环机制，也通常被称为“Boyd’s Cycle（博伊德循环）”。

（3）OODA循环是战斗的本质，也出现在所有人类冲突中。

（4）因为所有战术行动都是动态的，也是有时间敏感性的。迟缓的决策和行动通常变得无效，因为环境是不断变化的。当牵涉到敌人，行动就不止是具有时间敏感性的，而且具有时间竞争性。被一个敌人忽略的时间或者机会可以比另一方所利用。

（5）根据博伊德的理论，冲突可以被视为一系列具有时间竞争性的OODA循环。

a冲突中的每个对手其行为都开始于观察自身、周围物理环境和对手，这形成了“态势”。

b接着，他们定位（判断）自身。定位是指对态势形成心理印象或者描绘。

定位是必需的，因为冲突的流动和混乱的性质使得处理信息的速度和观察信息的速度不可能一样快。这要求有一个提供了观点或者定位的稳定框架概念。

c一旦形成定位，冲突一方就需要进行决策。决策要考虑到定位时间内出现的所有因素（环境的全部情况）。最后，实施决策需要展开行动。有一条战术格言是这样说的："没有行动的决策是无意义的。没有决策的行动是鲁莽的。"

d然后，通过行动改变了态势后，循环重新开始。循环一直持续自身，贯穿战术行动。

（6）谁能持续地完成OODA回路而比对手快将获得巨大的优势。当慢的一方反应时，快的一方已经采取了其他行动，慢的一方的反应则变得无效了。在每次循环中，慢的一方的行动的无效性变得越来越大。这些回合中的反应累加的总和将最终决定冲突的结果。例如，只要军人的行动持续是成功的，敌人将继续处于被动反应的态势，而指挥官则保持了行动的自由。不管慢的一方绝望地想奋力完成什么，每次行动都比上一次变得更无效。因此，敌方变得越来越落后。这说明了主动权掌握在快的一方手里。

（7）所有的交战都是对时间的竞争，一件被斗争双方不情愿放弃的珍贵商品。博伊德上校明白不断迫使敌方应对快速来临的一系列事件的重要性和优点这是为了扰乱和中断敌方的OODA循环。一旦回路被中断，破坏发起者的时间顺应推进，随着下一个干扰和中断对方回路的行为按照可预计的模式进行，冲突结果实际上已确定。另一方面，"受害者"则困于落后的时间点。被动一方没有明显的机会来观察和定位有意义的事件。决策和行动也就无效了。

（五）应用

武力升级图以态势、军人和军人对观察—定位—决策—行动（observe-orient-decide-act（OODA））循环为中心，辅以交战规则/武力使用规则，以及合理和恰当的概念，来进行武力决策。

（1）军人观察到某个态势或者某个态势降临到某个军人身上，军人使用其五感了解整个态势。看和观望与观察不同。我们怀着识别态势的目的进行观察。这就跟听到某人跟我们说话和仔细听某人跟我们说话的区别差不多。有经验的军人知道并切实保持"态势感知"，这是当我们扫描作战空间或进行机动时识别我们所看到的东西的一个关键要素。

（2）掌握数据之后，军人必须根据其了解（观察）到的东西以及所有预先了解的知识（情报、经验、任务简报）来将数据整理成恰当的观点。军人必须定位自身。关于定位的出版物定义是:“熟悉事实、原则或态势，或根据其进行调整。”定位还有一个意思是“在确定性的位置就位；确认位置；根据事实或原则调整而就位”。军人掌握“背景”或态势，并进行分析，同时根据威胁、对抗和完成任务的要求列出重点。当我们列出存在的威胁和抵抗的重点，我们通常会确定可能的反应。这些对威胁或抵抗的确定通过五大类目标行为进行分类和描述。

（3）当观察到态势，并且根据态势定位（认知）自身之后，军人必须做出决策。决策过程在给威胁和抵抗分类和列出重点的时候已经在某种程度上开始了。

（4）OODA的决策阶段将军人推向武力升级图的战术考虑和认知段。

a认知。如何看待和感知某个态势，部分程度上是军人带入到态势中的个人特性具有的功能。这些个人特性影响军人考虑其应对态势的信念。由于多种原因，军人对其应对态势的能力可能是自信的，这还因应导致OODA回路过程将影响这一事实。反之，另外一个军人由于相对的合法原因，可能会感到此态势更加具有威胁性，需要做出不同性质的反应。下列清单包含了单个军人都不相同的个性要素，这些要素与态势和行为要素相互作用来影响军人对态势的感知，并最终根据态势进行OODA回路。

- 力量/整体身体情况；
- 个人经验；
- 技巧/能力/训练；
- 恐惧；
- 性别；
- 疲劳；
- 受伤情况；
- 文化背景；
- 视线/视野。

b战术考虑。下列战术考虑事项可能对军人的OODA回路产生影响，或者可能是军人采取不在武力升级图之内的决策和行动。

■ 撤退；

■ 是否有掩护；

■ 是否有支援；

■ 地形考虑；

■ 遏制的实用性、隔离、传播状态；

■ 任务、指挥官的意图；

■ 标准作战流程；

■ 交战规则/武力使用规则。

（5）升级。当某个态势危险地升级，或者持续介入的后果严重地增加对任何人的危险，撤退的选项可能会是合适的。军队也承认，由于缺乏足够时间和距离，或者由于态势的性质，撤退的选项也许是不可行的。军人必须顶住。如果军人认定撤退在战术上是合适的，其要考虑到撤退的同时，也要意识到目标也无法实现，并考虑到其他选项，例如寻找掩护、等待支援或者快速反应部队或其他部队。

（6）恰当的武力。武力升级图的结构由以有逻辑的、相应的圆圈方式排列的上述要素组成。一个圈式的升级图用来帮助军人作出合理、恰当的武力选择，并反映出一直根据态势使用OODA回路的持续的必要性。圆圈反映了这样一个概念：在一个流动的威胁态势下，如果不能实现立即行动的话，快速行动也非常重要，快速行动应该是合适和恰当的，也没有因为考虑武力升级步骤或者水平而导致决策变得迟缓。过度反应不仅违反交战规则/武力使用规则以及军事审判统一法典，还可能是无效和低效的。反应不够则可能会让军人和其他人遭受损伤。“使用自卫武力对于确定性地对敌对行为或展示敌对企图反应来说应该足够了。这种武力使用可能超出了敌对行为或者敌对企图的手段和强度，但是所使用武力的性质、持久性和范围不应该超出必要程度。[a]”（Enclosure A, CJSCI 3121.01B）

四、创伤升级图

a Multi-Service Tactics, Techniques And Procedures For The Tactical Employment Of Nonlethal Weapons FM 3-22.40MCWP 3-15.8NTTP 3-07.3.2AFTTP（I）3-2.45, Air Land Sea Application Center, 2007

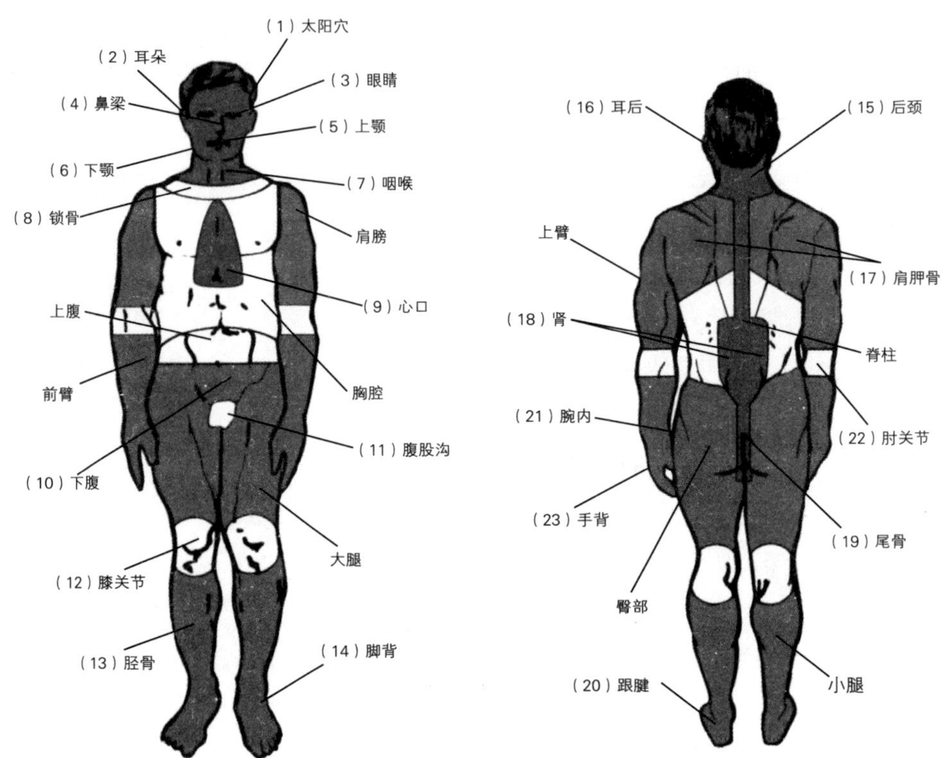

莫纳德诺克（Monadnock）公司是一家武器装备生产公司，其制作了创伤升级图。

1. 描述

创伤升级图是用绿色、黄色和红色的区域来代表人体。相对于其他目标选择方案，研究此图将有助于军人在压力下更好地回忆绿色区域（最低水平）。通过使用绿色、黄色和红色的区域，简化了对于图中所牵涉到的医疗术语和概念的理解。通常，绿色区域相对黄色区域不那么容易受伤，黄色区域相对红色区域不那么容易受伤。

2. 指南

创伤升级图为军人培育认知可能导致创伤的从绿色（最低）到黄色（中度）、红色（最高）三个水平的能力，这有助于军人在训练和战场上的表现。指南是对该图内容的表述。其引入复杂的生物医学事项，并形成一种文明的、合理的、多用途的、容易习得和回忆的方式来在对抗中使用钝头冲击武器。

3. 简介

（1）“当使用武力来影响抓捕行为；弹压抵抗；制止对方逃跑；自卫；或者保护他人时，军官使用武力是可被允许的；使用武力时要根据军官所认知和了解到的事实和环境，且必须客观合理。军官应该考虑的有：所涉及到的犯罪的严重性；目标或者第三方的行为；目标是否对军官或他人的安全造成了紧急的威胁；还有军官/目标因素。军官通常在有压力和快速变化的环境下决策，因此不要求军官决定使用最不具有攻击性的可以解决问题的武力手段。要求军官基于对威胁和目标或第三方在当时的行为，结合自身的训练和经验来选择客观合理的选项。”

（2）“当决定使用某种具体的武力时，平衡武力选择和可能/可预见的对目标的伤害风险是评估武力使用的合理性时应该考虑的因素。当军官确定使用警棍技巧是客观合理的武力选择时，他们需要选择恰当的人体目标区域，基于对人体不同部位的脆弱性的医疗评估以及对目标的潜在伤害的人体目标选择会有助于军人减少对目标的伤害。在莫纳德诺克警棍创伤图中，指明使用警棍技巧所产生的受伤风险等级的灰色阴影指出了人体可能受到的潜在创伤。”

4. 评估

“绿色、黄色和红色目标区域的概念是用于帮助军官评估对目标造成伤害的可能性的评估。如果时间允许，军官对武力的使用应该根据威胁评估、军官/目标因素以及可能的伤害严重性，考虑升级或者降级。”

5. 行动概念

“当使用警棍技巧，例如选择击打方式时，绿色目标区域会考虑作为主要目标区域。当打击绿色目标区域未能制服目标的抵抗或者与威胁等级不对应时，黄色目标区域会考虑作为打击选项。黄色区域是武力直接针对关节或者极度接近突出的红色区域的地方，因此伤害风险增加。在目标试图造成严重身体伤害或者针对军官或其他人使用致命武力时，或者由于目标所体现出来的抵抗活动升级而打击低层次的目标区域时无效，而必须结束对抗时，则打击红色区域。针对红色目标区域的身体武力带来造成目标受伤的更大风险，打击某些区域可能会由于导致死亡的可能性而变成致命武力。莫纳德诺克警察训练委员会确定的一般原则阐述如下”

注意：莫纳德诺克警察训练委员会支持发现有必要将某个具体目标区域升级

为更高等级颜色分类的目标区域的部门或者教员。例如，将锁骨从黄色区域升级为红色区域。任何选择这种行为的部门或者教员必须进行明确的记载。委员会不支持任何某个具体目标区域的颜色等级降级。例如，将锁骨从黄色区域降级为绿色目标区域。作为提醒，合理地使用武力通常要考虑到行动的后果，并且要着眼于行动的最终目标或目的。

6. 小结

恰当地使用武力的能力，无论是致命还是非致命性武力，是任何军事行动成功的重要因素。在当前作战环境，公共支持是完成任务的一个重要方面。为了击败对手，美军必须能够隔离敌军和无辜平民。同时，美军必须有能力让自己保持国内公众支持。缺乏非致命性武器，过分或者不加选择的使用武力可能会让当地民众疏远，因而增加了敌军获得的支持。工具和武力应用的不足之处会导致对友军的风险增加，还会产生鼓励敌军并削弱国内公众支持而有碍任务的弱点[a]。

a Multi-Service Tactics, Techniques And Procedures For The Tactical Employment Of Nonlethal Weapons FM 3-22.40MCWP 3-15.8NTTP 3-07.3.2AFTTP（I）3-2.45, Air Land Sea Application Center, 2007

第二节 非致命性武器的训练

一、训练流程

非致命性武器作战能力的形成离不开高效的训练。根据2007年版《跨军种非致命性武器战术应用的战术、技术和流程》手册（MULTI-SERVICE TACTICS,TECHNIQUES, AND PROCEDURES FOR THE TACTICAL EMPLOYMENT OF NONLETHAL WEAPONS）规定：训练应该使军人了解整个非致命性专题领域，并作为分队中的一分子高效地发挥作用。训练对于让军人自信地使用非致命性武器能力套装和其他非致命性武器而言很重要[a]。值得注意的是，在训练中，鼓励受训者自愿体验非致命性武器的威力，加强对武器性能的体会。2007年版《跨军种非致命性武器战术应用的战术、技术和流程》手册还规定训练流程为：教员训练、领导人训练、分队训练，最后是演习。

（一）教员训练

由美国国防部正式认证的教员训练主要通过跨军种非致命性单兵武器教员课程INIWIC（Interservice Nonlethal Individual Weapons Instructor Course）进行，其由陆军和海军陆战队联合开发，代表了非致命性能力训练的通用最低标准，参训人员为富有经验的老兵和领导人。

（二）领导人训练

指挥员、分队领导人、参谋人员都应该进行非致命性武器的训练。根据资料显示，领导人训练过程分布于教员训练、基地仿真训练、分队训练、新装备训练

a Air Land Sea Application Center, Multi-service tactics, techniques, and procedures for the tactical employment of non-lethal weapons, Ⅱ 1, October 2007

和联合非致命性武器局驻作战司令部联络官组织的训练中。领导人/指挥官除了需要掌握跨军种非致命性单兵武器教员课程中的一般科目之外，还特别需要把握的问题是，应该深刻理解交战规则及其执行过程，理解武力升级模型，以及部队部署地区的政治、文化和人口学因素对武力升级或者降级的影响[a]。

（三）分队训练

分队初级训练由合格的教员组织实施。分队训练的内容包括非致命性武器的运用以及决策。分队持续训练应该根据每个军种和部队/任务要求加以实施。1998年由陆军、海军陆战队、海军和海岸警卫队联合颁布的《跨军种非致命性武器战术应用流程》（MULTI-SERVICE PROCEDURES FOR THE TACTICAL EMPLOYMENT OF NONLETHAL WEAPONS）中规定，分队持续训练最少要每年组织一次。为了成功完成特定任务，训练标准、作战流程和战术可能要求进行调整[b]。

（四）演习

可能的话，指挥官应该将其医务人员、公共事务代表、民事人员、心理战人员、军法官、工程师、爆炸物处理专家和宪兵纳入演习。纳入这些特殊参谋部门将极大地提升训练的质量和真实度。医务人员会更好地理解辣椒油脂喷剂洗消作业，以及应对运用非致命性武器所可能产生的伤害。由于使用非致命性武器会引起广泛关注，所有人员将从公共事务人员的媒体训练中获益。民事和心理战人员将提供地区特定文化、种族和政治信仰来强化人员理解地区行动中所面临的挑战。军法官人员将澄清复杂的交战规则问题，并且指导对交战规则相关问题的训练。此外，支援和后勤参谋人员还需要在非致命性武器的维护，以及与装备和弹药相关的特殊环境问题方面进行训练[c]。

a Air Land Sea Application Center, Multi-service tactics, techniques, and procedures for the tactical employment of non-lethal weapons, Ⅳ-2, January 2003

b Air Land Sea Application Center, Multi-service tactics, techniques, and procedures for the tactical employment of non-lethal weapons, Ⅳ-1, October 1998

c Air Land Sea Application Center, Multi-service tactics, techniques, and procedures for the tactical employment of non-lethal weapons, Ⅱ-2, October 2007

二、训练体制

随着美军对非致命性武器和能力需求的增加，外交关系委员会特别专家组2004年提出的报告《非致命性武器和能力》指出：在当前非致命性武器主要部署在陆军宪兵的基础上，扩展当前短程非致命性武器在海军陆战队和陆军步兵中的部署（及使用训练）。确保美国海军和空军拥有与其军队的安保任务相适应的这种非致命性能力，为其他特殊任务所需的具体非致命性能力提供支持和鼓励[a]。事实上，美军在军种和战区两方面的推动促进了非致命性武器的训练不断推广和深化。

非致命性武器的训练体制从军种内训练的角度来看是以跨军种非致命性单兵武器教员课程为基础，以各军种特殊训练要求为支柱。从战区内训练的角度来看是以联合非致命性武器局驻地区作战司令部联络官为主导的灵活组训。

（一）跨军种非致命性单兵武器教员课程是非致命性武器核心训练课程

1. 基本情况

联合非致命性武器局（Joint Non-Lethal Weapons Directorate）成立后，负责非致命性概念开发和项目发展，而非致命性技术的战术应用分配给非致命性单兵武器教员课程NIWIC（Nonlethal Individual Weapons Instructor Course），其训练地点位于阿拉巴马州麦克莱伦堡的海军陆战队宪兵学校。1998年，开始主要为海军陆战队训练非致命性武器教员，同时其他军种也接受此课程。不久后，跨军种训练评估组织对其进行了评估，所有的训练标准经过了参与军种代表的评估和批准。1999年10月1日，非致命性单兵武器教员课程地址转到密苏里州莱昂纳德伍德堡陆军宪兵学校。非致命性单兵武器教员课程成为跨军种非致命性单兵武器教员课程INIWIC（Interservice Nonlethal Individual Weapons Instructor Course）并正式展开，始于2000年，其由陆军和海军陆战队联合举办，向军队所有机构，海岸警卫队和参加美国安全援助项目的外国军人开放。通过军种各自的训练保留渠道，任何军种都可以获得参训人员的配额，此课程是国防部唯一正式的非致命

a Report of an Independent Task Force Sponsored by the Council on Foreign Relations, Nonlethal Weapons and Capabilities, p4, 2nd December 2004

性武器“教员训练”课程。跨军种非致命性单兵武器教员课程用来“训练教员”，为军队提供实施战术层面的非致命性能力和装备训练的指导者。跨军种非致命性单兵武器教员的毕业者还可以作为其指挥官的非致命性行动顾问，帮助指挥官和军种内人员理解与战术形势有关的分队部署和单兵行动。[a]跨军种非致命性单兵武器教员课程时间长短比较灵活，常用的有10天制，5天制课程，也出现过2天制的课程。10天制的课程每年大概举办10期，目前，国防部下属各单位有超过3100名教员受过训练，并获得了非致命性单兵武器教员课程/跨军种非致命性单兵武器教员课程的资格证书。此外，课程还提供机动训练小组，外出到部队所在地提供现场训练。2009年，机动训练小组在多个地点进行了教学，为陆军、陆军预备役和陆军国民警卫队部队作了行动部署前的训练准备。[b]

跨军种非致命性单兵武器教员课程作为核心课程，不仅体现在其是由最早铺开非致命性武器训练的陆军与海军陆战队联合开发，而且还会随情况更新。海军陆战队中尉泰勒·安德森（Tyler Anderson）表示：“跨军种非致命性单兵武器教员课程所在位置独特，能够经常与来自军队各部门的作战部队进行联系。这让课程保持更新，对为艰苦作战和准备参加艰苦作战的军人所开发的战术、技术和流程提供前所未有的真实反馈。训练、教育和体验是列装任何系统的关键要素，因为没有训练，我们军人手上拿的是一堆昂贵的奢侈品。[c]”

2. **课程内容**

跨军种非致命性单兵武器教员课程学员要理解：非致命性观念不仅是使用警棍、橡胶弹或者新技术，而需要深刻地理解力量升级模型，以及根据已知威胁而升级或者降级军事力量的能力。非致命性能力是作战工具中的一种，为部队在遂行任务时作出传统反应，有时是致命反应时提供非致命性的备用选项。跨军种非致命性单兵武器教员课程着眼于为人提供装备，而不是为装备提供人。

课程分为三块。

---

a Air Land Sea Application Center, Multi-service tactics, techniques, and procedures for the tactical employment of non-lethal weapons, Ⅱ-1, October 2007.

b DoD Non-LethalWeapons Program Annual Report 2009, Enhancing Non-Lethal Weapons Knowledge, ESCALATION-OF-FORCE OPTIONS, p22

c Joint Non-Lethal Weapons Directorate, Biannual JNLWP Newsletter, Fort Leonard Wood: Home of Non-Lethal Weapons Training and Requirements, p4, June 2010.

（1）非致命性武器战术

武力升级/交战规则；

人群动态学/控制/队形；

沟通技能；

非战争军事行动；

战术考虑。

（2）非致命性武器系统

辣椒油脂喷剂；

徒手控制技能；

防暴警棍技能；

非致命性弹药和装备；

便携式车辆拦截装置；

66毫米榴弹发射器；

模块式群体控制弹药。

（3）非致命性武器示教

军事教学技能；

非致命性武器演习脚本。

15个子课程概述如下：

（1）教学能力培训

教授和强化基础军事教学方法。其确认优秀教员的特点和改进教学能力的4种方法。此外，还明确了实施军事教学的规则，以及规划课程和授课的步骤。

（2）武力升级

此课程说明了防暴对象抗拒行为的五个等级，确认力量升级的层次。课程阐述了武力使用决策和致命武力的相关定义。最后，其确认了使用致命武力的3个先决条件、7个授权使用致命武力的场合。

（3）人群动态学/群体控制。此课程概述了人群、乱民、暴民的区别，，教授学员适用于不同形势的群体控制基本技能。完成之后，学员能够指导他人关于民众骚乱中的群体行为，以及控制民众骚乱的不同技巧。其将确认影响个人和群体行为的因素，确认完成任务所需要或者必要的所有群体控制装备。

（4）徒手控制技能

此课程通过解释自我防御的4M（心理、质量、运动、肌肉），心理运动技能、心理运动技能阶段，来确认考虑实施徒手控制技能时的安全因素。其阐述了训练层次，确认人体的通用压迫点。其确认了队形枢纽、接近当事人的合适角度，所建议的行动模式。学员们将学习拦截技能、打击技能、控制手法、使用护卫位置和限制装置。

（5）警棍技巧

确认警棍术语和实施防暴警棍训练的安全标准。确认心理运动技能教学的方法及步骤。其强调警棍打击技能、阻挡技能和拦阻技能。

（6）非战争军事行动

其确认非战争军事行动，及其与战争宣示的区别。其帮助确定政治目标的首要性和非战争军事行动的策略方面。其解释了行动范围，行动原则，以及非战争军事行动的类型。

（7）交战规则

定义交战规则、规则中的具体术语。定义交战规则的目的，让学员理解需要建立交战规则背后的政策。确认交战规则固定的三个来源和两个组成部分。解释了交战规则与使用和应用非致命性武器之间的关系。

（8）辣椒油脂喷剂训练。

解释了三个层次的辣椒油脂喷剂是如何制造的，以及所有药剂霰弹筒的术语。强调了不同的喷洒模式、投送方法，以及与创伤性液压喷射效果相关的注意事项。其解释了运用辣椒油脂喷剂的注意事项，以及辣椒油脂喷剂洗消的三个层次。此外，还解释了辣椒油脂喷剂造成的生理和心理效果，并训练学员掌握使用辣椒油脂喷剂时不同的抓握、抽取方法，以及合适的站姿。解释了洗消、恢复和紧急护理的流程。

（9）队形类型

解释了骚乱控制队形中的要素和每个人的责任。此外，训练如何恰当地抓握、平衡、控制以及保持防暴盾牌。通过教授多个展开骚乱控制队形的命令和命令节奏来强调对领导的要求。阐述队形的不同类型和骚乱控制行动的保障要素。

（10）战术考虑事项

提出了群体控制行动的必要准备事项，以及群体控制武力的分级反应。确认了所需要的主权国警察和政府机构提供的支持和信息。描述了军队在群体控制和非战争军事行动环境中的运用办法。强调了在群体控制和非战争军事行动环境中使用非致命性武器的行动、作战方法和指导。

（11）非致命性弹药及其使用。确认了非致命性弹药的类型和既定目的。阐述了非致命性弹药如何纳入已建立的"武力"升级过程。确认了所有当前使用的非致命弹药的类型、特点和射程。

（12）沟通技能

确认用来决定单个对象心理状况的非语音沟通领域。非语音沟通领域，加上学员理解到个人（在作战队形中的）空间的重要性，使得学员获得跟随一定数量的部队在武力升级过程中解决冲突的能力。

（13）便携式车辆捕获拦截装置

教授如何使用和维护属于非致命性能力套装的部队保护装置。便携式车辆捕获拦截装置设计用来停止重量为7500磅，速度为45英里/小时的车辆。可以保护大门和哨卡。

（14）模块化群体控制弹药

教授使用模块化群体控制弹药；这是克莱莫杀伤地雷的非致命版本。模块化群体控制弹药是一种部队保护装置，设计用来帮助保护静态防御位置或者哨卡。

（15）M-315 66毫米榴弹发射器

教授组装、使用和维护M-315。M-315增加初始射程为50~100米的非致命性刺痛弹弹药的最大射程[a]。

（二）以各军种特殊要求为支柱的训练

1998年1月，陆军、海军陆战队、海军、空军、海岸警卫队联合颁布了《跨军种非致命性武器战术应用流程》手册，2003年，2007年又推出了新版本。手册中涵盖了非致命性能力的通用训练要求和跨军种非致命性单兵武器教员课程，同时提出各军种应该根据自身任务类型、部队规模、部署地区等条件在跨军种非致

a Air Land Sea Application Center, Multi-service tactics, techniques, and procedures for the tactical employment of non-lethal weapons, C-4-C-6, January 2003

命性单兵武器教员课程教员认证的基础上，以各军种各自的训练指导出版物中包含的具体训练标准进行针对性的训练。各军种训练指导出版物提出的补充内容要点包括：各自的教员认证渠道或训练渠道，以及训练流程，提出了对不从属于跨军种非致命性单兵武器教员课程中所含非致命性武器的特定训练要求和训练渠道，如泰瑟电击枪的运用。

各军种的主要训练指导出版物为：

陆军：美国陆军第525-73号手册《非致命性作战行动概念》、陆军第350-38号条例《训练设备政策和管理》。

海军陆战队：海军部发布的海军陆战队第1510.112号令《海军陆战队单兵非致命性武器训练标准系统》。

海、空军的非致命性武器主要应用于安全部队和特别调查人员，以及根据任务特别授权的人员方面，其有特定出版物指导的训练，于21世纪初才开始出现。

空军：空军第31-222号手册《安全部队武力使用手册》。[a]

海军：海军没有关于非致命性训练需求的指示或者政策书，只有第382/02号行政通报《非致命性武器训练政策》。

在所有训练指导出版物中，最为全面的是《海军陆战队单兵非致命性武器训练标准系统》，其中指出的单兵训练标准由6个基本部分组成，其中5个是必备的。

（1）任务：描述陆战队员在具体军职专业或者工作中具体和必要的行为。这种行为是有明确阐述的，以任务为导向的、有着技能要求。

（2）条件：描述装备、手册、指导/监督、特殊物质要求、环境条件和地点，其影响陆战队员在真实环境中对任务的完成。

（3）标准：描述单兵完成任务所必须达到的职业水平。

（4）完成步骤：整体而言，完成步骤表示的是海军陆战队按标准完成任务时所采取行动的逻辑顺序。

（5）参考：相关条令类出版物、技术手册以及其他出版物，以此作为单兵训

a Air Land Sea Application Center, Multi-service tactics, techniques, and procedures for the tactical employment of non-lethal weapons, Ⅱ-2, October 2007

练标准及其完成步骤的基础。它们必须具有可操作性，并且提供在完成步骤中只有简述的流程细节。

（6）行政指示（可选）：行政指示为教员/教练员提供与任务完成或者训练相关的特别建议或者要求的环境，包括安全预防措施。这些指示也可能会阐述任务的意义[a]。

举例：

任务：使用喊话沟通来应对进攻性行为。

条件：既定交战规则、反对力量、语音能力。

标准：通过喊话沟通来降低任务阻碍，缓解形势恶化。

完成步骤：第一，评估单个目标的行为状况。

A、确定进攻性层次；

B、确定单个目标带来的物理威胁。

第二、使用恰当的冲突管理技巧。

参考：第一，进攻性行为管理教员手册。

第二，海军陆战队第5500.6F号令《武力使用》[b]。

训练标准根据军职专业将训练科目分为3大块15个子科目，并确定了受训人员最低层次及其他训练指标[c]。

任务领域	参训人员最低层次
任务领域01——非致命性武器战术	
确认所需部队的适当层次	列兵
确定驱散群众/民众骚乱的适当方式	上尉
将非致命性能力整合进分队行动	少尉
任务领域02——非致命性武器系统	
使用喊话沟通来处理进攻行为	列兵
使用辣椒油脂喷剂	列兵

a Commandant of the Marine Corps, INDIVIDUAL TRAINING STANDARDS (ITS) SYSTEM FOR NONLETHAL WEAPONS, p1, 27th May 1998.

b Commandant of the Marine Corps, INDIVIDUAL TRAINING STANDARDS (ITS) SYSTEM FOR NONLETHAL WEAPONS, p 6–A–5, 27th May 1998.

c Commandant of the Marine Corps, INDIVIDUAL TRAINING STANDARDS (ITS) SYSTEM FOR NONLETHAL WEAPONS, p2, 27th May 1998.

续表

任务领域	参训人员最低层次
使用徒手控制技能	列兵
掩护搜救小队	军士
使用冲击武器	列兵
使用手掷橡胶榴弹	列兵
通过12GA发射筒发射橡胶球榴弹	列兵
使用牵制性弹药	列兵
使用非致命性12GA弹药	列兵
任务领域03——非致命性单兵武器教程	
为指挥官提供非致命性能力技术专长	参谋军士
组织非致命性武器训练	参谋军士

3. 由联合非致命性武器局地区作战司令部联络官为主导的灵活式训练

由于各战区任务和作战环境不同，其对非致命性能力的训练需求也不相同。鉴于非致命性武器将可能是任何未来军事行动的重要部分，联合非致命性武器局为提高作战司令部司令对非致命性武器的认知，在数个地区作战司令部设立了联络官，目前包括非洲司令部、中央司令部、欧洲司令部、联合部队司令部、北方司令部、太平洋司令部、南方司令部、特种作战司令部、运输司令部。其任务是向分配至的司令部提供全时非致命性策划规划专长。联络官对司令部参谋人员实施影响，确保非致命性武器完全整合进周密规划程序和危机规划程序、部队训练、体验活动，以及支持任务。这个工作包括建立、组织和管理作战司令部的非致命性武器项目，作为联合非致命性武器局的直接联络官，确保非致命性武器整合进相应文件，例如作战概念、运用概念、紧急计划。[a]地区作战司令部联络官相当于非致命性作战的教育者、训练者、管理者和分析者。其组织训练的内容和方式比较灵活，通常根据所在战区司令部形势来制定工作，常见的组训形式有部署前训练、演习间训练、司令部机关训练等。2006年，美军太平洋司令部联络官斯皮尔斯（Spires），为提高参谋人员对非致命性武器的认知，组织作战司令部参谋人员进行了非致命性系统的训练。2008年，美军欧洲司令部联络官埃里克·达姆（Eric·Damm）为一支海岸警卫队分队在部署前组织了非致命性武器训练，扩大

a Joint Non-Lethal Weapons Directorate, JNLWP, Newsletter, CEOs bring NL Weapons expertise to COCOMs, p6, March 2006.

了其非致命性武器知识，改进了其技术、战术和流程。2007年，美军欧洲司令部和非致命性项目支持了由海军陆战队和以色列国防军组织的诺贝尔·雪莉（Noble Shirley）双边演习，其中一个目的就是改进欧洲司令部和伙伴国对非致命性武器运用能力。美军欧洲司令部和其非致命性项目组曾派遣了一支机动训练小组，对第23海军陆战团第2营第F连的队员进行了关于骚乱控制技术、非致命性弹药运用的训练。

由于地区作战司令部联络官的设立，非致命性能力在各战区的推广不断深化。美军中央司令部2009年5月决定，将非致命性武器训练作为部队部署到其任务地区的先决条件，这是非致命性武器训练范畴内的重要里程碑。[a]

应该注意到，阿富汗、伊拉克战区隶属中央司令部管辖，其战后维稳行动的局势最为严峻，因此对非致命性能力的需求最为突出。

a DoD Non-Letha lWeapons Program Annual Report 2009, Enhancing Non-Lethal Weapons Knowledge, ESCALATION-OF-FORCE OPTIONS, p22

第六章

非致命性武器项目管理框架和装备的发展现状与未来趋势

美国国防部非致命性武器项目管理框架的形成建立了非致命性武器在国防部内得到推广的基础，推动了联合和各军种非致命性武器装备的研发和列装，自项目管理框架建立后的十多年时间内，非致命性武器事务的建设取得了很大的进展，但美军各界也指出其依然存在许多不足，他们的研究指明了非致命性武器项目的可能未来趋势。

第一节 非致命性武器事务管理框架

1995年，外交学会（CFR）出版了有关非致命性武器的研究结果，认为它们在未来冲突中很有价值。1996年的国防授权法案要求整合非致命性武器的责任。国防部副部长约翰·多伊奇（John Deutch）对此做出积极响应，引导国防部积极投身于非致命性武器的合并计划中；这促成了1996年5月联合非致命性武器局的成立。1996年7月9日，国防部颁布第3000.3号指示《非致命性武器政策》。1997年1月，签订了支持联合非致命性武器局的联合军种协议备忘录，并在1999年进行了更新[a]。从而，非致命性武器事务管理框架大体形成，下图为国防部联合非致命性武器项目管理基本结构：

国防部联合非致命性武器项目管理基本结构[b]

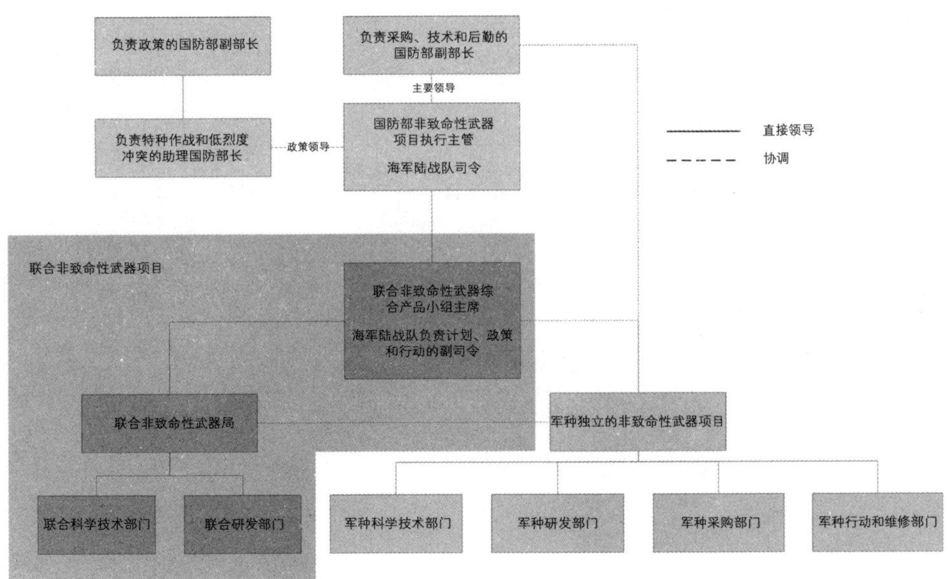

a Committee for an Assessment of Non-Lethal Weapons Science and Technology, Naval Studies Board Division on Engineering and Physical Sciences（防化研究院信息研究中心编译），非致命性武器科学技术评估[R]. 北京：国防工业出版社，2006，P13

b http://jnlwp.defense.gov/About/Organization.aspx

一、国防部

（1）负责政策的国防部副部长下属的负责特种作战和低烈度冲突的助理国防部长，将对非致命性武器的发展和使用进行政策指导。

（2）负责政策的国防部副部长下属的负责战略和需求的助理国防部长将对紧急行动计划和周密计划的评估进行政策指导，并确保非致命性武器在其发展过程中考虑到是否可投入使用。

（3）负责采购和技术的国防部副部长将对国防部非致命性武器项目负有主要指导职责，包括协调联合军种项目来帮助突出保密和非保密项目的发展，并防止重复发展项目。

（4）负责指挥、控制、通信和情报的助理国防部长将：

a为发展使非致命性武器得到有效使用的必要的国防部信息能力和情报能力制定政策和提供指导。

b当非致命性武器事务涉及到国防部第TS-3600.1号指示中所提及的信息战时，提供政策和指南。

（5）负责公共事务的助理国防部长将协调和批准与非致命性武器及其使用有关的公共事务事项准则[a]。

二、参谋长联席会议主席

（1）向国防部长提出关于非致命性武器的发展和使用的建议。

（2）评估非致命性武器采购项目的军事需求。

（3）监控军种部非致命性武器项目的发展。

（4）如果条件适当的话，制定和颁布联合条令以整合新兴非致命性武器的能力[b]。

a Policy for Non-Lethal Weapons Department of Defense Directive Number 3000.3 July 9, 1996
b Policy for Non-Lethal Weapons Department of Defense Directive Number 3000.3 July 9, 1996

三、联合非致命性武器局

国防部联合非致命性武器项目推动和协调美军非致命性武器的需求，并分配相应资源以有助于满足这些需求。美国海军陆战队的司令官是国防部非致命行武器项目执行主官，联合非致命性武器局作为其日常管理办公室，通过由海军陆战队负责计划、政策和行动的副司令担任主席，由其他兵种以及特种作战司令部和海岸警卫队的高级领导为成员组成的综合产品组来提供建议[a]。

联合非致命性武器局的责任是开发、测试，标准化和准备采购这些类型的战术能力，其自成立以后完成了许多工作。下面主要阐述其不同阶段的技术开发工作，和与人体效果评估之外的作战效果相关配套工作。

（一）技术开发

1. *以往的计划*

在1996年成立之初，联合非致命性武器局面临着尽快尽可能地生产出切实可用的非致命性武器的压力。部队急切需要非致命性武器的想法驱使着该机构的早期的活动。它们保守地应对非致命性武器这个问题，着重于从国防部或执法机构、政府实验室或国防工业的一些相对较成熟的计划中挑选一些唾手可得的成果[b]。

联合非致命性武器局建立以后不久通过一个联合讨论评价的方式对所有的非致命性武器进行了一次综合评价。下面列出了当时进行的一些非致使性武器的研究计划，每个计划附有一个现状说明的大纲。

（1）40毫米非致命人群分散弹药筒。由美国陆军牵头，正在研究中。

（2）声音的生物效应和声音发生器。经过一个详细的技术评价后于1999年中止，论证结果表明不能研究出相应的发生器，并且没有生物效应。

（3）模块型的人群控制弹药。它引出了克莱莫地雷的非致命性使用。由陆军牵头，开始了一个正式研究计划。该类弹药已交付战场使用。

---

a http://jnlwp.defense.gov/About/Organization.aspx

b Committee for an Assessment of Non-Lethal Weapons Science and Technology, Naval Studies Board Division on Engineering and Physical Sciences（防化研究院信息研究中心编译），非致命性武器科学技术评估[R]. 北京：国防工业出版社，2006，P40-41

（4）陆上车辆阻止物。当一个独立的技术评价引出了诸如装置大小、可变的目标效能和人员安全等问题时，它被移交给陆军进行另外的研究和开发。

（5）船只阻止物。最初的计划是由海军水下战斗中心1994年研究的用于转动齿轮缠绕系统（RGES）开始的。1997年4月批准了一个一般性任务需求报告书，1999年8月完成了一份特殊需求事件。第5舰队通过评价建议研究适合于缠绕更小、更快的船只的装置。用于大排水量船只的阻塞排气烟囱的装置也引起了人们的兴趣，但无论怎样，这些项目由于作战效能低而被中止。相反，转动齿轮缠绕系统成功地通过了单独的技术审查，它一直由海军水面武器中心和美国海军海岸警卫队在联合非致命性武器局的支持下进行开发研究。RGES的另一个用途是船只周边地域防护。

（6）便携式车辆阻止屏障。也被称为缓速块，使用弹跳装置发射的网迅速设立一个直立的屏障。由陆军牵头，现在已有一个正式的需求计划，并配发到部队使用。

（7）车载主动拒止系统。最初是由空军研究试验室使用毫米波技术达到保护人员安全而研究的。在它的原理样机阶段，车载主动拒止系统就引起了军事部门相当大的兴趣。该计划通过一系列评价．包括独立技术审查、军法署署长审查、生物效应审查、法律和政策审查。它由空军进行更进一步的方法研究和论证，海军则进行军队保护应用方面的研究。

（8）66毫米车载发射榴弹。美国陆军计划生产一种能用车辆发射的榴弹．它已进入正式需求计划阶段，现在已投入生产。

（9）非致命性跳弹。它是M16A2非致命性地雷的改进型，被称为跳跃的长颈瓶，由于无价值而中止。

（10）霰弹枪发射的区域拒止系统（CLADS）。火山型发射器用于快速施放非致命性地雷，由于没有开发和采购价值而中止研究。一般性方法仍然在考虑中。

（11）泡沫的使用。一共包含两个不同的计划：滑性泡沫和刚性泡沫。前者处于研究阶段，后者进入采办阶段。

（12）涡环枪。曾计划使用MKl9—3来发射非致命性物质，由于无法预测旋涡和有效射程而于1998年中止研究。

（13）枪管底盘战术弹头施放装置。来自于M16A2和M4的卡宾枪中的气压装置用于施放各种弹头，由于不能引起军方的兴趣而中止[a]。

2. 技术投资计划

1998年，联合非致命性武器局与政府实验室、工业部门和学术部门联合设立了技术投资计划（TIP）用于研究新的非致命性技术方法。该计划包括研究、实验室测试和野外演示。那些富有潜力的将转入相应的需求论证阶段，下面是一些已经完成的计划：

（1）非致命性电磁脉冲器。使用单人携带的非致命性电磁脉冲器（NEMP）来损坏车辆的研究。

（2）蜘蛛网纤维。蜘蛛网纤维基因研究的技术评价。

（3）泰瑟枪弹。能够发射一种透过军装的高压、低电流、使人失能的电脉冲已试验成功。该研究已转入概念探索项目进行更进一步的研究。

（4）高空液体分散器。能够迅速在大范围（直径为13米的圈）直到175米以外分散液体的可能性已经得到证实。该研究已转入概念探索项目进行更进一步的研究。

（5）脉冲动能射弹。使用脉冲化学激光器产生闪光和巨响效果的研究。

（6）燃烧用迫击炮。使用易燃物质减少迫击炮弹壳的致命性的研究。推荐到比较重要的需求论证阶段。

（7）生物物质研究。对那些来源于自然界（如使用高强度纤维来制止人员和车辆）的生物物质的研究和记录。

（8）81毫米非致命性迫击炮。成功研究和论证了一种组合式的迫击炮能够发射射程为1.5千米的非致命性弹药而能保证炮弹壳本身没有致命性。推荐到比较重要的需求论证阶段。

（9）恶臭物。几种恶臭物的人员试验报告，转入概念探索项目阶段。

（10）先进的战术激光器（ATL）。确定ATL在执行非致命性任务时有效性的可行性研究。目前建议进行先进概念技术验证阶段（ACTD），着重于致命性应用。

---

a Committee for an Assessment of Non-Lethal Weapons Science and Technology, Naval Studies Board Division on Engineering and Physical Sciences（防化研究院信息研究中心编译），非致命性武器科学技术评估[R]. 北京：国防工业出版社，2006，P41-44

（11）非致命性制导弹药。远距离发射非致命性物质的可行性、弹药设计和分析的研究。

下面是联合非致命性武器局正在进行或刚开始进行的一些技术研究计划：

（1）非致命性巡逻系统。非致命性应用自动发射系统的评价。

（2）微胶囊化。将非致命性化学物质微胶囊化的可能性的演示。

（3）前期分析。潜在的控暴剂和镇静剂的一系列工作的最终分析数据库，着重于在过去十年的技术的先进性。

（4）温压技术。确实温压武器用于非致命性使用有效性的可行性研究。

（5）眩目遮蔽激光器。紫外线激光器产生眩目的荧光作用于人的晶状体的可行性研究[a]。

3. 其他技术研究

联合非致命性武器局从科技界寻找未充分开发的技术，并将其提交给军种部作为可能的技术概念。如果某个军种想要购买这个概念，联合非致命性武器局就会为所有进行到阶段C（全速生产）的研发成本进行投资，并符合预算所允许的程度。军种必须为这次购买买单[b]。

此外，联合非致命性武器局对其他技术的初步研究除了技术投资计划外，还进行了一些其他的活动来评价和刺激可用于非致命性武器的其他新技术。联合非致命性武器局还在新罕布什尔州大学成立了非致命性技术革新中心来响应国会的指导。2001—2003年，该大学在刚性泡沫和抗摩擦物质、国外对于非致命性武器的态度和纳米技术以及微电子动力系统（MEMS）等方面进行了评估。

联合非致命性武器局与美国海军陆战队武器司令部一起完成了小型企业创新研究（SBIR）计划，该计划研究了用于标志和追踪的多传感器榴弹和装置。这两项研究作为概念探索项目中的清除装备的一部分被成功转入进行更进一步的研究。

联合非致命性武器局还支持美国能源部的三项特殊的技术计划：a可变的刺弹；b对机械装置的破坏；c具有可变的反推力的非致命性空爆弹。联合非致命性

a Committee for an Assessment of Non-Lethal Weapons Science and Technology, Naval Studies Board Division on Engineering and Physical Sciences（防化研究院信息研究中心编译），非致命性武器科学技术评估[R]. 北京：国防工业出版社，2006，P41-44

b Graham T. Allison, Paul X. Kelley, Richard L. Garwin:Nonlethal Weapons and Capabilities[R]. Report of an Independent Task Force Sponsored by the Council on Foreign Relations, 2004

武器局也与国际司法学院签订了谅解备忘录，一起进行非致命性武器研究方面的合作[a]。

(二) 与作战效果相关的其他配套工作

在确定非致命性武器的效应之外（非致命性武器的人体效应的问题见“人体效应评估”章节），联合非致命性武器局还必须处理好与军队接受非致命性武器有关的许多方面的问题。军队是否愿意研究和使用非致命性武器系统取决于它们完成军事任务的有效性。军队指挥官只能接受那些有助于完成军事任务并且造成人员伤害少、提高速度、较高的准确性、减少直接伤害、与当地群众能较好协作生产、低价、后勤支援负担小或是有较大的使用成功性的武器系统。

当然这样的描述可能太过简单让人觉得有不太实际的感觉。不管是致命性还是非致命性，任何武器系统的有效性都是由许多方面组成的。在经费紧张和后勤负担较重的时期，新研制的武器系统就不能为了达到有效性而有太多负担。依据所有的资源，新的武器系统必须使它具有有效性能够适应研究和采购所需经费的限制。依据后勤的情况，指挥员必须仔细考虑是否有必要不顾现有武器系统而采用一种新的武器系统。

如果缺乏对有效性的正确理解就有可能陷入尴尬的局面。任何武器都有可能不能如预计般地完成任务，因此必须在它的最终战场试验和预期性能的基础上建立起一些方法，这些方法包括开发和改进作战观念（CONOPS）的试验和训练、战术、交战法则；后勤和维修；对抗与对抗措施的对策评估和研究等。同样重要的是了解美国对自己国家的人民使用非致命性武器的弱点。

从目前情况来看，联合非致命性武器局在这些方面取得了比较显著的成功。海军陆战队远征军现在装备了非致命性武器并且进行了相应的日常训练。由于有限的经费和应急需要导致联合非致命性武器局着重为部队装备较为简单的武器装备如非致命性弹药、能产生闪光和巨响的手榴弹和控暴剂。

试验有助于理解和接受非致命性武器。海军陆战队进行了一段时间的积极的

---

a Committee for an Assessment of Non-Lethal Weapons Science and Technology, Naval Studies Board Division on Engineering and Physical Sciences（防化研究院信息研究中心编译），非致命性武器科学技术评估[R]. 北京：国防工业出版社，2006，P41-44

试验计划，人们普遍意识到联合非致命性武器局推荐的非致命性武器与其他武器配合使用的效果。例如，联合军队实验室作为美国联合军队司令部的联合试验管理委员会的一部分，进行了低水平间接伤害武器的试验。许多武器在试验中使用过，如光滑泡沫就在一些战斗人员和非战斗人员混杂的情况下使用非常有效。联合非致命性武器局的另一个努力方向就是模拟仿真试验，它们将现有的非致命性武器能力模型与联合冲突和战术模拟（JCATS）结合起来，形成了一个全面防御模型和模拟试验计划。该模型正处于验证和批准阶段，而联合冲突和战术模拟（已经成为非致命性武器性能的分析工具。军队也致力于综合性能的研究，特别着重于在城市中使用的性能。联合非致命性武器局意识到连续投入经费进行试验是比较有益的。联合非致命性武器局的预算表明了他们计划连续投入经费的决心。

军队也确立了使用配发的非致命性武器的训练计划。在位于密苏里州伦纳德要塞的美国陆军宪兵学校里，各军种的非致命性武器单兵武器指南教程一年要分发几次。教程涵盖了装备使用、条令、战术和公共事务的处理、动态人群拥挤控制和通信技术。它是用于训练受训者的。这些受训者回到部队就要训练其他的人员，例如，海军陆战队远征军在他们部署期间就要接受非致命性武器的使用训练。为了帮助指导者，学校还在互联网上公布了这些材料。

非致命性武器的现有训练计划的范围和场所是与现在的形势相适应的。非致命性武器的配发包括用于个人和人群的近距离使用的装备。训练指导者从训练最终使用者得到的那些经验就是有效地利用训练资源，来较好地指导人员使用新的和相对简单的武器。

随着非致命性武器越来越复杂，因此对它们有新的了解变得越来越有挑战性。车载主动拒止系统是第一代非致命性武器的代表，为单兵提供战术和短距离使用的潜力。基于一种新的武器原理，要求车载主动拒止系统能与现有的军用车辆结合在一起使用，并且作为一种反人员类武器，就必须对它作用于人的特殊性有一个比较全面的了解。由于将会出现车载主动拒止系统和其他的复杂的非致命性武器，因此与早一代的非致命性武器相比，了解这些武器的有效性变得更为重要[a]。

另外，它们还与一些在非致命性武器使用方面有经验的国家如英国和以色列建立了相互交换信息的友好关系[b]。

四、作战司令部

（一）确保建立将非致命性武器纳入作战任务规划的流程

（二）确认统一作战司令部的作战需求[c]。

五、军种部和特种作战司令部

（一）国防部第3000.3号指示中的规定

（1）根据此指示中确立的政策，确保建立和实施已列装非致命性武器系统的作战概念、条令、战术、训练、安全流程和后勤支持。

（2）确保对所有非致命性武器的采购实施法律评估。法律评估应该确保其符合美国政府承认的所有相关条约，以及传统国际法，特别还有战争法所赋予的义务。

（3）确保只有那些满足技术可行性、作战实用性以及政策允许等普遍要求的非致命性武器发展项目才有可能得到支持。

（4）在遵循当前的采购项目管理准则的基础上，建立相关准则以强调非致命性武器必须：

a在实现导致死亡、永久性伤害和附带装备损害的低可能性以及实现理想的反人员和反装备效果的高可能性这两个优点间实现恰当的平衡。

b不轻易被已知的敌军应对手段所击败。或者如果可以的话，在具体条件下

---

a Committee for an Assessment of Non-Lethal Weapons Science and Technology, Naval Studies Board Division on Engineering and Physical Sciences（防化研究院信息研究中心编译），非致命性武器科学技术评估[R]. 北京：国防工业出版社，2006，P45–47

b Committee for an Assessment of Non-Lethal Weapons Science and Technology, Naval Studies Board Division on Engineering and Physical Sciences（防化研究院信息研究中心编译），非致命性武器科学技术评估[R]. 北京：国防工业出版社，2006，P40–41

c Policy for Non-Lethal Weapons Department of Defense Directive Number 3000.3 July 9, 1996

择机使用此类武器产生的好处是如此之大而足以忽略其缺点。

c实现良好的作战效果，以值得费力提供任务规划和打击效果评估所需的情报支持。

d遵循恰当的安全准则，为参谋长联席会议主席和统一司令部司令提供项目可视性。

此外，海军部部长应确保海军陆战队司令承担国防部非致命性武器项目的执行主管之职。执行主管将负责提出项目建议，并且推动和协调非致命性武器需求[a]。

（二）联合军种关于非致命性武器的协议备忘录

1999年1月21日，陆军参谋长、海军陆战队司令、海军作战部长、空军参谋长、美国特种作战司令部司令共同签署了关于国防部非致命性武器项目的协议备忘录（MOA）。1999年6月23日，协议备忘录更新。协议引导诸军种发展和向主管采办和技术的国防部副部长推荐一整套非致命性武器项目，包括满足国会意图的国防部内部非致命性武器项目分类，并提供最好的非致命性武器技术和装备以支持美国的作战部队。协议备忘录的第3. 6节写道：各军种有责任进行下述工作：

（1）发展军种独有的非致命性武器作战需求和系统特性；

（2）提交非致命性武器作战需求以供联合应用审定；

（3）确认非致命性武器特有的后勤需求；

（4）在被指定为采办领衔军种时按照参考3和参考4进行研究、发展、测试和评估；

（5）服从领衔军种的指示，发展军种独有的非致命性武器条令、训练和后勤需求、测试标准；

（6）向联合非致命性武器主管提供军种独有的非致命性武器项目信息；

（7）为IPT（综合产品组）和JCIG（联合协调与综合组）提供成员资格；

（8）管理指定的领衔军种的非致命性武器项目所分配的资金；

（9）为各军种的非致命性武器研究发展、测试和评估（RDT&E）及采办交

a Policy for Non-Lethal Weapons Department of Defense Directive Number 3000.3 July 9, 1996

付和协调军种项目目标备忘录（POMs）的人财物力[a]。

六、综合产品小组

综合产品小组——由来自各军种、特种作战司令部和海岸警卫队的将官组成，他们具有平等的投票权——提供指导，并批准预算。不具投票权的小组成员包括国务院、司法部、能源部的代表，作战司令部指挥官，以及联合参谋部代表。此外，还有一个上校委员会用来收集各军种的信息来指导研究工作[b]。

a Committee for an Assessment of Non-Lethal Weapons Science and Technology, Naval Studies Board Division on Engineering and Physical Sciences（防化研究院信息研究中心编译），非致命性武器科学技术评估[R]. 北京：国防工业出版社，2006，P14

b Graham T. Allison, Paul X. Kelley, Richard L. Garwin:Nonlethal Weapons and Capabilities[R]. Report of an Independent Task Force Sponsored by the Council on Foreign Relations, 2004

｜第二节｜反人员非致命性武器

本节的反人员非致命性武器和下节的反装备非致命性武器都是根据不同的采购阶段和不同军种的兴趣来进行描述的。各军种独特的武器系统满足具体的不同需求，通常也满足联合需求，这些系统还确保联合可见性和联合考虑的形成。武器系统分类如下：

- **已列装**：当前应用中的非致命性武器。
- **试制型**：已完成开发，并已经生产一定数量，尚未决定列装部队的非致命性武器。
- **开发中**：在批准生产前，需要在技术上或者其他方面进行改进的非致命性武器。这些武器通常是指某军种组织的具备了第五级或者更高技术准备等级的项目。预计列装部队的时间已经确定，但是会根据改进工作而调整，而且不能列入采购计划或者资源规划。
- **概念性**：能够支持演练和建模或仿真的理念或者概念。通常是指尚不能进行采购的，具备第四级或者更低技术准备等级的科学和技术项目。概念性武器的能力当前还不具备，但却是可以开发以满足不远的将来的一种非致命性能力需求的潜在技术[a]。

a Non-Lethal Weapons (NLW)Reference Book[R], Joint Non-Lethal Weapons Directorate, 2011

一、已列装反人员非致命性武器

●1. 非致命性能力套装和武力升级任务模块

非致命性能力套装和武力升级任务模块属于商业现有装备和政府现有装备的成套产品，其能够用来专门满足特定任务需求。每套产品包括很多器材，例如防护性装备（如面罩）、任务增强工具（如聚光灯）、非致命性弹药和设备（如刺痛弹、车辆制动设备）和训练设备（如致惰性辣椒喷剂）、车辆检查用品（如镜子）、哨卡装备（例如警戒标志）。武器和弹药能够介入目标活动的距离达100米。每套产品中的装备和弹药根据军种特定的任务需求和分队组织结构而有所不同。

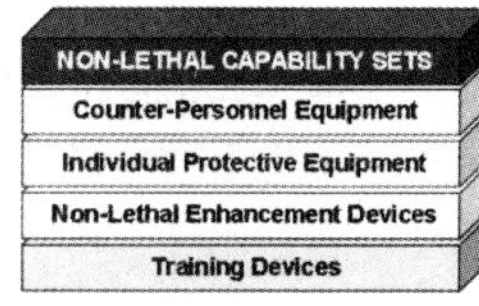

防护性器材

弹道和非弹道身体/面部护罩和护胫

防暴警棍

便携式扩音器

高强度探照灯

一次性手链/脚链

单兵辣椒油脂喷剂

训练器材

防暴警棍训练套装

致惰性辣椒油脂教练喷洒器

刺痛弹教练弹

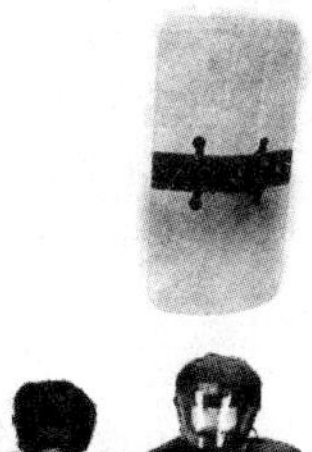

12号榴弹教练弹

非致命性弹药

12号点式杀伤弹/面式杀伤弹

40毫米点式杀伤弹/面式杀伤弹

致晕弹

刺痛弹

模块式群体控制弹药

60毫米发烟/骚乱控制剂榴弹

M26/X26泰瑟枪

其他器材

大型辣椒油脂骚乱控制剂喷洒器与中型辣椒油脂骚乱控制剂喷洒器

铁蒺藜/刺钉板

轻型车辆捕获装置

12号/40毫米弹药袋

12号刺痛弹发射罐

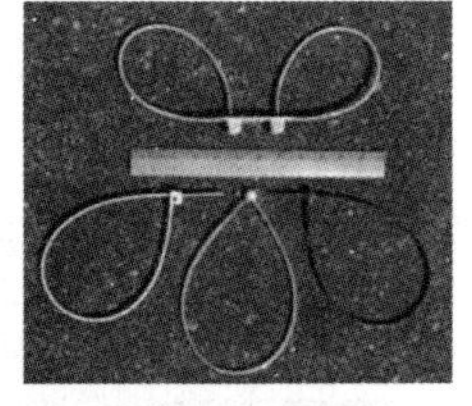

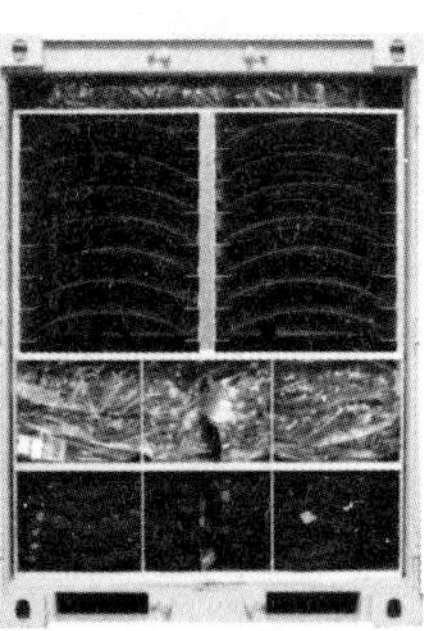

群体控制模块　　　　哨卡模块

武力升级任务模块扩展了之前已列装的非致命性能力套装中所体现的非致命性的概念。通过能够按需调整和增缩而将任务细化到班排级层面的模块化能力套装，武力升级任务模块为指挥官提供涵盖不同层级的非致命性武力的更强能力来应对局势。使用这些装备的情况包括：车辆控制点、入口控制点、护送安全、群体控制、抓捕人员、实施搜索、建筑物清剿、实施警戒，城区巡逻与建立和确保安全界限。

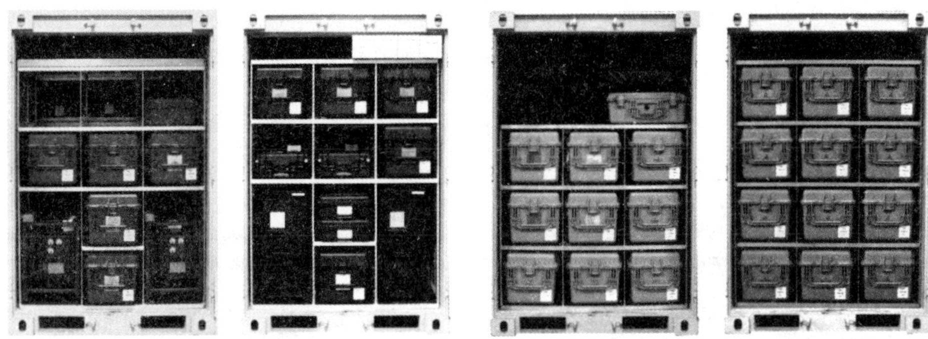

训练用群体控制模块　　训练用群体控制模块

●2. 绿色激光器

当前已列装的单位有美国陆军、海军陆战队、海军和空军：其属于商业现有设备，是应紧急作战军需报表而提供的产品。

牵头单位：海军陆战队。

目标类型：反人员。

预期目标反应：拒止单个人员进出某个区域，驱赶单个人员通过某个区域，压制单个人员目标

性能：LA-9/PTM激光器的最大输出功率为250毫瓦，其具备综合安全控制模块，当目标在0~65米的正常视觉危险距离中闯入时，其能够将激光关闭。LA-9/PTM激光器的射程为65~1000米。“闪耀”型城市地区军事行动激光器规格要小一些，其最大输出功率为125毫瓦，正常视觉危险距离为18米内。“闪耀”型城市地区军事行动激光器的射程为18~760米。

使用概念：在武力防护时、在入口控制点、哨卡、海上港口，以及安全区域警告、拒止、驱赶和压制步行和驾驶车辆或船只的单个人员（例如干扰、迷惑和威慑）。

能力效果：视觉抑制。

发射系统：手持、装配在步枪或者班组协同操作的武器上。

附带损害：如果目标暴露在正常视觉危险距离内，可能会对眼睛造成损害。

应对手段：过滤型护目镜。

环境影响：在雾天和雨天效果会打折。在白天的中度闪光强度下，不会导致闪光目盲，会产生一些视觉残像。

相关政策：见非致命性武器政策参考（光学扰乱器）。

特殊后勤保障：无。

LA-9/PTM激光器

“闪耀”型城市地区军事行动激光器

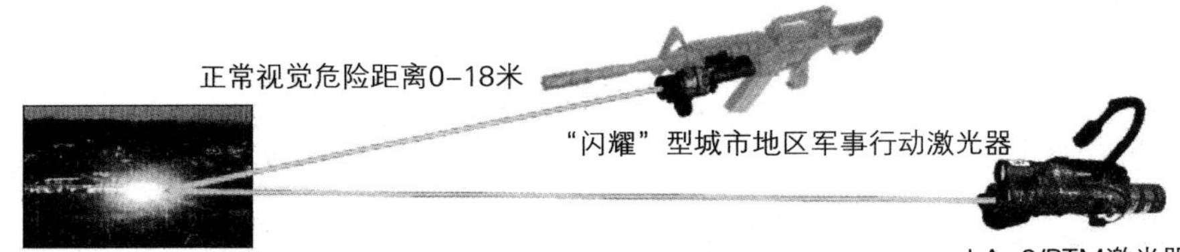

美国“战略之页”网站曾经刊文指出，美军最成功的一种非致命武器是绿光激光器，这种武器基本上是选作军用的民用装置。从设计上来说，绿色激光器是对人眼相对安全的定向型设备，不会造成人眼永久失明。但是，绿色激光会使它所指向的人员“目眩”并且暂时失明。事实证明，这种功能在检查站相当有用，伊拉克和阿富汗的平民有时会试图开车闯过检查站，尽管守卫人员要求他们停车检查。最重要的是，绿色激光器的射程可达2000米[a]。

●3. 定向语音传播装置

当前已列装的单位有美国陆军、海军陆战队、海军和空军：其属于商业现有设备。

牵头部门：美国陆军。

目标类型：反人员。

预期目标反应：拒止单个人员进出某个区域，驱赶单个人员通过某个区域，压制单个人员目标。

a http://www.strategypage.com/htmw/htweap/articles/20120111.aspx

性能：定向语音传播装置可提出传播距离500米以上的可调节传播距离的定向口头警告或者明白易懂的口头命令。

使用概念：在武力防护、入口控制点、巡逻、护送、群体控制行动，以及其他防御和进攻行动中进行拒止、驱赶和压制（例如干扰和迷惑单个人员）。

能力效果：听力损伤和明白易懂的语音传播。

发射系统：车载、船载和地面系统。

附带损害：如果目标暴露于近距离，可能会产生听力损害。

应对手段：听力防护装备（耳塞）会降低或消除其效果。

环境影响：风、雨、雾和背景噪声会降低其效果。

相关政策：无。

特殊后勤保障：无。

远程定向语音传播装置

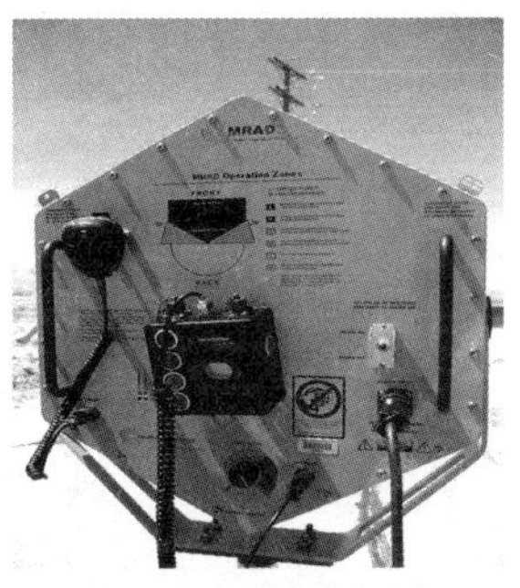

中程定向语音传播装置

Hyperspike型定向语音传播装置

磁力音频装置

美军在伊拉克的巡逻和群体控制行动中经常使用定向语音传播装置

远程声波控制器实质上是一种能够发出聚焦的声音束的装置。使用远程声波控制器或分布式声光阵列“瞄准”目标就像使用机枪一样。受到该声音束影响的人会听到非常响亮的难听声音。而站在他们旁边的人却什么也不会听到。但是，被声音束冲击的大多数人会迅速逃离，要不就痛苦地倒在地上。如果声音束持续几秒钟作用于某个人，可能会造成其永久性听力损失，但是考虑到受到这种声音的影响时，一般情况下人们会迅速逃离，这种情况就不太可能发生。

2009年前，远程声波控制器被悄悄地部署到伊拉克，在那里它被成功地使用。这种装置比起有着许多顾虑的主动拒止系统来说，更小、更便宜、更小伤害力与更灵活，有了实际使用的机会。以至于后来，伊拉克人之间流传着有一件可怕的美国武器会使人们相信大脑听到的声音，这显然给了美军灵感。驻伊拉克的一些部队通过远程声波控制器来“喊话”（而不是“尖叫”）来干预敌方战士。伊斯兰恐怖分子通常迷信，当然他们也非常虔诚。远程声波控制器可以把“上帝的话”送进他们的大脑。如果上帝以只有你能听到的声音告诉你去投降或者逃走，你该怎么办?

美国海军的一些军舰也搭载了远程声波控制器，但不仅仅是为了击退自杀式炸弹攻击或其他任何攻击。美国海军购买这种系统是为了进行杀伤程度较低的应用。远程声波控制器也可以向远达300米处广播讲话。美国海军使用远程声波控制器警告船舶让出道路。当美国海军巡逻在像波斯湾（Persian Gulf）北部那样的拥挤沿海水域时，确实需要这样做。许多小渔船和货船不断往返于这片水域，美国海军的舰艇往往难以引起船员们的注意。美国海军的水手将远程声波控制器对准船员，并由一名翻译向他们“喊话”。有人指出，听到这种声音的船员有时会受到惊吓，即使他们意识到这是美国的大型驱逐舰向他们喊话。

此外，一艘油轮上的工作人员还曾利用它们来击退索马里海盗[a]。

●4. 增强型水下扬声器

当前已列装的单位有美国海岸警卫队和海军：其属于商业现有设备。

牵头部门：海岸警卫队。

目标类型：反人员。

预期目标反应：拒止水下泅渡者和潜水者进出某个区域并对其进行压制。

性能：其是一种便于人工携带，易于操作的组件，由一个控制组件和一条长

a http://www.strategypage.com/htmw/htweap/articles/20120111.aspx

75英尺的传感缆组成，传感缆串着几个间隔24英寸排开的宽8英寸的传感器。此设备用来传播明白易懂的命令，采用电池供电，续航时间为2小时，传播距离达457米，传播深度达40米。

使用概念：通过码头或船只部署支持武力防护，港口行动/安保来制止未经授权的水下活动。

能力效果：听力损伤或者明白易懂的语音传播。

发射系统：在船只或者码头的一侧发射。

附带损害：如果目标暴露在射程内，可能会造成听力损伤和影响水上生活。

应对手段：氯丁橡胶潜水衣可能会稍微减轻音响/效果，听力防护设备（耳塞）可以降低或者消除其影响。

环境影响：背景噪声能减弱其效果（港口/船只引擎的声音）。

相关政策：无。

特殊后勤保障：无。

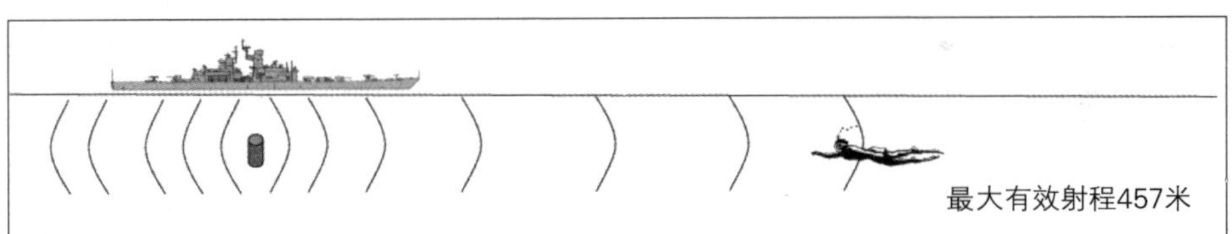

●5. X26泰瑟枪

当前已列装的单位有美国海军陆战队、海军、空军和陆军：其属于商业现有设备，是应作战军需报表而提供的产品。

牵头部门：陆军。

目标类型：反人员。

预期目标反应：使单个人员失能。

性能：这种电击锁肌失能装备使用氮气弹药推进系统来发射两枚装入电能枪的探针。其有效射程是0~35英尺，具体取决于枪的型号，探针能够穿透2英寸厚的衣物。

使用概念：武力防护和其他需要使单个人员完全失能的行动。

能力效果：电击锁肌使人失能（例如通过电流刺激使肌肉失去自我控制能力）。

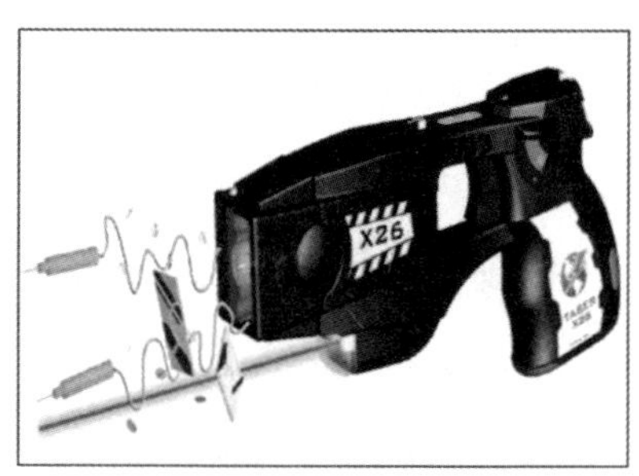

发射系统：手持或者装于武器之上。

附带损害：当目标被击中后跌倒时可能的受伤、探针击中人体的表面灼伤、探针如果击中人身携带的可燃性液体或者气体可能会引起燃烧。

应对手段：夹板或者硬质/防碎护盾。

环境影响：如果在暴雨下击发，可能会导致操作员受到电磁辐射。

相关政策：见非致命性政策参考（反人员电击锁肌失能装备）。

特殊后勤保障：后备弹药、装备维护、后备电池组。

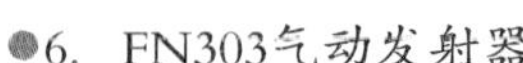

6. FN303气动发射器

当前已列装的单位有美国陆军：其属于商业现有设备，是应作战军需报表而提供的产品。

牵头部门：陆军。

目标类型：反人员。

预期目标反应：拒止单个人员进出某个区域，驱赶单个人员通过某区域，压制单个人员目标。

性能：FN303气动发射器是一种靠压缩气体驱动的发射器，其设计用来发射口径为0.68英寸、重8.5克、使用尾翼平衡的非致命性弹药。这些弹药包括钝头弹（丙二醇）及其教练弹、标记弹（可洗去的是粉红色、永久性的是黄色）和辣椒油脂喷剂。FN303气动发射器的有效射程对单个目标是5~50米，对面状目标是50~100米。

使用概念：武力防护、抓捕行动、群体控制和其他防御和攻击行动。

能力效果：钝头致伤、标记、刺激。

发射系统：独立使用或者装配在军用步枪上使用。

附带损害：如果在0~5米内开火可能会造成重大伤害。

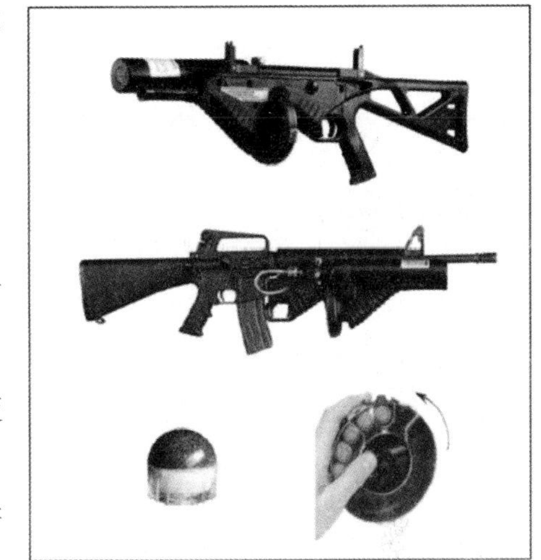

应对方式：钝头弹和标记弹用夹板、铝质或者其他类型的硬质防碎护盾防护。刺激弹用野战防护面罩防护。

环境影响：有风、湿度过大和有雨能减弱或者消除刺激弹的效果。

相关政策：骚乱控制剂当前的政策限制（例如公约、法律和交战规则）。

特殊后勤保障：特种装备需要重新装载压缩气体。

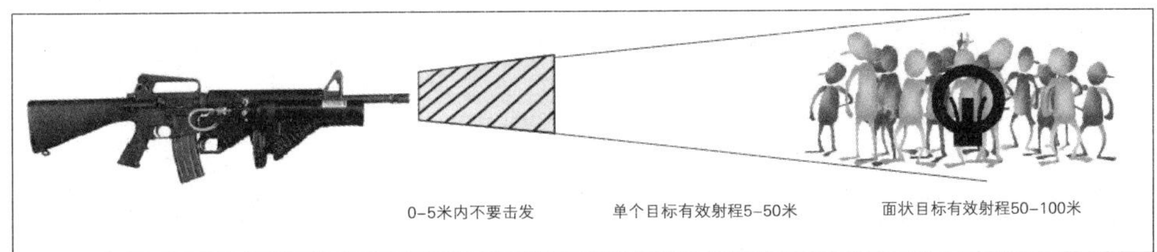

●7. 66毫米轻型车载烟雾屏障系统和车载非致命性榴弹

当前已列装的单位有美国陆军。

牵头部门：陆军。

目标类型：反人员。

预期目标反应：拒止单个人员进出某个区域，驱赶单个人员通过某区域，压制单个人员目标。

性能：这种遥控开火的发射器，可以一次性同时击发4发榴弹，3分钟之内可以再次装填完毕。每颗榴弹重0.28磅，母弹中包含3发子弹，其直径与汽水罐相同，长度是汽水罐的一半。烟雾弹、骚乱控制剂弹、闪光弹和钝头致伤弹都可以用其击发。根据发射管的不同仰角，其有效射程为50米、70米和100米。

能力效果：钝头冲击、刺激和视线障碍（烟雾）。

发射系统：车载、装配在车辆炮塔上的可调整的发射器。

附带损害：钝头致伤弹可能会让眼睛受伤。

应对手段：野战防护面罩可以防护骚乱控制剂弹。强化护盾可以防护钝头致伤弹。

环境影响：湿度过高、下雨和有风能减弱或者消除骚乱控制剂弹和烟雾弹的效果。

相关政策：骚乱控制剂当前的政策限制（例如公约、法律和交战规则）。

特殊后勤保障：无。

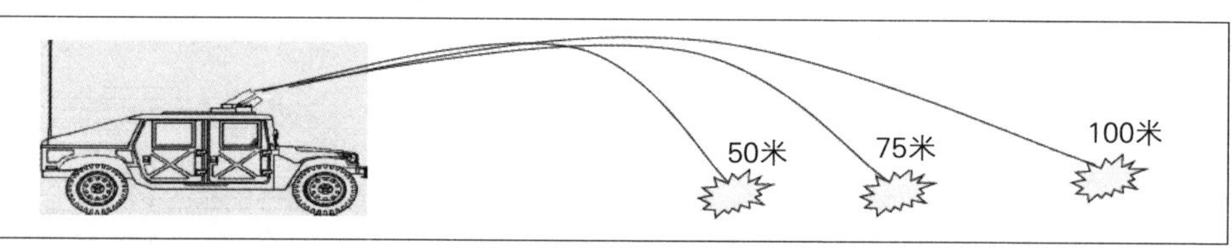

●8. 车载非致命性/管式弹药发射系统

当前已列装的单位有美国海军陆战队：应紧急通用军需清单而提供的产品。

牵头部门：海军陆战队。

目标类型：反人员。

预期目标反应：拒止单个人员进出某个区域，驱赶单个人员通过某区域，压制单个人员目标。

性能：车载非致命性/管式弹药发射系统是一种多弹式、电驱动型榴弹发射器，发射40毫米的非致命性弹药，其装备在海军陆战队透明装甲炮身护板的炮塔上。此系统包括3套发射管，每套发射管为10具，其安装角度分别为10°、20°、30°，覆盖了360°全方位角。车载非致命性/管式弹药发射系统发射多发闪光弹时的射程约为130米。

使用概念：此武器系统装配在机动平台上，用于车辆哨卡、入口控制点以及机动巡逻/护送任务。

能力效果：闪光、视觉和听觉损伤。

发射系统：车载发射管。

附带损害：如果开火时离目标过近，可能会造成灼伤。

应对手段：无。

环境影响：有风可能会削弱弹药的射程或精度。

相关政策：无。

特殊后勤保障：无。

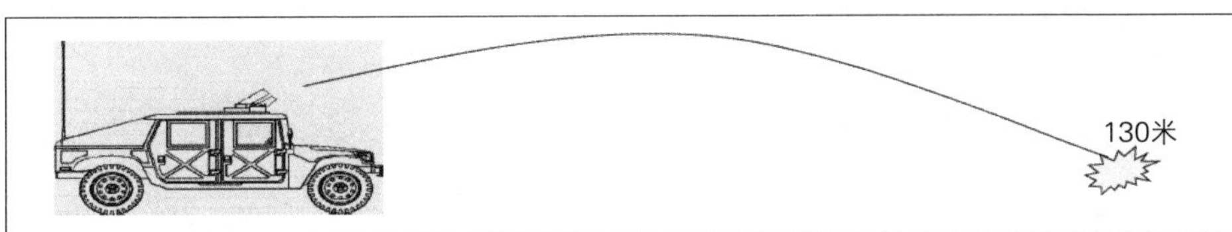

●9. 模块化群体控制弹药

当前已列装的单位有美国陆军。

牵头部门：陆军。

目标类型：反人员。

预期目标反应：拒止单个人员进出某个区域，压制单个人员目标。

性能：模块化群体控制弹药的体积和标准与克莱莫地雷（8英寸×1.3英寸×3英寸）相同，重6磅。每个模块化群体控制弹药包含600个压缩在胶壳中的0.32英寸口径的氯丁橡胶弹。有效射程为5~15米。

使用概念：在入口控制点使用，用来进行群体控制和其他防御行动。

能力效果：钝头冲击。

发射系统：击发装置位于内部，单次击发系统。

附带损害：如果目标在0~5米内被击中，可能会造成重大伤害。

应对手段：夹板、铝质或者任何其他类型的硬质防碎护盾。

环境影响：无。

相关政策：无。

特殊后勤保障：无。

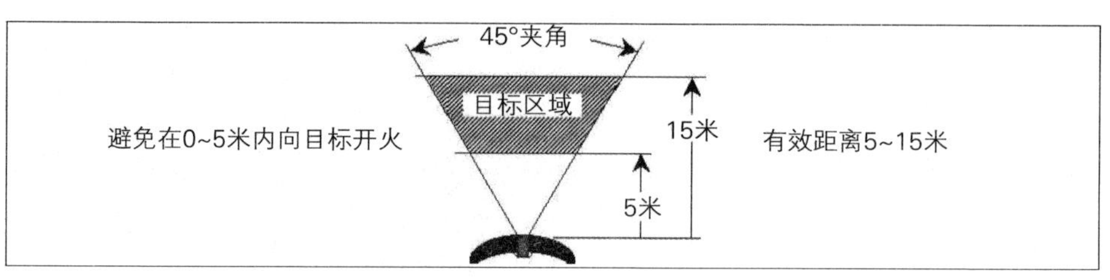

●10. 联合非致命性警告弹药

当前已列装的单位有美国海军和海军陆战队。

牵头部门：海军。

目标类型：反人员。

预期目标反应：拒止单个人员进出某个区域，驱赶单个人员通过某区域，压制单个人员目标。

性能：3发40毫米弹（100、200和300米射程）以及2发12号弹。弹药是空爆型烟火闪光弹。

使用概念：在武力防护、安全行动和港口行动中进行警告和唤起目标的注意。此弹药只在海上环境中由美国海军进行过测试。

能力效果：闪光、听觉和视觉损伤。

发射系统：12号散弹枪和手持式40毫米榴弹发射器。

附带损害：如果开火时目标太近，可能会对眼睛造成损害或者灼伤。

应对办法：无。

环境影响：有风可能会减少弹着点的距离或精度。

相关政策：无。

特殊后勤保障：无。

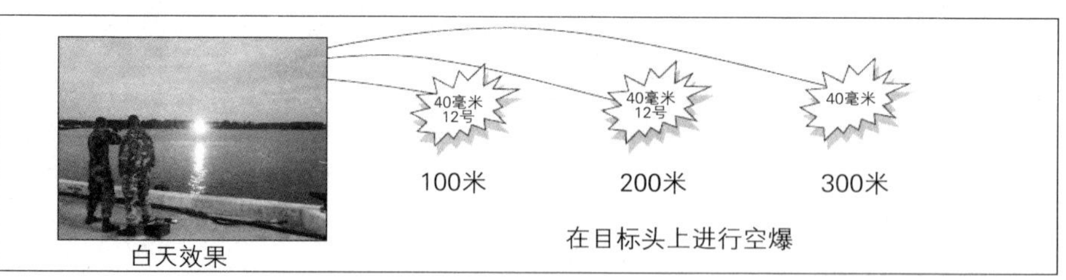

●11. 刺痛弹

当前已列装的单位有美国陆军、海军陆战队、海军和空军。

牵头部门：海军陆战队。

目标类型：反人员。

预期目标反应：拒止单个人员进出某个区域，驱赶单个人员通过某区域，压制单个人员目标。

性能：此弹药包括一枚引信、一个独立的引信体，一部分黑火药抛射装药，一个压缩的黑火药延迟药柱、一部分闪光爆炸药，至少100个橡胶球、还有一个橡胶榴弹壳体。可以用手投掷或者从12号弹药发射管发射。

使用概念：手掷橡胶球榴弹用来清理房间和封闭空间，以及通过延迟、扰乱和阻止目标行动来打乱难以控制的群体。

能力效果：钝头冲击。

发射系统：手掷或者12号弹药发射管。

附带损害：如果橡胶球榴弹在当面爆炸可能会造成重大伤害。

应对手段：夹板、铝质或者任何其他类型的硬质防碎护盾。

环境影响：无。

相关政策：无。

特殊后勤保障：无[a]。

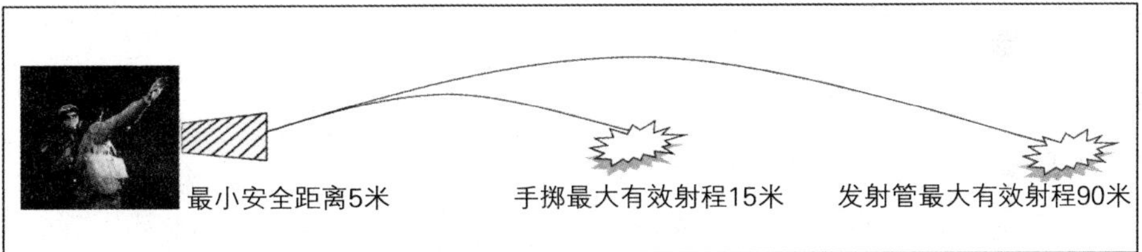

二、试制型反人员非致命性武器

●1. 主动拒止系统1&2

状态：试制。

牵头部门：联合非致命性武器局。

目标类型：反人员。

a Non-Lethal Weapons (NLW)Reference Book[R], Joint Non-Lethal Weapons Directorate, 2011

预期目标反应：拒止单个人员进出某个区域，驱赶单个人员通过某区域，压制单个人员目标。

性能：这是一种远程定向动能车载系统，发射超越小型武器射程的不可见电磁毫米波能量束。

主动拒止系统1

主动拒止系统2

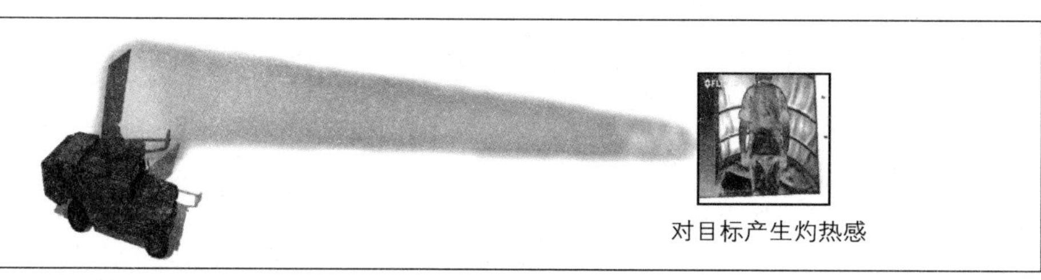

对目标产生灼热感

使用概念：武力防护、入口控制点和其他进攻及防御行动。

能力效果：产生导致目标被迫离开能量束的灼热感。

发射系统：车载或者地面发射。

附带损害：如果目标在能量束前暴露时间过长，可能会造成轻微灼伤。

应对手段：寻找掩护或者遮蔽，例如墙/建筑物。

环境影响：下雨或者湿度大可能会减弱效果。

相关政策：见非致命性武器政策参考（主动拒止系统）。

特殊后勤保障：无。

美国“战略之页”网站曾经刊文指出，2010年前，一套主动拒止系统被送往阿富汗，但最终它在没有用过的情况下又被送了回来。所推荐的主动拒止系统的交战规则（Rules of Engagement, ROE）是，如果被微波击中后的人员仍然继续往前冲，当他被认为怀有邪恶意图时，就可以被杀死。对于打击那些躲藏在成群的妇女与儿童中，利用“人体盾牌”靠得足够近后再发起袭击的恐怖分子来说，微波武器被认为特别有用。这种情况在索马里和伊拉克经常被遇到。但是，在阿富汗，即使实际使用（而不是测试）一次主动拒止系统的可能性也没有。

美军对主动拒止系统是否确实是非致命性上存在担忧，这种系统的部署已经拖延多年。主动拒止系统已经试射了2500多次。一些试射是针对志愿者进行的，该系统正如预测的那样没有对人员造成永久性伤害。但因人们长期受科幻小说有关“死亡射线”的耸人听闻描述的影响，致使防务官员们担心：如果真正使用像主动拒止系统这样的系统，将可能导致公共关系恶化。众所周知，在部署更加安全的武器方面，运用更有效的“非致命性武器”是比较可取的，然而它们可能会被错误地描述为“死亡射线”。事实上，主动拒止系统没被使用真正的原因正是指挥官不想媒体大幅地报道他们对“无辜平民”使用“死亡射线”。这也从侧面反映出，武器效能和作用形式必须考虑到在战略传播方面的影响。

2011年，美国国防部做出从根本上重新设计主动拒止系统的决定，想要使这种系统变得更小、更可靠并且可以在移动中使用，也就是主动拒止系统Ⅱ型。正在进行的设计工作旨在使其能够在移动的飞机和地面车辆被使用。

主动拒止系统的“雷达盘”驱动微波器发射一束直径大约为1.3米（4英尺）的“发热射线”。它在雾气、烟尘和雨天等环境下也有效。当它指向某些人然后开启后，当事人皮肤上会有灼热感，从而使他们想离开该地区，或者至少能极大地分散他们的注意力。微波武器射程长约为500米。“悍马”车或“斯瑞克”轮式装甲车在搭载机关枪和其他非致命武器（如远程声波控制器）同时，还能搭载主动拒止系统[a]。

●2. 分布式声光阵列

状态：试制。

牵头部门：联合非致命性武器局。

目标类型：反人员。

预期目标反应：拒止单个人员进出某个区域，驱赶单个人员通过某区域，压制单个人员目标。

性能：分布式声光阵列是综合使用激光、非相干光和声音来产生同步作用

a http://www.strategypage.com/htmw/htweap/articles/20120111.aspx

的系统。

使用概念：威慑、警告和拒止单个人员和车辆驾驶员接近入口控制点、机动巡逻/护送队伍和车辆哨卡。

能力效果：视觉和听觉损伤，以及明白易懂的语音传达。

发射系统：车载、拖车和地面发射。

附带损害：如果目标暴露在正常视觉危险距离中，可能会造成眼睛损伤。如果目标在过近处暴露可能会造成听力损伤。

应对手段：过滤型护目镜和听力保护设备（耳塞）可能会减弱或者消除其效果。

环境影响：风、雾、雨会减弱其效果。在白天中度闪光强度情况下，不会造成闪光目盲，会有一些视觉残像。

相关政策：见非致命性武器政策参考（光学干扰器）[a]。

特殊后勤保障：无。

美军部署的远程声波控制器很有效，但也有其局限性。虽然有商船用其逼退海盗，但另一艘商船上的工作人员却发现远程声波控制器只是激怒了不断涌现的海盗。于是美军进一步开发了分布式声光阵列（Distributed Sound and Light Array,

a Non-Lethal Weapons (NLW)Reference Book[R], Joint Non-Lethal Weapons Directorate, 2011

DSLA），其声波作用距离（可达5000米），比远程声波控制器作用距离更远。美国军人也指出，一束明亮的光线也会使人失去方向感。因此，分布式声光阵列也运用了绿光激光器和一些强光源产生的强光。分布式声光阵列采用了具有变焦功能的摄像装置，以使操作者能够看到距离系统很远的目标。分布式声光阵列的声响功能在较远的距离外逐步降低。

远程声波控制器重达20千克（45磅），然而分布式声光阵列重量是其两倍多。但是，后果较前者实际使用效果也更好。

由于分布式声光阵列射程更远，这使得其特别适用于舰艇和飞机上。通过稳定底座将分布式声光阵列安装在直升机上，可以实现多种有效干预。在地面上也同样，分布式声光阵列可以作用于更广阔的地区，以及保持在敌对炮火的打击范围以外。分布式声光阵列应该是一种很好的控制人群的设备，通过发出令人痛苦的噪声和致盲的光线的方式可以驱散愤怒的暴徒[a]。

三、开发中反人员非致命性武器

●1. 改进型闪光弹

预计列装时间：2013财年。

状态：开发。

牵头部门：美军特种作战司令部。

目标类型：反人员。

预期目标反应：拒止单个人员进出某个区域，驱赶单个人员通过某区域，压制单个人员目标。

性能：这是一种更加安全的手掷型闪光弹，会发射更强的光束，其增加了闪光致盲时间（门槛致盲时间5秒/理想致盲时间10秒），同时减少了声压值（门槛声压140 dBA/理想声压143 dBA），此外对环境也不会造成破坏。

能力效果：闪光，视觉和听觉损伤。

发射系统：手掷。

附带损害：如果起爆时目标过近，可能会造成灼伤。此外，还有火灾隐患。

a http://www.strategypage.com/htmw/htweap/articles/20120111.aspx

应对手段：无。

环境影响：无。

相关政策：无。

特殊后勤保障：无。

排放系统（顶部视图）

排放系统（底部视图）

●2. XM1116 12号非致命性增程标记弹

预计列装时间：待定。

状态：开发。

牵头部门：美国陆军独有。

目标类型：反人员。

预期目标反应：拒止单个人员进出某个区域，驱赶单个人员通过某区域，压制单个人员目标。

性能：XM1116比当前使用的12号非致命性钝头冲击弹的射程要远，而且增加了标记功能。

使用概念：武力防护、哨卡、徒步巡逻、护送、群体控制以及其他攻击和防御任务。

能力效果：钝头伤害、标记。

发射系统：12号散弹枪。

附带损害：如果在0~10米间开火，可能会造成重大伤害。

应对手段：夹板、铝质或者任何其他类型的硬质防碎护盾。

环境影响：无。

相关政策：无。

特殊后勤保障：无。

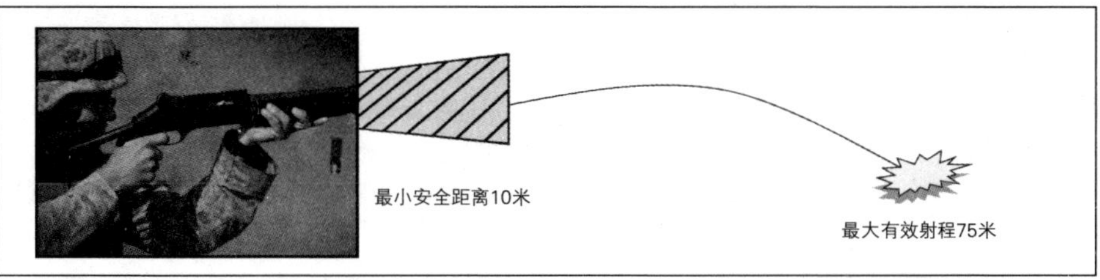

3. XM1112空爆型非致命性弹药

预计列装时间：2012财年。

状态：开发。

牵头部门：美国陆军。

目标类型：反人员。

预期目标反应：拒止单个人员进出某个区域，驱赶单个人员通过某区域，压制单个人员目标。

性能：此弹包括40毫米弹及用燃料加强的烟火装药，性能接近空爆。此外，还有一枚可设置的延迟爆炸引信。其最大有效射程为门槛距离150米到理想距离350米。最小安全距离为门槛距离35米到理想距离15米。有效持续时间为门槛时间30秒到理想时间60秒。

使用概念：作战方式是装药在目标上空5米处爆炸，能够支持武力防护、群体控制、巡逻/护送、区域清除/拒止，以及其他攻击和防御任务。

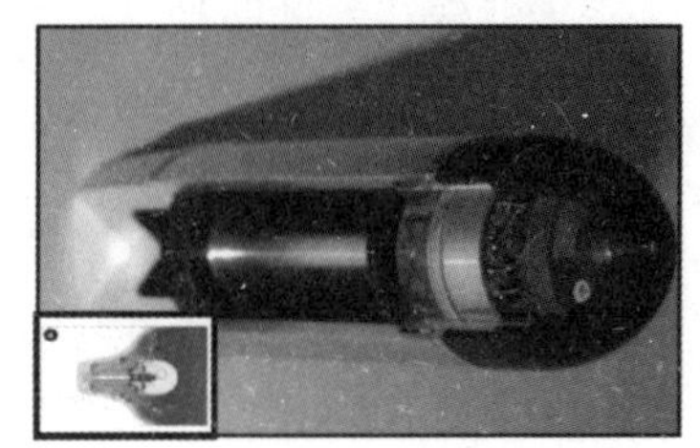

能力效果：闪光、视觉和听觉损伤，以及灼热感。

发射系统：手持40毫米榴弹发射器。

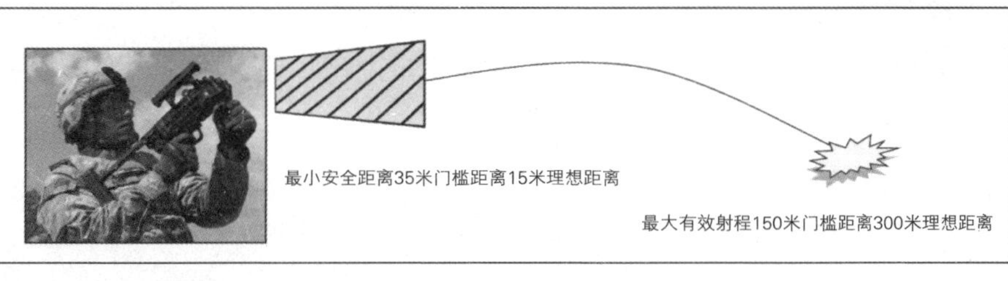

附带损害：如果向目标开火时距离过近有可能会造成眼睛受伤或者烧伤。

应对手段：无。

环境影响：无。

相关政策：无。

特殊后勤保障：无。

●4. 视线中断系统

预计列装时间：2014财年。

状态：开发。

牵头部门：美国海军陆战队独有。

目标类型：反人员。

预期目标反应：拒止单个人员进出某个区域，驱赶单个人员通过某区域，压制单个人员目标。

性能：这是一种无杀伤、对眼无害的发光设备，用来（主要）警告和压制（其次）在10~500米隔离区内的单个人员。这种设备会是一种可见激光器或者大功率宽频射灯，设计时会使射程最大化，同时将正常视觉危险距离最小化。

使用概念：在武力防护、入口控制点、哨卡、护送和海上港口和安全区域行动中支持武力连贯升级中的反应选项。

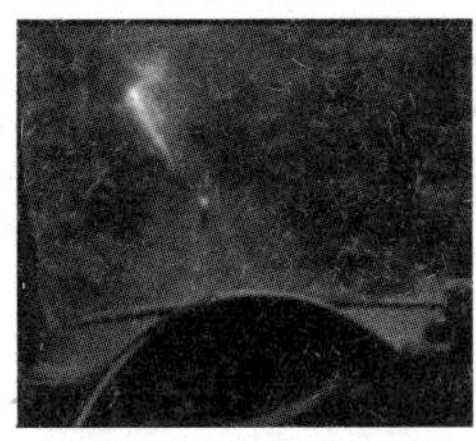
警告

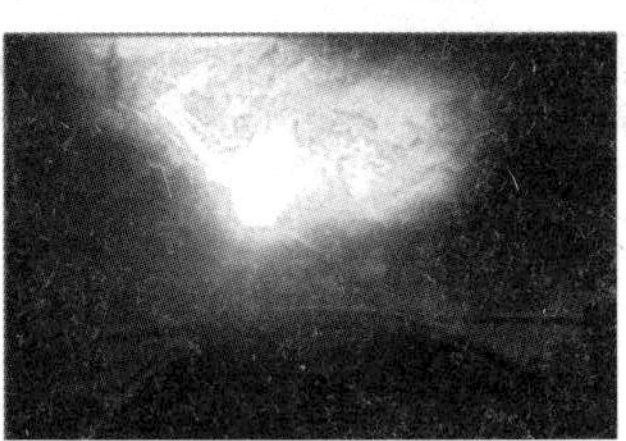
压制

能力效果：视觉抑制。

发射系统：手持或者装配在其他武器上。

附带损害：如果目标暴露在正常视觉危险距离中，眼睛可能会遭到损害。

应对手段：过滤型护目镜。

环境影响：在白天、有雾和有雨的情况下效果会减弱。在白天中度闪光强度情况下，不会造成闪光目盲，会有一些视觉残像。

相关政策：见非致命性武器政策参考（光学干扰器）。

特殊后勤保障：无。

5. 绿色激光封锁系统

预计列装时间：2012财年。

状态：开发。

牵头部门：美国陆军独有。

目标类型：反人员。

预期目标反应：拒止单个人员进出某个区域，驱赶单个人员通过某区域，压制单个人员目标。

性能：绿色激光封锁系统是一种手持/装配在步枪上的激光器，其通过与主武器平台的可互换功能及其非致命性效果来封锁潜在的敌对行动。此系统通过有效的非致命性手段来告知平民他们正在接近军事行动区。激光可见区域是0~300米。

使用概念：在武力防护时，以及在入口控制点、哨卡和海上港口和安全区域警告、拒止和压制（干扰、迷惑和威慑）徒步人员和那些操控车辆/船只的人员。

能力效果：视觉抑制。

发射系统：手持、装配在步枪或者班组协同使用的武器上。

附带损害：如果目标暴露在正常视觉危险距离中，眼睛可能会遭到损害。

应对手段：过滤型护目镜。

环境影响：有雾和有雨会减弱其效果。在白天中度闪光强度情况下，不会造成闪光目盲，会有一些视觉残像。

相关政策：见非致命性武器政策参考（光学干扰器）

特殊后勤保障：无

6. 远程视线中断系统

预计列装时间：待定。

状态：开发。

牵头部门：美国海军。

目标类型：反人员。

预期目标反应：拒止单个人员进出某个区域，驱赶单个人员通过某区域，压制单个人员目标。

性能： 这种视觉中断装置，发射一种可见光谱，具有非致命性、远程，以及可逆性的效果，应用于在保护军事高价值财产时的命令、警告和压制等反人员活动。

使用概念： 在武力防护、入口控制点、哨卡、护送和海上港口和安全区域行动中支持武力连贯升级中的反应选项。

能力效果： 视觉抑制。

发射系统： 待定。

附带损害： 如果目标暴露在正常视觉危险距离中，眼睛可能会遭到损害。

应对手段： 过滤型护目镜。

环境影响： 在白天、有雾和有雨的情况下效果会减弱。在白天中度闪光强度情况下，不会造成闪光目盲，会有一些视觉残像。

相关政策： 见非致命性武器政策参考（光学干扰器）。

特殊后勤保障： 无。

●7. 改进型语音定向播报装置

预计列装时间： 2012财年。

状态： 开发。

牵头部门： 美国陆军。

目标类型： 反人员。

预期目标反应： 拒止单个人员进出某个区域，驱赶单个人员通过某区域，压制单个人员目标。

性能： 这种远程命令和警告装备，能够在目标区域有背景噪声存在的情况下，制造定向声波传达警告语音以及强化了的明白易懂的语音命令。其最大有效射程是门槛距离300米到理想距离1000米。

使用概念： 在武力防护、哨卡、

护送和港口行动中警告/命令目标人员。

能力效果：听觉损伤或明白易懂的语音传递。

发射系统：车载、船载或地面发射。

附带损害：如果目标暴露时过近，听觉可能会受损。

应对手段：听力保护设备（耳塞）而能会减弱或消除其效果。

环境影响：有风、雨和雾会减弱其效果。

相关政策：无。

特殊后勤保障：无。

●8. 水下非致命性干预系统——脉冲反泅渡枪

预计列装时间：待定。

状态：开发。

牵头部门：美国海军。

目标类型：反人员。

预期目标反应：拒止水下泅渡者和潜水者进出某个区域及对其进行压制。

性能：此系统包含一条连接在控制组件的链状传感缆，一具声波枪以及火花放电器，能发射一束定向水下脉冲声波。其重量为50磅，有效射程为0~150米。

使用概念：在武力防护，港口安全行动中制止未经授权的水下活动。

能力效果：听力损伤或者恶心。

发射系统：在码头一侧部署。

附带损害：如果目标在过近处暴露可能会造成听力损伤和对水上生活的影响。

应对手段：氯丁橡胶潜水衣可能会稍微减轻音响/效果。

环境影响：背景噪声能减弱其效果（港口/船只引擎的声音）。

相关政策：无。

特殊后勤保障：无。

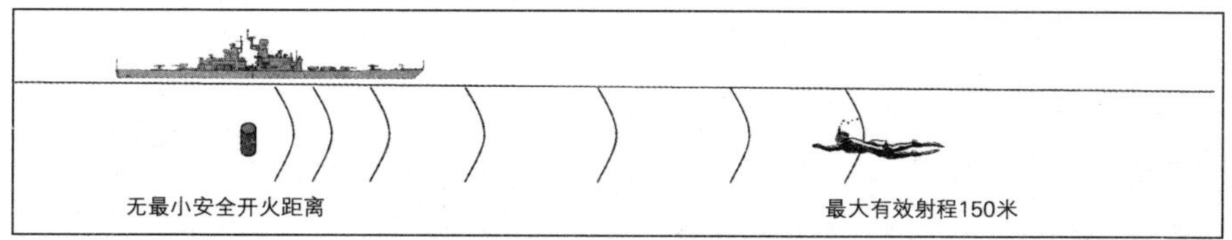

●9. MK19非致命性弹药

预计列装时间：待定。

状态：开发。

牵头部门：待定。

目标类型：反人员。

预期目标反应：拒止单个人员进出某个区域，驱赶单个人员通过某区域，压制单个人员目标。

性能：此弹药的直径与高爆MK19 40毫米弹相同，但要长一些，其使用带瞄准镜的枪管来发射环状翼面弹，有效射程为10~100米。有效时间为门槛时间30秒到理想时间60秒。

使用概念：武力防护、哨卡、巡逻/护送、群体控制以及其他进攻和防御行动。

能力效果：钝头致伤。

发射系统：车载或者地面发射。

附带损害：如果目标在0~10米内被击中，可能会造成重大伤害。

应对手段：厚重衣物或者夹板/铝质，或者任何其他类型的硬质/防碎护盾。

环境影响：无。

相关政策：无。

特殊后勤保障：无。

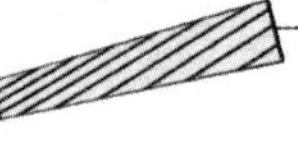

●10. 40毫米反人员电击锁肌失能弹

预计列装时间：待定。

状态：开发。

牵头部门：联合非致命性武器局。

目标类型：反人员。

预期目标反应：使人员失能。

性能：这种40毫米，非链式的反人员电击锁肌失能弹，相比当前可用的链式装置，其射程增加到门槛射程10~100米到理想射程10~250米，有效时间为门槛时间30秒到理想时间3分钟。相关项目还有“先驱号”项目和点状目标失能项目。

使用概念：武力防护、入口点、巡逻、群体控制以及其他进攻和防御行动。

能力效果：电击锁肌使人失能（例如通过电流刺激使肌肉失去自我控制能力）。

发射系统：M203和M320榴弹发射器。

附带损害：当目标摔倒，可能会跌伤，在探针电击点可能会造成微小的表面灼伤，如果目标携带的易燃液体或者气体被探针击中可能会被引燃。

应对手段：硬质/防碎护盾。

环境影响：无。

相关政策：见非致命性政策参考（反人员电击锁肌失能装备）。

特殊后勤保障：无。

●11．*任务有效载荷模块非致命性武器系统*

预计列装时间：2016财年。

状态：开发。

牵头部门：美国海军陆战队。

目标类型：反人员。

预期目标反应：拒止单个人员进出某个区域，驱赶单个人员通过某区域，压制单个人员目标。

性能：这种车载式多管发射器，产生灵敏的、可伸缩的、非致命性效果。其弹药有望实现更远射程，覆盖更大区域。最大有效射程为门槛距离150米到理想射程500米。

使用概念：此武器装配在机动平

台上，将在哨卡检查、机动巡逻/护送和群体控制中提供武力防护。

能力效果：闪光、视觉和听觉损伤，以及灼热感。

发射系统：车载发射管。

附带损害：如果目标在门槛射程30米到理想射程10米的最小安全射程中被击中，有可能会造成严重的钝头弹致伤。

应对手段：硬质/防碎护盾。

环境影响：无。

相关政策：无。

特殊后勤保障：无。

●12. 40毫米红白蓝信号弹

预计列装时间：2013财年。

状态：开发。

牵头部门：联合非致命性武器局。

目标类型：反人员。

预期目标反应：告知和警示/停火。

性能：这是当前列装的M585 40毫米白色信号弹的修正版。修正行为包括将5发白色信号弹装药替换成红白蓝三色。

使用概念：为美军地面部队提供一种轻型的、清晰的、使用最小口径枪口的信号传递工具来告知和警示察觉到信号的友邻分队以避免产生各种误伤。使用这种清晰的告知和警示信号依赖于盟军、安全组织和执法部门之间的战略沟通工作。

能力效果：确认一支部队的存在，并且警示友邻部队和盟军停火。

发射系统：手持40毫米榴弹发射器。

附带损害：可能会引起着火。

应对手段：无。

环境影响：无。

相关政策：无。

特殊后勤保障：无[a]。

---

a Non-Lethal Weapons (NLW)Reference Book[R], Joint Non-Lethal Weapons Directorate, 2011

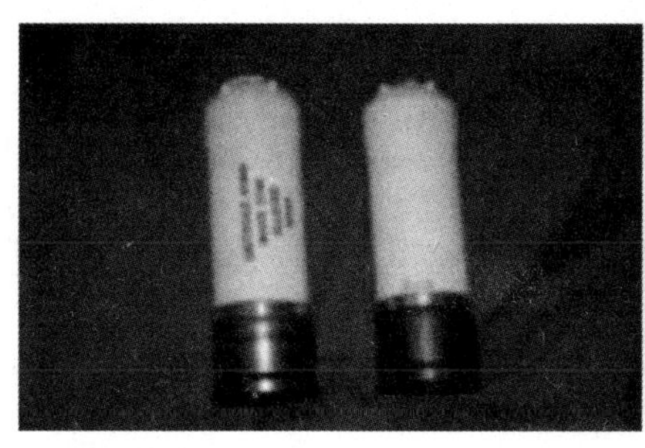
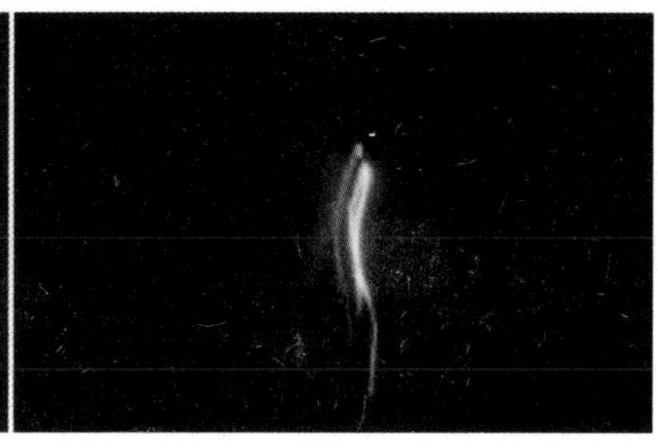

四、概念性反人员非致命性武器

●1. 小型主动拒止技术

状态：概念。

牵头部门：联合非致命性武器局。

目标类型：反人员。

预期目标反应：拒止单个人员进出某个区域，驱赶单个人员通过某区域，压制单个人员目标。

性能：这种基于下一代电子管的主动拒止技术系统，能够在很大程度上减小体积、重量和成本，并且具备即时开启和机动中开火的能力。

使用概念：武力防护、巡逻/护送、群体控制以及其他进攻和防御行动。

能力效果：产生迫使目标离开射线的灼热感。

●2. 固态主动拒止技术

状态：概念。

牵头部门：美国陆军。

目标类型：反人员。

预期目标反应：拒止单个人员进出某个区域，驱赶单个人员通过某区域，压制单个人员目标。

性能：固态主动拒止技术通过把现有主动拒止技术系统的振动陀螺仪、天线、副反射器，以及射线传送器的功能整合进一个单元组件中而提供一种更小的武器系统，这将大大减少其体积、重量和成本。

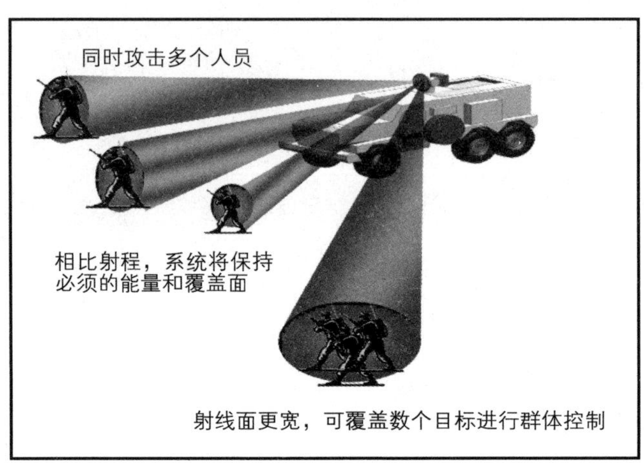

使用概念：武力防护、抓捕行动、巡逻/护送、群体控制、建筑物清剿，以及其他进攻和防御行动。

能力效果：产生迫使目标离开射线的灼热感。

●3. 空基主动拒止系统

状态：概念。

牵头部门：美国空军独有。

目标类型：反人员。

预期目标反应：拒止单个人员进出某个区域，驱赶单个人员通过某区域，压制单个人员目标。

性能：这种位于固定翼飞行平台上的定向动能系统具备优越的作战射程和非接触距离。

使用概念：武力防护、抓捕行动、巡逻/护送、群体控制、建筑物清剿、以及其他进攻和防御行动。

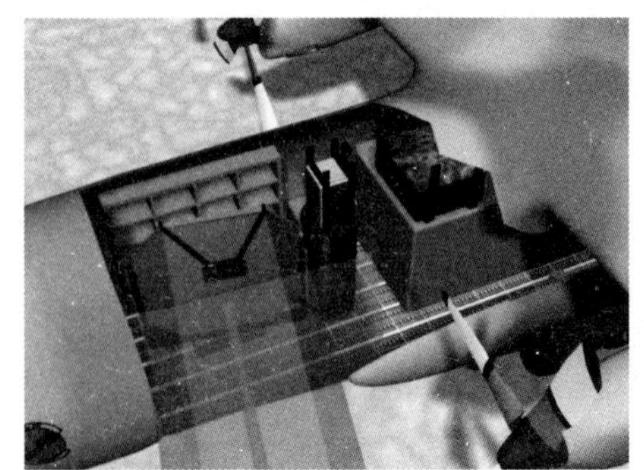

能力效果：产生迫使目标离开射线的灼热感。

4. 纳秒电脉冲

状态：概念。

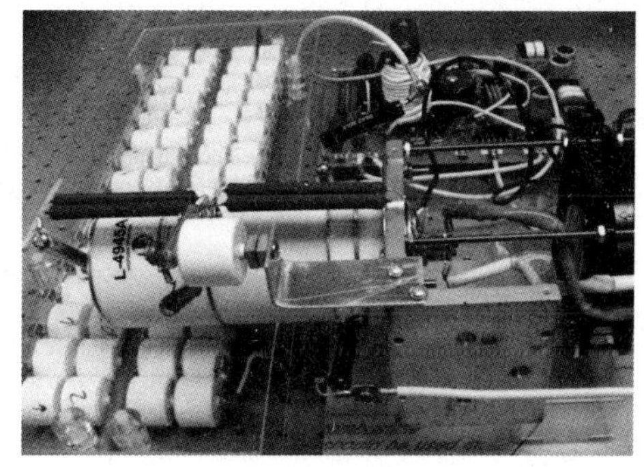

牵头部门：联合非致命性武器局。

目标类型：反人员。

预期目标反应：使人员失能。

性能：这种电波武器，同现有的反人员电击锁肌失能弹相比，有可能会大幅增加失能效果的持续时间。

使用概念：武力防护、抓捕行动、巡逻/护送、群体控制、建筑物清剿、以及其他进攻和防御行动。

能力效果：电击锁肌使人失能（例如通过电流刺激使肌肉失去自我控制能力）[a]。

a Non-Lethal Weapons (NLW)Reference Book[R], Joint Non-Lethal Weapons Directorate, 2011

|第三节|反装备非致命性武器

一、已列装反装备非致命性武器

●1. M2轻型车辆捕获装置

已列装部队：美国海军陆战队和陆军。

牵头部门：陆军。

目标类型：反装备。

预期目标反应：制动车辆。

性能：轻型车辆捕获装置是一种便携式、预置型、可扩展的带钉车辆制动网，能够在一分钟之内布设完毕，覆盖18英尺宽的路面，重量为45磅。其运作方式是：设置在制动网前端的倒钩型钉子刺穿车辆的前胎，进而将其缠住，迫使车辆停下，并且将人员和车辆的受损程度最小化。

使用概念：在车辆哨卡和路障点制动车辆形成武力防护。

能力效果：缠绕车辆前胎来制动重达5500磅、以30英里/小时速度行驶到200英尺以内的轮式车辆。

发射系统：击发装置位于内部，一次性使用。

附带损害：轮胎报废、刹车和车轴可能会受损、车辆轻微擦伤。没有系安全带的乘客可能会受伤。

应对手段：规避驾驶。

环境影响：无。

相关政策：无。

特殊后勤保障：器材搬运设备、拖车或者其他移走车辆以避免交通堵塞或者延迟的手段，此外还需要去除制动网的金属钳。

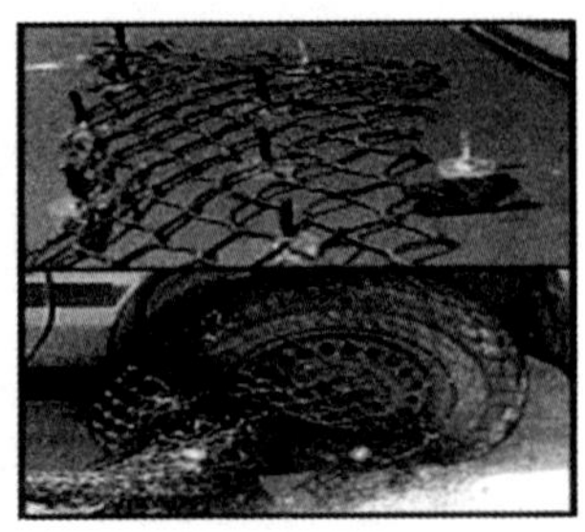

2. 便携式车辆捕获路障

已列装部队：美国海军陆战队和陆军。

牵头部门：陆军。

目标类型：反装备。

预期目标反应：制动车辆。

性能：便携式车辆捕获路障是一种可运输的、预置型，并可重复使用的车辆制动网，能够以克制的方式制动重达7500磅的轮式车辆。这种路障重600磅，能够覆盖25英尺宽的路面。3人操作小组能够在2小时内对其布设完毕或者重设/重新使用。当路障设置成待命模式时，交通仍是畅通无阻的。此装置能够在2秒钟内从待命模式切换成捕获模式。

使用概念：在车辆哨卡制动车辆形成武力防护。

能力效果：捕获和制动重7500磅、以45英里/小时速度行驶到200英尺以内的轮式车辆。

发射系统：击发装置位于内部，可重复使用的装备。

附带损害：没有系安全带的乘客可能会受伤。

应对手段：规避驾驶。

环境影响：无。

相关政策：无。

特殊后勤保障：可能需要器材搬运设备、拖车或者其他移走车辆以避免交通堵塞或者延迟的手段。

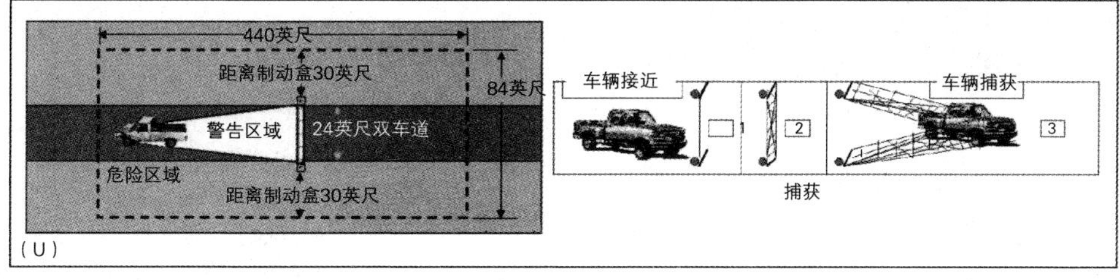

3. 动力装置缠绕系统

已列装部队：美国海岸警卫队。

牵头部门：海岸警卫队。

目标类型： 反装备。

预期目标反应： 制动船只。

性能： 这种由压缩气体发射的网有100英尺长，由7/16英寸绳以及打结并加重的环制成。其重量为35磅，移动和储存时所占空间为3英尺³。此装置可以采取在船只或者码头的一侧发射，或者肩扛式发射。

船侧式发射

肩扛式发射

使用概念： 通过在小型水运工具前方发射动力装置缠绕系统缠绕其螺旋桨，从而实现制动。动力装置缠绕系统可以铺设出来为抛锚停泊，或者停靠于码头或水岸设施的船只提供一面静态障碍网而形成非接触空间。

能力效果： 对功率达250马力[a]，行驶速度达50节的使用螺旋桨推进的船只进行制动。

发射系统： 这种单次布设、在水面上发射的系统，通过压缩气体击发。

附带损害： 可能会对船只乘客和螺旋桨造成损伤。

应对手段： 规避驾驶。

环境影响： 大风和远洋状态下会削弱其效果。

相关政策： 可能要遵循外国港口的限制条款。

特殊后勤保障： 可能需要另外一艘船来拖曳失去机动能力/停止的目标船只。

二、试制型反装备非致命性武器

●1. 预置型反车辆电子制动器

状态： 试制。

牵头部门： 联合非致命性武器局。

目标类型： 反装备。

a 1马力=745.7瓦

预期目标反应：制动车辆和使车辆失去动力。

性能：这种预置型、非侵入性装置通过布设接触器来发射电脉冲以关闭动力传动装置的电路或者电力组件。

使用概念：在车辆哨卡制动车辆形成武力防护，在与栅栏或者缠绕系统同时使用以降低车辆的冲力时最为有效。

能力效果：干扰车辆的电子元件使引擎熄火。

发射系统：击发装置位于内部，可重复使用的装备。

附带损害：对目标的电子系统可能会造成永久性损害。

应对手段：给电子设备加装保护层或者进行安全性强化。

环境影响：无。

相关政策：无。

特殊后勤保障：无。

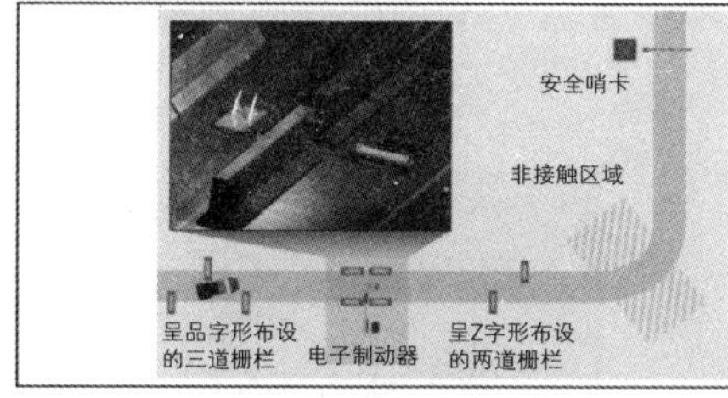

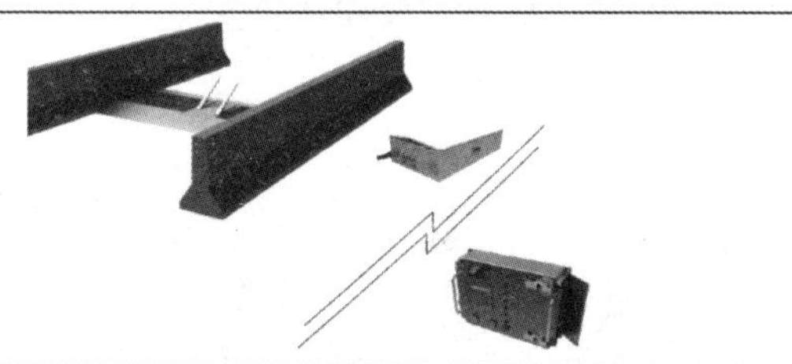

三、开发中反装备非致命性武器

●1. 单网型轻型车辆捕获装置&遥控布设装置

预计列装时间：2012财年。

状态：开发。

牵头部门：美国陆军。

目标类型：反装备。

预期目标反应：制动车辆。

性能：单网型轻型车辆捕获装置是一种预置型，便携式、可快速布设的附有特殊倒钩的系统。其设计用来捕获的车辆比之前列装的M2轻型车辆捕获装置

（网）所针对的车辆更为大型。遥控布设装置是一种机电系统，能够将M2轻型车辆捕获装置或单网型轻型车辆捕获装置以弹射方式铺设到路面。

使用概念：在车辆哨卡和路障处制动车辆形成武力防护

能力效果：缠绕前轮以制动重达22000磅（门槛重量）到40000磅（理想重量），以30英里/小时（门槛速度）到50英里/小时（理想速度）行驶到200英尺以内的轮式车辆。

发射系统：击发装置位于内部，单网型轻型车辆捕获装置可使用一次，遥控布设装置可重复使用。

附带损害：轮胎报废、刹车和车轴可能会受损、车辆轻微擦伤。没有系安全带的乘客可能会受伤。

应对手段：规避驾驶。

环境影响：无。

相关政策：无。

特殊后勤保障：器材搬运设备/拖车，或者其他移走车辆以避免交通堵塞或者延迟的手段。

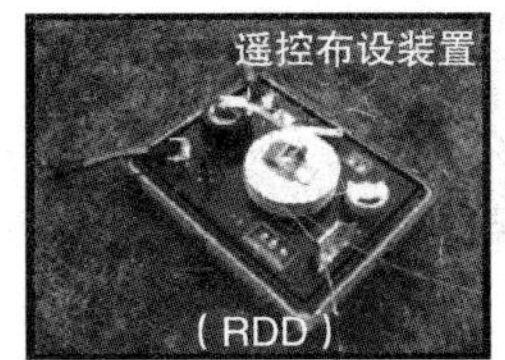

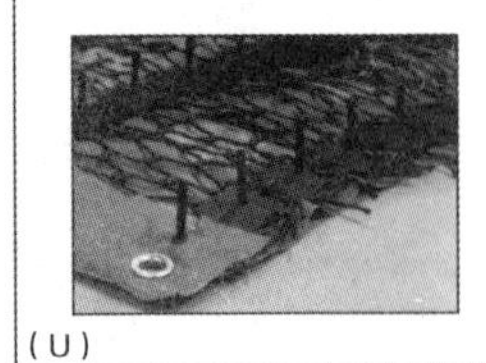

（U）

●2. 小型船只制动网

预计列装时间： 2013财年。

状态： 开发中、对现有系统的改进型产品。

牵头部门： 联合非致命性武器局。

目标类型： 反装备。

预期目标反应： 制动小型船只。

性能： 这种增强型螺旋桨缠绕网对螺旋桨驱动的小型水运工具的捕捉成功率更为稳定。

使用概念： 通过在小型水运工具前方发射小型船只制动网缠绕其螺旋桨，从而实现制动。

能力效果： 对螺旋桨驱动的船只进行制动。

发射系统： 这种单个布设、在水面上发射的系统，通过压缩空气击发。

附带损害： 可能会对船只乘客和螺旋桨造成损伤。

应对手段： 规避驾驶。

环境影响： 大风和远洋状态下会削弱其效果。

相关政策： 可能要遵循外国港口的限制条款。

特殊后勤保障： 可能需要另外一艘船来拖曳失去机动能力/停止的目标船只。

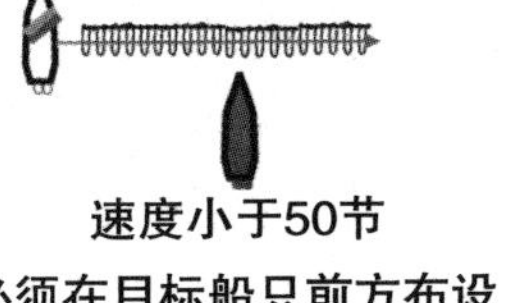

速度小于50节
必须在目标船只前方布设

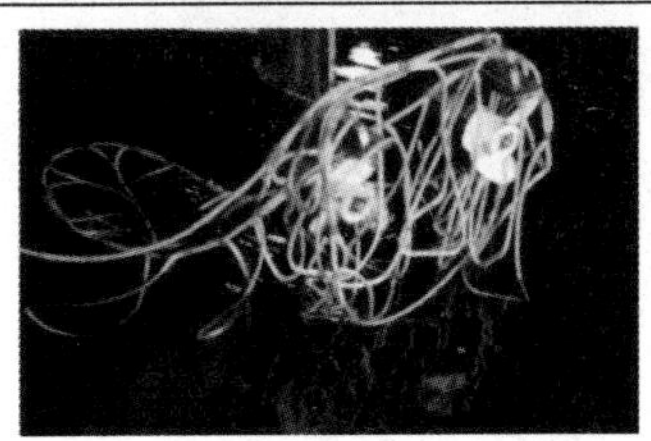

●3. 车载多频段无线电制动器

预计列装时间： 2018财年。

状态： 开发。

牵头部门：联合非致命性武器局。

目标类型：反装备。

预期目标反应：制动车辆。

性能：这种便携式车载无线电制动器系统，通过使用大功率无线电波来干扰车辆的引擎来确保一个安全、非致命性的隔离区域。

使用概念：在武力防护时、在入口控制点、路障和哨卡处制动车辆。

能力效果：干扰车辆的电子元件使引擎熄火。

发射系统：这是一种击发装置位于内部，可机动/可运输的系统。

附带损害：在直接目标区域作用时对非直接目标造成的附加效果。

应对手段：给引擎系统加装保护层或者进行安全性强化。

环境影响：无。

相关政策：无。

特殊后勤保障：无。

四、概念性反装备非致命性武器

●1. 无人机载非致命性大功率微波弹

状态：概念。

牵头部门：联合非致命性武器局。

目标类型： 反装备。

预期目标反应： 制动船只或使其失去动力。

性能： 开发一种可于空中发射的大功率微波弹，其能够提供远程非致命性能力，用于制动小型船只、船群防御和干扰船只的动力系统。

使用概念： 武力防护、港口行动以及追捕/制动/封锁船只。

能力效果： 通过使电子系统失灵来制止船只的推进。

●2. 无线电船只制动器

状态： 概念。

牵头部门： 联合非致命性武器局。

目标类型： 反装备。

预期目标反应： 制动船只或使其失去动力。

性能： 开发一种固定或者机动的大功率微波弹，其能够提供远程非致命性能力，用于制动小型船只、船群防御和干扰船只的动力系统。

使用概念： 武力防护、港口行动以及追捕/制动/封锁船只。

能力效果： 通过使电子系统失灵来制止船只的推进。

●3. 激光式强力改向装置

状态： 概念。

牵头部门： 联合非致命性武器局。

目标类型： 反装备。

预期目标反应： 使飞机转向离开禁飞区域。

性能： 通过采取一种基于激光的手段控制目标飞机的表面，从而改变其航向。达成这种效果的方法是，为了调整施加于飞机的拉力和升力，向机翼的前段发射一束脉冲激光，通过改变空气动力流向从外部控制转向操作力。

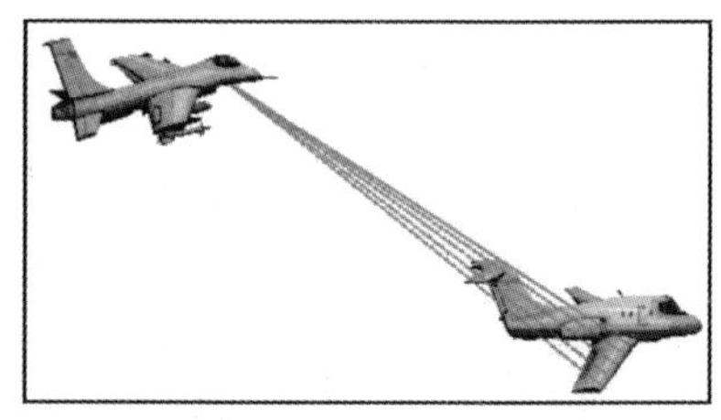

使用概念：使飞机转向离开禁飞区域。

能力效果：通过控制飞机表面而改变空气动力流，迫使飞机转向。

| 第四节 | 美军非致命性武器系统的发展趋势

自1996年联合非致命性武器局成立以来，美军在非致命性武器上取得了许多成果，获得了很多经验和教训。以非致命性科学和技术评估委员会2001年的调查结果为例，其对联合非致命性武器局的评估显示了自1996年以来到2001年的成就。经过10年的作战经验积累和联合非致命性武器局5年的研究进展，非致命武器已可为单兵固定地点自卫或作战部队隔离提供有效的支持，但还需要应对变化范围更大的非致命性武器系统。这些更强势系统的研发和采购将远远超出当时联合项目的范畴，并将并入各兵种的正常发展和采购项目当中。

（1）联合非致命性武器局。联合非致命性武器局其成立于1996年，其运作尽管承受着高度透明和资金短缺（每年2000万至3000万美元）的双重压力，但还是取得了令人瞩目的进步。其成就包括：为美国海军舰队和士兵提供部署“非致命性武器体系”的资格证明并过渡到采办阶段（2004年，联合非致命性武器局为陆军和海军陆战队部署了大约80套非致命性武器系统。这些系统曾在科索沃和伊拉克应用，帮助部队在“不开火”和“开火”之间形成过渡）；通过人体效能评估委员会和人体效应特长中心，从原则上建立杀伤性非致命性武器的效果评估体系；车载主动拒止系统的论证日臻成熟；联合需求监督管理委员会完成了首批非致命性武器联合任务范围分析的确认工作。

（2）作战经验。非致命性武器具有一定的作战能力。在索马里和科索沃使用过非致命性武器的指挥官（包括一些需要，但当时手头没有这些武器的人）都会高度提倡研发利用这些武器。

（3）试验和训练。美国海军陆战队作战实验室的试验使得许多单兵战术性使用非致命性武器的作战观念（CONOPS）变得成熟，美国陆军设在密苏里的福特列纳德伍德（Fort Leonard Wood）的联合训练课程已经开始运转。

（4）持续广泛的兴趣和探讨。持续不断的高水平研究和会议强化也扩大了非致命性武器所能发挥的作用。

（5）海军的兴趣。海军陆战队在近十年里已经成为非致命性武器的领衔倡导者。当本研究开始时，很难确认海军对非致命性武器的兴趣，但海军作战部长办公室（OPNAV）负责当前作战、计划和反恐的处长（N34）领导对承担反恐与部队防护的特遣部队的调查和建议已为非致命性武器作为保护港口船只的重要武器建立了坚实的基础[a]。

美军军界诸多人士和研究机构，在不同的时间阶段认为应该在以往的基础上，进一步加强和优化非致命性武器的相关体系建设，共识的产生将导致趋势的产生，并且有些呼吁已经成为现实。

一、基于技术来发展作战概念

美军研究人员认为，非致命性能力的未来发展必须在技术、作战和政策方面取得平衡。技术提供新能力，当军队意识到时就成为新机会；为了最大化这些作战机会，必须发展新的作战概念；此外，必须使政策制定者意识到这些重大机遇，并允许其使用。

新技术要求人们重新思考如何发展作战概念。传统上，操作者提出需求，并要求科学家满足这些需求。虽然这种制度在方法论和流程上是高效的，但其却在一定程度上限制了武器技术的发展。技术研究必须推动可行性的发展。美国新的国防采购方案特别指出：技术基础不应该被今天的分析和预测所限制。电台、飞机和直升机的发展，应用了相似的非限制性的流程，今天这些具备潜在非致命性用途的新技术也类似。武器系统完全实现非致命性能力，要求武器的使用者跳出已有的规范来思考，这意味着检视技术和发展，并将应用机会最大化的全新作战概念。这代表基于技术的作战用途开发，而不是基于需求的方法。前者更有助于找到新技术使用的机会，否则，这些机会有可能会被基于需求的方法所错过。

基于技术方法的一个好的例子是，国防部高级概念技术演示项目（简称DOD）。本质上，此项目允许科学家将一种技术植入试验作战环境，来观察其如

a Committee for an Assessment of Non-Lethal Weapons Science and Technology, Naval Studies Board Division on Engineering and Physical Sciences（防化研究院信息研究中心编译）,非致命性武器科学技术评估[R].北京:国防工业出版社,2006,P4

何发挥功能，并这些演示评估一种技术的军事用途，进而决定是否应该对该技术进行进一步开发或列装，以及开始发展想要的性能。此项目今天正帮助几种寻求非致命性能力的新技术。

联合非致命性武器局也是在DOD项目之外用于评估新兴技术和帮助开发使用这些技术的机构。当前，该机构正在的评估的技术中，有一些先前曾经提到。例如脉冲能量弹，这是一种用于新的理想单兵作战武器的非致命性多弹片榴弹，可以使用非致命性装药[a]。

二、非致命性武器将深入影响高层和部队的防务思维

（一）国防部方面

根据2004年美国外交关系委员会独立特别小组的报告，目前美国国防部高级领导人对非致命性武器在作战领域的价值并非特别认可。尽管在小范围内取得了成功，非致命性武器还没有进国防预算和采购的主流，军队领导人和文官都对非致命性武器的能力和局限了解不足。这可能是因为各军种项目资金投入不足，非致命性武器还没有上升为各方装备采购的重要内容。因此，特别小组是向国防部长办公室——主要是国防部长和国防部副部长以及参联会——提出建议，希望国防部全面评估非致命性武器，为军种部提供具体的指导，以增强和扩大非致命性武器的影响力。这一指导应该确保一个完整的非致命性武器项目的所有方面都能够获得资源，以加速提高各军种的非致命打击能力[b]。在这一过程中，国家安全委员会、各军种部、相关众议院参议院的委员会的支持与主动参与也是非常重要的。

（二）军种方面

以海军陆战队为例，虽然陆战队长期强调扩大其非致命性打击能力，但其正式的兴趣、需求、采办却几乎为零。在海军作战部长办公室下属的爆炸物处理和海岸作战处（N757）内，只有一人负责非致命性武器的问题，其责任也很有限。

a E. R. Bedard, Nonlethal Capabilities: Realizing the Opportunities[J], DefenseHorizons, 2002（9），P1–6

b Graham T. Allison, Paul X. Kelley, Richard L. Garwin:Nonlethal Weapons and Capabilities[R]. Report of an Independent Task Force Sponsored by the Council on Foreign Relations, 2004

如果只考虑战士个人工具箱的采办，这种组织设置已经足够。但随着功能更复杂、能力更强的非致命性武器系统的发展完善，这样的安排就显得捉襟见肘。而且若要把非致命性武器合并成海外作战能力的一部分，这样的组织也显得单薄。

外交关系委员会独立特别小组2004年的报告认为，美军各军种的转型愈发需要非致命性武器。但是，虽然陆军，海军陆战队的非致命武器装备得到了进一步加强，但海军在“科尔”号事件之后对非致命性武器兴趣仍然不大，而空军仅仅在2004年左右才开始开始获取非致命性武器套装。海岸警卫队也应该立刻获取非致命性武器系统以更好地从事与国土防御任务有关的紧急事件处理任务。

特别小组建议：在当前，非致命性武器部署首要在宪兵部队之外，在陆军和海军陆战队中扩大部署及其使用训练，特别是短程非致命性武器。同时要确保空军和海军也有相应能力，以适应其部队防护任务，并为其遂行其他特殊任务提供支持[a]。

海军方面，非致命性武器科学和技术评估委员会建议：海军部、海军作战部长、海军陆战队司令应建立高级工作组来积极地监督非致命性武器纳入海军作战需求、研发项目、采办计划和作战当中。非致命性武器表现出独到的新能力，应将其放入资源紧缺的环境中，与传统武器系统竞争。如果高级领导阶层不对非致命性武器予以关注，那么这种武器并入海军部队的进程将像冰山期一般缓慢——甚至根本就谈不上进程。阻碍非致命性武器的广泛应用的问题主要表现在可应用的备选非致命性武器有很多，而非只有一个，其结果就是没有任何一种非致命性武器能够满足所有需求，或完成某领域研发进程。

委员会相信，代表海军（已包括海军和海军陆战队）行动的海军部高级官员必须对非致命性武器加强了解，并对非致命性武器系统的发展和并入海军战备资源一事负起责任。委员会的建议是：成立一个获得特许的工作组，使其有权为海军远征军制订海军非致命性武器主管计划。这样的计划应建立机制，确保非致命性武器完全并入所有海军系统的开发和采购进程中，并能进行公平竞争[b]。

a Graham T. Allison, Paul X. Kelley, Richard L. Garwin:Nonlethal Weapons and Capabilities[R]. Report of an Independent Task Force Sponsored by the Council on Foreign Relations, 2004

b Committee for an Assessment of Non-Lethal Weapons Science and Technology, Naval Studies Board Division on Engineering and Physical Sciences（防化研究院信息研究中心编译），非致命性武器科学技术评估[R]. 北京：国防工业出版社，2006，P11

外交关系委员会独立特别小组还建议：继续拆除有碍非致命性武器整合进部队的藩篱。这需要在各军种、各级军校中将非致命性武器的有关信息和训练纳入教学。这会大大增加非致命性武器整合进当前部队的几率。在每个营设立一个由非致命武器专业军官出任的职务，类似于营一级的核生化军官，这会让作战指挥官了解在当前非致命性武器库中有哪些可供使用。除了非致命性武器具体的野战手册，非致命性武器还应该包含在任务必要科目清单中。国防部能够通过加强现有的非致命性武器的采购，并通过开发、前期评估和在高回报系统中作选择来帮助这一过程实施[a]。

（三）战区方面

为提高作战司令部司令对非致命性武器的认知，联合非致命性武器局在数个地区作战司令部设立了联络官，目前包括非洲司令部、中央司令部、欧洲司令部、联合部队司令部、北方司令部、太平洋司令部、南方司令部、特种作战司令部、运输司令部。联络官的任务是所在的司令部随时提供非致命性武器的信息。其在训练领域内发挥的作用已经在“非致命性武器的训练”一章中讲述。

三、加强和优化对非致命性武器采办

（一）加强并优化联合非致命性武器局的资金来源和投资

长期以来，联合非致命性武器局的资金太少太少。1999—2004年，每年平均投资3000万美元。而2004财年联合非致命性武器局的预算是3430万美元，在原有基础上有所增加。而外交关系委员会独立特别小组判断还需要增加7倍，每年投资项目需要3亿美元。增加预算不仅可以刺激研发工作，完善一些潜在的非致命性武器方案，还可以推动部队采办更多非致命性武器，以及改进国防部内的教育和支持性演习活动[b]。

a Graham T. Allison, Paul X. Kelley, Richard L. Garwin:Nonlethal Weapons and Capabilities[R]. Report of an Independent Task Force Sponsored by the Council on Foreign Relations, 2004

b Graham T. Allison, Paul X. Kelley, Richard L. Garwin:Nonlethal Weapons and Capabilities[R]. Report of an Independent Task Force Sponsored by the Council on Foreign Relations, 2004

1. 加强对新点子的投入

2001年，非致命科学和技术评估委员会调查认为，1996—2001年间，非致命性武器在研发方面缺乏新点子。资金高度透明和预算紧缺的双重因素，使联合非致命性武器局一开始就把重点放在相对成熟、已经推进到或者接近采办阶段的非致命武器上，这些技术呈现出有趣但有限的应用。而马修需要进一步研究的新点子则获得的投资太少，使得联合非致命性武器局在选择投资对象时面缺乏备选目标[a]。

如果没有能够激发别人兴趣的新理念，非致命性武器将只能是战士工具箱里的一个专业工具，但永远无法成为作战的得力工具，就像无数研究和有限作战经验证明的那样[b]。

非致命科学和技术评估委员会建议：联合非致命性武器局作为国防部负责非致命性武器的重要部门，应将其资源放在鼓励和开发新非致命概念，以及帮助国防部进一步剖析非致命性武器的效果和效能上。

在联合非致命性武器局日趋成熟之际，委员会建议该机构应今后则应向更富有活力的角色转变。委员会认为，联合非致命性武器局在下一阶段的工作中，应集中扮演好两种角色：其一是倡导者，在资金和专门技术的支撑下，倡导联合试验、系统模拟与分析、功能性概念开发项目、先进概念技术论证（ACTDs），其二是鼓励者，在各军种建立各自的非致命武器系统研发项目后，鼓励不同的团队提供新思路[c]。

2. 优化非致命性武器的采购流程

联合非致命性武器局的资金大都在探索性发展资金预算类目下。其领导地位赋予其将新观念逐步引入国防部采购流程的任务。然而，这一采购流程是被设计

a Committee for an Assessment of Non-Lethal Weapons Science and Technology, Naval Studies Board Division on Engineering and Physical Sciences（防化研究院信息研究中心编译），非致命性武器科学技术评估[R]. 北京：国防工业出版社，2006，P5

b Committee for an Assessment of Non-Lethal Weapons Science and Technology, Naval Studies Board Division on Engineering and Physical Sciences（防化研究院信息研究中心编译），非致命性武器科学技术评估[R]. 北京：国防工业出版社，2006，P7

c Committee for an Assessment of Non-Lethal Weapons Science and Technology, Naval Studies Board Division on Engineering and Physical Sciences（防化研究院信息研究中心编译），非致命性武器科学技术评估[R]. 北京：国防工业出版社，2006，P8

用来为大型采购所需的全面彻底的评估的。而联合非致命性武器局在工作的起步阶段，所涉及的只有小笔的投资。此外，作为联合办公室，联合非致命性武器局必须努力寻找一个军种伙伴，来帮助其项目纳入采购阶段，这个任务对于联合非致命性武器局来说更为艰难。另一方面，联合非致命性武器局的透明度和微薄的资金使其很难在研究上进行投资。总之，对于如此小型而受限、但又被视为迫切所需的项目来说，仅仅按照正常的国防部采购流程，是无法为联合非致命性武器局、各军种或国防部高效服务的[a]。

非致命科学和技术评估委员会认为：如果不按照另外的程序——更能并入各军种的常规发展和采购环节的程序——来引进新的非致命性武器系统，那么该项目在当前所涉及的范围内，几乎无法保证把最佳理念运用到实际中去。因此委员会建议，军种应该做出更多的投资工作，尽管军种投资也一度不容乐观[b]。

（二）增加军种投资

2001年的《非致命性武器科学技术评估》中提出，在非致命性武器的开发方面，各军种的投资太少。作为联合非致命性武器局资金的要来源，海军陆战队和陆军减少了在研发方面投资，空军对非致命性武器研究方面的直接投资一向很少，只有委员会和其他少量机构，出于自身定位的考虑，对非致命武器进行了联合投资。海军按照1997协议备忘录（MOA）对非致命性武器表示的兴趣和采取的行动一直都很少，其结果是兵种投资处于“干涸”状态[c]。

评估委员会认为：在联合非致命性武器局重新定位的同时，各军种必须承担起研发、采购非致命性武器系统的职责，以满足各自的特定需求。既然海军陆战队对非致命性武器有着最充分的理解和经验，海军也有着增强港口保护和扩大打

a Committee for an Assessment of Non-Lethal Weapons Science and Technology, Naval Studies Board Division on Engineering and Physical Sciences（防化研究院信息研究中心编译），非致命性武器科学技术评估[R]. 北京：国防工业出版社，2006，P6

b Committee for an Assessment of Non-Lethal Weapons Science and Technology, Naval Studies Board Division on Engineering and Physical Sciences（防化研究院信息研究中心编译），非致命性武器科学技术评估[R]. 北京：国防工业出版社，2006，P7

c Committee for an Assessment of Non-Lethal Weapons Science and Technology, Naval Studies Board Division on Engineering and Physical Sciences（防化研究院信息研究中心编译），非致命性武器科学技术评估[R]. 北京：国防工业出版社，2006，P5

击能力的客观需求，那么海军研究办公室就应当坚信，加大非致命性武器研发的投资的正确性和必要性。这将加快海军部实现非致命性武器研发、采办和部署使用一体化的过程。

要实现联合非致命性武器局和各军种在角色和责任上的转变，就需要修改联合军种协议备忘录。国防部长办公室、参谋长联席会议、各军种和联合非致命性武器局必须在上述改变上达成一致。另外，各军种若要连续地履行研发、采办职责，就必须投入资源（资金和人员）来建立其各自的项目[a]。

以海军为例：在与联合非致命性武器局和其他军种的合作中，海军研究办公室应在非致命性武器专项研发项目中进行更广泛的投资，这些专项研项目发包括化学、定向能、障碍物和缠绕物、水下防御领域以及平台、传感器、指挥控制系统激活器等领域。其中的重点项目有：高能微波HPM的研发、阻止船只的障碍物和缠绕物布置系统、加速对固态激光器的研究、用于阻止机车的反物质化学类非致命性武器和反人员镇静剂的武器化、作为运输平台使用的无人水下运输工具等。

在化学领域，委员会建议海军与陆军埃奇伍德化生司令部保持密切合作，因为它在筛选化学品用于非致命性武器方面拥有专门技术。海军研究办公室还应支持平台和传感器的发展，来强调海军对远程部署和非致命性武器技术效果评估的特殊需求。尤其重要的是与战斗损害评定功能相仿的非致命性武器系统的效果评估，其时限要求非常严格，这将对传感器系统提出更苛刻的要求。

第二个重要的建议是针对车载主动拒止系统——最近被鉴定为潜在有效的反人员非致命性武器，并预想安装在地面车辆上。有人建议海军将其用在船上进行港口防护，但这个想法应在海军部进行充分评估，以便在此系统的研发资源交付之前确定效费比。

最后的科技建议是提给联合非致命性武器局的，它目前支持两个化学激光项目——高级战术激光器（ATL）和脉冲能射弹（PEP）。根据委员会手头的资料，证明这两个非致命性武器概念可行的证据没有说服力。联合非致命性武器局应要

a Committee for an Assessment of Non-Lethal Weapons Science and Technology, Naval Studies Board Division on Engineering and Physical Sciences（防化研究院信息研究中心编译），非致命性武器科学技术评估[R]. 北京：国防工业出版社，2006，P9

求重新评估在这些项目上的投资[a]。

（三）确立未来投资的重点项目

扩展的项目应该投资大量资金在21世纪作战所需的非致命性武器组件，包括：

定向能

优秀的科技项目

人体效果描述

对现有非致命性武器在作战（战役）上的发展和改进

建立尽职的试验机构或者小组来支持科技以及研发

确切而快速的进步要求在人员上加强补充训练有素的工程师和科学家的领域包括：

定向能；

电磁耦合；

建模；

生理学。

当然，大多数资金要花在和工业部门签约上，包括研究机构和大学[b]。

四、升格联合非致命性武器局的可能性

对于联合非致命性武器局，除了资金不足之外，其在人员、级别、权限、接口等方面也存在很多局限。

1. 人员方面

联合非致命性武器局与所有军种的密切合作——这些合作旨在引领各军种推进对非致命性武器的研究——都受到其人员和资金的限制。联合非致命性武器局

a Committee for an Assessment of Non-Lethal Weapons Science and Technology, Naval Studies Board Division on Engineering and Physical Sciences（防化研究院信息研究中心编译），非致命性武器科学技术评估[R]. 北京：国防工业出版社，2006，P9-10

b Graham T. Allison, Paul X. Kelley, Richard L. Garwin: Nonlethal Weapons and Capabilities[R]. Report of an Independent Task Force Sponsored by the Council on Foreign Relations, 2004

的工作人员只有19个，相比于他们所处理的所有来自各军种部和国际非致命性武器项目的可能接触到的信息来说，这样的人手严重不足。同时，到2004年为止，联合非致命性武器局只有两名成员参加过国防部正式确认的300次演习中的20次兵棋推演，因此只能在更大型（1000人）的兵棋推演中扮演小角色，因此丧失了许多可以在兵棋推演中体现非致命性武器需求的大好机会，既不能为军队和其他部门各级提供信息，也无法采取措施为潜在的用户解释非致命性武器的能力和局限性。与之类似的是，联合非致命性武器局也不具备足够资源来确保关于非致命性武器的信息在各必要层面的存在。

2. 权限方面

联合非致命性武器局的权限没有扩展到采购层面，主要集中在研发方面，且联合非致命性武器局仅限于"高级发展"事务，不具备权限来实施或者投资科技、演示、工程或开发权限。这需要改变，因为当前的局限性把非致命性技术的发展限制在了一个蜗牛速度。此外，联合非致命性武器局应该为军事部门和和军事部门之外更广泛的用户服务，包括为执法部门提供复杂和昂贵的人体效果测试服务。

3. 级别方面

联合非致命性武器局在海军陆战队预算内仍然只是单项拨款部门，必须与其他项目竞争。单位太小，级别太低，无法在整个潜在的非致命性武器跨度上工作，包括定向能。

4. 接口方面

着眼未来重点发展的项目，联合非致命性武器局应该创建正式的跨部门支持功能，与下列机构建立接口：国土安全部、国土防御部、能源部、国务院、司法部等机构。

为了工作的持续性和进行领导，应该有一个执行主任的职位（高级执行部门级别），作为将官主任的民事对应职位。

为了有助于更广泛地整合非致命性武器系统纳入美军行动，联合非致命性武器局需要扩展其接触某些组织的权限，包括：恰当的参联会成员、正式的军种学校、条约组织（例如北约学校）、世界各处维和中心[a]。

外交关系委员会独立特别小组和非致命性武器科学和技术评估委员都建议升格联合非致命性武器局的权限，成为更有权力的部门。

五、加深对非致命性武器效果和效力的理解

2001年的《非致命性武器科学技术评估》中提出，目前各界对非致命性武器的效果和效力均缺乏理解。尽管评估健康和人体效果的程序已经建立，但关键领域的投资水平和整个观念还有大量工作要做。例如，研究基础生物机制和生理反应机制；把对个人的效果解释为对群体和／或重复暴露的效果；研发效果模型；在试验、测试和演习环境中运用模型。而非致命性武器的类似工作，尽管相对容易实施，但却一直没有正式化。此外，在量化使用非致命性武器进行军事作战的优势和提高战斗力方面，以及敌方对美国使用非致命性武器的薄弱环节可能采取的对策以及发展非致命性作战观念等方面，目前的研究工作还非常之少。还有，我们需要展示必须理解的和适应的非致命性武器与生俱来的易变效果——如果必要的话，在展开特定交战行动时，士兵必须有能力获得反馈并按照反馈再次展开行动。对非致命性武器的特殊效果和效能进行充分剖析，很可能是非致命性武器获得最广泛的接受并使其转化成作战能力最有效的方法，但这样的剖析却是整个非致命性武器系统研究中最薄弱的环节[b]。

如果没有更强大的整体计划来分析和确定非致命性武器的效果和效能，那么指挥官将不愿使用它们[c]。

非致命性武器科学和技术评估委员会建议：为研究人员效果和物质效果而建立、发展和监督多个特长中心（简称：特长中心）。有了特长中心的支持，联合

a Graham T. Allison, Paul X. Kelley, Richard L. Garwin:Nonlethal Weapons and Capabilities[R]. Report of an Independent Task Force Sponsored by the Council on Foreign Relations, 2004

b Committee for an Assessment of Non-Lethal Weapons Science and Technology, Naval Studies Board Division on Engineering and Physical Sciences（防化研究院信息研究中心编译），非致命性武器科学技术评估[R]. 北京：国防工业出版社，2006，P5

c Committee for an Assessment of Non-Lethal Weapons Science and Technology, Naval Studies Board Division on Engineering and Physical Sciences（防化研究院信息研究中心编译），非致命性武器科学技术评估[R]. 北京：国防工业出版社，2006，P8

非致命性武器局应受命作为所有新非致命性武器概念的独立评估者，确保其效果得到正确的刻画和理解。联合非致命性武器局从关注非致命性武器研发转而关注采办阶段，其角色的转变使其能够有力扫除限制非致命性武器广泛合并的重要障碍，即对非致命性武器的效果和效能缺乏清晰的理解[a]。

非致命性武器科学和技术评估委员会还建议：联合非致命性武器局应建立和维护以人和物质效果为核心的特长中心，以支持非致命性武器系统的批准程序。

强调这一功能，是因为对人员的效果问题是扩大非致命性武器使用范围的关键。特长中心的工作范围应很全面，应包括下述职责：

（1）开发和执行一组集中科研项目，增进对非致命性武器的本质了解；

（2）创造和维护效能数据库，并确认知识储备方面的不足；

（3）优先执行弥补知识差距的研究；

（4）充当顾问，帮助研发团体确定试验性系统和过渡到采办阶段所需的测试制度和草案；

（5）提供专门技术，支持联合非致命性武器局的独立评估职能。

通过建立得克萨斯州布鲁克斯空军基地人员效果特长中心，联合非致命性武器局已经认识到建立特长中心的作用。不过，还须建立其他特长中心，因为要了解各种非致命性武器的效果，需要不同的特长中心拥有专门的技术。各特长中心进行的研究和由各特长中心支持的研究，都应确定永久性损害或伤害的阀值。委员会估计需要5～6个特长中心，每个特长中心的目标集中于某类非致命性武器。每个特长中心在基础阶段有联合非致命性武器局资助，每年最少150万美元，以支持维持知识库所需的专门技术，设定研究项目和模拟基本效果。军种资金和合作资金应从初始阶段起注入。

研究项目的投资不包括在基础阶段内，支持批准程序所需的模型合并和鉴定支持的资金也是如此。联合非致命性武器局必须开发一项结合各特长中心的日程，分先后次序的研究日程表，然后增加特长中心的资金来支持优先研究的项目。初始阶段之后，军种投资应支持特长中心的优先投资。不过，联合非致命性

a Committee for an Assessment of Non-Lethal Weapons Science and Technology, Naval Studies Board Division on Engineering and Physical Sciences（防化研究院信息研究中心编译），非致命性武器科学技术评估[R]. 北京：国防工业出版社，2006，P9

武器局也应增加特长中心的资金，以支撑效能模型的结合和鉴定，由国防部项目经理资助系统特殊模型和测试[a]。

六、非致命武器建设的系统性进一步得到完善

（一）系统概念的完善

2001年的《非致命性武器科学技术评估》指出提出：非致命武器系统研究目前缺少系统性概念。倘若非致命性武器的效能没有获得很好的理解，那么系统概念和评估肯定无法得到完全发展。目前基本没有完整的系统概念，用于输送的车辆和瞄准、评估效果的传感器也很少，确保与现有装备兼容的后勤和保障也少有考虑。完全合并的致命和非致命性武器能力还在评估阶段，尽管这样的能力合并是圆满完成任务的保证。

如果没有使用非致命性武器的观念，那么开发商将不会成功地集中精力开发观念和项目。

（二）武器体系的完善

1. *战术层面*

2004外交关系委员会独立特别小组报告提出，非致命性武器当前的部署是短程的，迫切需要将射程增加。这需要开发精确的引信和发射系统，将当前非致命性武器射程提高到100米以上，完全超出扔石头的射程，不仅是100米而是几百米，完全超出敌人小型武器的有效射程，在战役层面所要求的射程更远。

此外，非致命性武器在由激光和蒺藜扩大的战术应用之外，还存在其他机遇和未满足的需求。例如，侦察和摧毁路边炸弹，快速布设传感器，融合其效果来支持使用致命或非致命性武力或者信息战。相似地，通过广播电视或者无线电信号传播给群众，有选择地摧毁讨厌的广播也明显是非致命性而有价值的武器，虽然其存在形式有限，在最近的冲突中，美军对这类武器的使用也没有完全发挥其

a Committee for an Assessment of Non-Lethal Weapons Science and Technology, Naval Studies Board Division on Engineering and Physical Sciences（防化研究院信息研究中心编译），非致命性武器科学技术评估[R]. 北京：国防工业出版社，2006，P10

有效性[a]。

2. 战役和战略层面

联合需求审核委员会签署了一份关于非致命性能力家族的联合任务需求报告，并向负责采购、技术和后勤的国防部副部长提交了该报告。报告在“时间和重点”一章指出：“军种部和作战司令部指挥官认为拥有高度优先权的非致命性能力家族的需求必须立刻满足。”

当前的缺点（短板）是有的目标所处的位置特殊，对其使用致命、破坏性火力是禁止的，如果使用会对美军的目标和目的造成反效果。美军缺乏与这类目标交战的能力，战役和战略级非致命性武器的应用还不存在。在战役层，有的目标所处的位置特殊，若对其使用致命性火力将造成整体战役目标的反效果。美军缺少与这类目标交战的能力。在战略层面，美军需要能够有助于缓和暴力局势，压制信息误导行动，打破经常延长或者恶化冲突的暴力循环的非致命性能力

在报告中，所提出的需求被描述为“控制敌对人群，将基础设施损毁最小化，控制冲突的致命性，控制对长期环境影响。”报告要求不仅要提高部队防护能力，还要提高非致命武器射程和战术隔离距离，从而实行反人员，反观察，反通信及类似的“在军事行动所有领域中能够适用的核心能力中的非致命性选项”。

外交委员会之前的报告不只强调了制止可恶的广播——例如卢旺达的RTLM无线电台，其煽动胡图族对图西族的大屠杀——还包括能够将美国或者联合国广播传送到普通电台或者电视频道的需求。此外，还明确提出使用进攻和摧毁之外的手段来震慑国家暴行、阻止其对恐怖活动的支持的需求。这些手段可以包括拒止决策者获得可靠的电力或通信[b]。

3. 装备模块整合

非致命性武器体系的完善还体现在装备模块整合。例如，美国海军陆战队面对正在改变的海外任务范围，一直在寻求适当的途径，通过改进其已有的部队保护能力装备（Force Protection Capability Sets, FPCS），将多功能非致命系统和力量提升装置纳入其中，以求尽可能地减少友军和平民伤亡。对此，在加利福尼亚州

a Graham T. Allison, Paul X. Kelley, Richard L. Garwin:Nonlethal Weapons and Capabilities[R]. Report of an Independent Task Force Sponsored by the Council on Foreign Relations, 2004

b Graham T. Allison, Paul X. Kelley, Richard L. Garwin:Nonlethal Weapons and Capabilities[R]. Report of an Independent Task Force Sponsored by the Council on Foreign Relations, 2004

拉伐的阿德瓦克（Aardvark）公司提供了解决问题的方法。位于弗吉尼亚州匡恩提科的美国海军陆战队系统司令部授予了阿德瓦克公司一项为期5年价值4900万美元的合同，要求其提供和整合10种力量提升任务模块，以支持在世界各地的美国海军陆战队和美国海军部队。这些模块包括：车辆控制模块、入口控制模块、安全护送模块、人群控制模块、人员阻止模块、行为调查模块、清场装备模块、警戒线管理模块、城市巡逻模块和环形防线建立与保护模块。阿德瓦克公司估计美国海军陆战队在执行力量提升计划的过程中，已经在11个地方部署了重量超过381吨，件数超过99000的各种装备[a]。

a Courtney E. Howard :Deterrents in demand[J], Military & Aerospace Electronics 2013（1）

参考文献

[1][美]约翰·亚历山大（董铭译）：未来战争——21世纪战争中的非致命武器[M]. 北京：知识产权出版社，2004，

[2][美]白宫（石绍湘译）：美国国家安全战略[R]，2010

[3]联合国《世界人口状况报告》[R]，联合国人口基金会，2007

[4] Committee for an Assessment of Non-Lethal Weapons Science and Technology, Naval Studies Board Division on Engineering and Physical Sciences（防化研究院信息研究中心编译），非致命性武器科学技术评估[M]. 北京：国防工业出版社，2006

[5] Secretary of defense, Quadrennial Defense Review Report [R]. 2006

[6] Richard L. Scott.Conflict Without Casualties: Nonlethal Weapons In Irregular Warfare [D], Monterey, California, NavalPostgraduate School, 2007

[7] E.R.Bedard, Nonlethal Capabilities: Realizing the Opportunities [J], DefenseHorizons, 2002（9）, P1-6

[8] Graham T. Allison, Paul X. Kelley, Richard L. Garwin: Nonlethal Weapons and Capabilities [R]. Report of an Independent Task Force Sponsored by the Council on Foreign Relations, 2004

[9] John T. Correll:A Small War in Panama [J], Air Force Magazine, 2009, Vol. 92, No.12

[10] Policy for Non-Lethal Weapons, Department of Defense Directive number 3000.3, 1996

[11] Non-Lethal Weapons (NLW) Reference Book [R], Joint Non-Lethal Weapons Directorate, 2011

[12] Air Land Sea Application Center, Multi-Service Tactics, Techniques And Procedures For The Tactical Employment Of Nonlethal Weapons FM 3-22.40 MCWP 3-15.8 NTTP 3-07.3.2 AFTTP（I）3-2.45, 2007

[13] Ofer Fridmana, Are We Ready for the Revolution of Nonlethal Weapons?: Using a Comprehensive RMA Model to Examine the Current Strategic Situation [J], Comparative Strategy, 2013, Volume 32, Issue 3, P192-206

[14] Susand·Levine, Noel·Montgomery, Non-Lethal Weapon Human Effects-

Establishing a Process for DoD Program Managers [J] , Program Manager, 2002 July-August, P50-54

[15] National Defense Authorization Act for Fiscal Year 2011

[16] Richard L. Scott: Nonlethal Weapons And the Common Operating Environment [J] , Army, 2010 (4) , P21-26

[17] Joint Publication 1-02: Department of Defense Dictionary of Military and Associated Terms

[18] Lt. General David Petraeus: FM 3-24 Counterinsurgency, Army, 2006

[19] Air Land Sea Application Center, Multi-service tactics, techniques, and procedures for the tactical employment of non-lethal weapons, 2003

[20] Air Land Sea Application Center, Multi-service tactics, techniques, and procedures for the tactical employment of non-lethal weapons, 1998

[21] DoD Non-Lethal Weapons Program Annual Report [R] , Non-Lethal Weapons for Complex Enviorments, 2012

[22] Joint Non-Lethal Weapons Directorate, Biannual JNLWP Newsletter, Fort Leonard Wood: Home of Non-Lethal Weapons Training and Requirements, June 2010

[23] Commandant of the Marine Corps, Individual Training Standards System for Nonlethal Weapons, 1998

[24] Joint Non-Lethal Weapons Directorate, Newsletter, CEOs bring NL Weapons expertise to COCOMs, March 2006

[25] DoD Non-Lethal Weapons Program Annual Report [R] , Enhancing Non-Lethal Weapons Knowledge, Escalation-of-Force Options, 2009

[26] Courtney E. Howard :Deterrents in demand [J] , Military & Aerospace Electronics, 2013 (1)

[27] Nick·Lewer, Neil·Davison, Non-lethal technologies—an overview [J] , Science, Technology and the CBW Regimes, 2005 (1) ,P37-51

[28] Edward P. O'Connell, John T. Dillaplain, Nonlethal Concepts Implications For Air Force Intelligence [J] , Airpower Journal, 1994, winter

[29] Stevenmetz, Non-Lethal Weapons: A Progress Report [J] , Joint Force Quarterly, 2001, Spring/Summer P18-22

[30] Human Effects Advisory Panel Report of Findings [R] ,Crowd Behavior, Crowd Control, and the Use of Non-Lethal Weapons, Institute for non-lethal Defense Technologies, 2001

[31] Margaret-Anne Coppernoll, The Nonlethal Weapons Debate [J] , Naval War College Review52:2 (1999) , P112-31

[32] Department of Defense, Strategy for Homeland Defense and Civil Support [R] , 2005